JN442773

김보영 지음 | 지속가능경제연구소(RISE)

# ESG 인사이트

## To the Greener side of the Grass

초아출판사

# 프롤로그

전 세계적으로 ESG, 환경(Environment), 사회(Society), 지배구조(Governance)에 대한 관심이 급증하면서, 이에 대한 논의가 뜨겁다. ESG는 투자자들의 지침이나 기업 경영 전략의 개념을 넘어서, 인류 공동체의 지속 가능한 번영을 위한 가치체계를 현실 세계에 실천하려는 이해 관계자들의 의지를 반영한다. 심화되는 기후 위기로 인한 환경문제 해결과 사회의 다양한 이해관계를 포용하는 지속가능 발전을 위한 글로벌 사회의 연대가 확장하고 있으며, 글로벌 경제사회는 기업의 근본적인 체질 개선과 사회적 책임에 대한 실천을 요구하고 있다.

또한 각국의 ESG 정책은 기업이 할 수 있는 자발적 선한 행동 수준에서 이제는 반드시 준수해야만 하는 법적인 규제로 전환 중이다. 선진국들의 발 빠른 ESG 법제화는 가까운 시일 내에 있을 기업들의 ESG 경영활동에 대한 강력한 법적 규제와 시장경쟁의 새로운 장을 예고하고 있다. 기업은 진화하는 소비 가치에 부합하는 상품과 서비스를 개발하는 동시에 앞으로 다가올 ESG 규제와 관련된 불확실성과 잠재된 위험에 대응하는 ESG 경영 전략을 도출해야 할 숙제를 안고 있다.

ESG 경영은 이익과 기업 가치 증대를 목표로 하는 경영 전략을 넘어서, 환경과 사회 문제 및 기업의 지배구조 개선을 통한 이해 관계자의 가치 극대화에 초점을 두고 있으며, 이를 통해 다 함께하는 글로벌 사회와 지구의 지속 가능한 발전과 공존을 궁극적인 목표로 삼고 있다. ESG 경영의 근원은 소비자, 직원, 주주 등 '사람'이 중심이 되어야 하며, 이해 관계자들의 공조를 이끌어낼 수 있는 진정성이 필수라고 할 수 있다. 이를 위해서는 **급변하는 ESG 정책과 트렌드 및 진화하는 글로벌 소비자들의 지속 가능 소비 트렌드에 대한 이해**가 있어야 한다.

그래픽 디자이너들이 사용할 수 있는 녹색의 음영은 295가지나 된다고 한다. 녹색이 한가지가 아니듯이 소비자들이 추구하는 사회 환경적인 가치와 소비 행동 또한 다양한 형태를 가지고 있다.

문제는 어떻게 이 많은 소비자들의 ESG에 대한 공감대와 문화를 형성하고 사회적 연대를 확산할 것인가 하는 점이다. 성공적인 정부의 ESG 정책과 기업의 ESG 경영성과를 달성하기 위해서는 다양한 사회 구성원 전체의 공감과 공조가 수반되어야 한다.

본서는 글로벌 ESG 흐름을 리드하는 주요 규제와 정책 및 글로벌 ESG 트렌드에 대한 이해를 돕고, 아시아 한·중·일 그린슈머들의 음영을 비교하여 우리가 가진 녹색의 현주소를 알아보고자 한다. 이 책의 파트 1에서는 시장, 정부 그리고 ESG 경영에 대한 내용을 담고 있다. ESG 개념, 글로벌 동향을 파악하고, 한국, 일본 중국의 ESG 정책과 대표기업들의 ESG 경영 사례를 들여다보며 변해가는 글로벌 ESG 상황에 우리 정부와 기업이 전개해 나가야 할 정책과 경영 전략에 대한 방향성을 제시한다.

파트 2에서는 기업의 ESG 경영 및 그린마케팅, 그린워싱에 대한 개념 및 핵심 요인을 알아보고, 그린마케팅을 통한 경쟁력 강화에 필요한 구체적인 방안을 살펴보았다. 성공적으로 그린마케팅과 브랜드 액티비즘을 행하는 국내외 기업들의 사례를 정리하여 이해를 돕고자 했으며, ESG와 함께 자주 거론되는 그린워싱에 대한 의미와 주의할 점을 짚어보았다.

파트 3, 4, 5는 소비자에 대한 내용을 담고 있다. 한국과 일본 그리고 중국 소비자들의 소비 행태와 가치에 대한 실증적인 비교 분석을 통해 그린 소비의 차이점 및 유사점에 대한 고찰을 하였으며, MZ 세대들이 가진 특성, 웰빙과 Mindfulness에 대한 재해석, 지속 가능 먹거리, 미래 식품 소비, 공유경제의 진화 및 그린슈머 세분화 등의 내용을 담고 있다.

이 책은 한·중·일 소비자들의 소비 행태 및 성향에 대한 8가지 실증분석을 포함하는데, 이를 위해 지속 가능 경제연구소(RISE)의 연구원들이 글로벌 소비시장 연구 프로젝트에 참여하였으며, 노고가 컸다. 이 책이 나오기까지 도움을 주신 분들께 감사의 말씀을 드리고자 한다. 초고를 다듬어 준 송니은 교수, 여러 가지 행정 업무 및 연구소 멤버들과 프로젝트를 진행한 언초 교수 그리고 출간을 전적으로 지원하고 허락해주신 초아출판사 이민영 대표님과 편집 작업을 세 번이나 해 주신 직원분께도 감사의 마음을 전하고 싶다.

"물리적으로 유한한 행성에서 물리적인 어떤 것이든 무한히 성장한다고 믿는 사람은 미쳤거나 경제학자다"(Anyone who believes exponential growth can go on forever in a finite world is either a madman or an economist)", Kenneth Boulding.

세계적인 경제학자 케네스 볼딩의 말이다. 지구는 지속 가능한 자원이 아니며 언젠가는 그 자원은 고갈되기 때문에 모든 물질이 재순환되지 않으면, 경제성장의 규모를 키울 수 없다고 그는 말한다. 화석연료를 계속 태우고 물질적 팽창을 확대하는 무한한 경제성장은 유한한 지구에서 물리적으로 불가능하기에 탄소 문명에서 벗어나고 에너지와 물질 자원 처리의 규모를 줄여나가야 할 도전이 우리 앞에 있다. 기후 위기 해결, 사회구성원의 삶을 개선하기 위한 과감한 정책과 경영 그리고 소비 실천이 우리의 유일한 희망이다.

2023년 6월 김보영

# 목차

01

PART

# 시장과 정부 그리고 ESG 경영

# 1.

# ESG 개념 및 글로벌 ESG 동향

산업혁명이 시작된 이래 자연환경이 지속적으로 악화됨에 따라 전 세계에서 녹색, 친환경, 지속가능성을 포함하는 '**그린**'이라는 개념이 화두가 되어왔다. 환경 문제를 야기하는 주요 원인인 탄소 배출을 감소시키고, 자원과 에너지를 절약하여 지구를 살리기 위한 관심이 세계적으로 커져가고 있으며, 소비자들은 환경 보호 운동과 친환경적 소비를 늘려가고 있다.

1992년 유엔환경개발회의(United Nation Conference on Environment & Development: UNCED)에서 각국 정상이 기후변화협약에 서명하면서 시작된 기후변화체제는 **1997년 교토 의정서** 채택으로 구체적인 감축의무가 논의되고, **2015년 파리기후협정**을 계기로 모든 국가가 참여하는 보편적인 체제 기조로 전환된다. 파리 협정은 지구 평균기온 상승을 산업화 이전 대비 2°C보다 낮은 수준으로 유지하는 장기 목적이 설정되고 5년 단위로 이행 점검을 규정했다. 파리기후협정에 의거하여 각 국가는 2050년까지 탄소 배출 넷제로를 위한 세부 정책과 전략을 발표 실행 중에 있다.

주요국의 기후변화 정책을 살펴보면, 가장 먼저 ESG 공시 및 규제를 시작한 유럽은 '유로 그린 딜' 예산으로 1조 유로를 투입하고 2030년까지 탄소 배출량 55% 감축을 목표로 하고 있다. 미국은 바이든 정부의 파리 협정 재가입 이후 청정에너지 개발에 연방 예산을 투자하고 2050년까지 탄소 넷제로 달성을 목표로 하고 있으며, 일본 역시 기후변화적응법을 공시하고, 2050년 탄소 배출 넷제로 달성을 목표로 설정하고 있다.

우리나라도 이러한 추세에 맞추어 2050년 탄소 배출 넷제로 달성을 목표로 설정하고, 정부, 기업 및 소비자를 포함한 다양한 이해관계자들이 "녹색 옹호, 녹색 보호" 활동에 적극적으로 참여하기 시작했으며, 정부 차원에서 탈 석탄과 재생에너지 정책 등을 발표 중에 있다. 환경 위기의식과 함께 지난 3년간 코로나19를 겪으면서 글로벌 사회의 위기감이 고조되어 ESG 경영이 재계의 뜨거운 화두로 떠올랐다.

**ESG 경영은 환경(Environment), 사회(Social), 지배구조(Governance)**의 약칭으로 기업의 '지속가능성'을 판단하는 재무적 척도이며, 더 크게는 인류 공동체의 지속가능한 번영을 위한 가치체계를 현실 세계에 실천하려는 의지의 표명이다. ESG는 기업의 올바른 일이 수익으로 연결될 수 있음을 증명해 주는 측정 기준이며, ESG를 통해 투자자들이 공유가치 창출의 장점을 이해할 수 있게 해준다. 기업은 ESG 기준을 통해 환경 및 사회 문제 해결의 비용과 편익을 재무적으로 반복 적용하여 측정할 수 있어, 단기간 수익 극대화에 초점을 맞추는 전통적인 재무 시스템의 전환을 가능케 한다.

최근 **글로벌 사회**는 **ESG 정책**과 **경영을 활성화**하기 위해 발 빠르게 움직이고 있으며, ESG는 이제 단순한 투자지침이나 기업 경영 이념이 아니라, 글로벌 기구 및 국가정책 차원에서도 여러 논의를 통해 구체적인 법규와 가이드라인이 형성되고 있다. 대표적으로 유엔 글로벌 콤팩트(UN Global

Compact), 유엔 책임투자원칙(UN PRI: Principles of Responsible Investment), 유엔 지속가능목표(UN SDGs: Sustainable Development Goals)에서 제시되는 이니셔티브를 통해 기업 경영이나 소비자문제 등 다양한 방면에서 ESG 개념이 구체화되어 적용되고 있으며, 많은 글로벌 기업들은 ESG 경영에 속도를 내고 있으며 국제기구가 제시하는 ESG 이니셔티브에 참여하여 장기적인 ESG 전략을 펼치고 있다. ESG는 대체 누가 왜 만들었는지를 파악하면, ESG의 개념을 이해하기 쉬워진다. 그렇다면, ESG 정책과 경영에 대한 이야기를 하기 전에 먼저 ESG 개념의 역사에 알아보자.

## ESG 개념의 등장배경

**ESG와 지속가능성(Sustainability)** 개념은 크게는 동일한 개념으로 사용되는 경우가 많은데, 지속가능성이 보다 더 추상적 개념으로 다양한 개념을 포괄하며, ESG는 더 구체적으로 기업과 초점을 맞추어 특정되어 측정 가능한 개념으로 정의 내려진다[1]. ESG 개념은 '지속가능한 발전'에서부터 시작된 개념으로, 미래세대의 몫을 생각하면서 현시대의 수요를 충족시키는 '지속가능한 발전' 개념에서 기업의 지속적인 생존과 성장에 직접적인 핵심가치를 환경, 사회, 지배구조로 묶어서 정의 내린 것이 ESG이다[2]. 그렇다면 지속가능성과 지속가능 발전 개념이 어떻게 ESG로 발전되는지 살펴보자.

### 1. 지속가능성 개념의 역사

지속가능성은 경제발전과 환경 간의 관계에 대한 논의에서 시작된 개념으로, 신 고전학파 경제학자(Neoclassical Economics)는 산업혁명 이후 가속화된 경제발전이 자원의 고갈과 생태계의 파괴를 함께 불러와 **환경보전과 경제성장이 상충관계(Trade-off)**에 있다고 주장한다. 경제적 측면에서 지속가능성은 2가지 차원의 이슈를 제시하는데, 첫 번째는 **현 세대의 경제발전과 생태계 훼손 간의 교환**으로, 경제발전의 크기가 자원 사용량과 생태계 훼손 정도에 비례한다고 볼 때, 현 세대의 경제발전을 위하여 감내할 수 있는 정도의 생태계의 훼손의 정도를 말한다[3]. 두 번째는 **현 세대와 미래 세대의 삶의 질의 교환**으로, 현 세대가 삶의 질 제고를 위하여 더 많은 자원을 사용하고 생태계를 더 많이 훼손한다고 할 때, 현 세대가 초과하여 누린 삶의 질만큼 미래세대의 삶의 질에 대한 욕구는 충족되지 못하는 것을 의미한다.

반면 바바라 워드(1972)는 **경제성장과 환경보전은 보완 관계(Complementarity)**에 있다고 주장하는데, 진정한 성장은 환경보전과 병행해 이루어지는 것이 바람직하며, 장기적으로는 환경, 자연자원을 보호하는 것이 뒷받침될 때 경제성장도 가능하다는 논리로, 이는 **지속가능한 발전(Sustainable Development)**이라는 개념으로 발전한다.

세계환경개발위원회(1987)는 **지속가능 발전**을 차세대의 필요를 충족시키는데 필요한 조건을 훼손시키지 않으면서 현 세대의 필요를 충족할 수 있는 발전으로 정의했다. 즉, 지속가능 발전이란 생태환경이 더 이상 훼손되지 않고, 미래 세대의 삶의 질을 낮추지 않는 수준의 경제발전을 의미한다. 이는 인간의 기본욕구 충족을 위한 경제개발을 할 때 생태계의 수용 능력인 환경 용량을 초과해서는 안 되며, 생활수준만이 아닌 삶의 질에도 관심을 기울이고, 환경과 경제를 통합해서 접근해야 한다는 논리이다. 지속가능 발전에 대한 논의는 이후 1992년 세계 174개국 정부 대표들이 모인 **리우 UN 환경개발회의(UNCED)**에서 세계환경정책 기본 규범으로 채택되고, 2002년 요하네스버그의 **세계 지속가능 발전 정상회의(WSSD: World Summit on Sustainable Development)**에서 각국 대표들이 지구촌의 환경보전과 경제발전의 조화를 위한 선언문을 채택하고 실행방안을 담은 이행 계획 문안을 작성하면서 전 세계로 확산된다[4].

이외에도 대표적으로 사용되는 지속가능성의 개념은 "**TBL(Triple Bottom Line)**"이다. TBL은 1994년에 등장한 개념으로 3가지 핵심 요인으로 구성되어 있는데, **사회, 환경, 경제(사람, 지구, 이윤)**를 의미하며, 시장의 사람들은 자연 환경 자원에 대한 악영향을 줄임으로써, 지역 사회와 사회 전체에 유익한 영향을 증가시키기 위한 노력을 해야 하며, 이를 통한 미래 세대에 대한 책임을 다해야 한다는 주장을 하고 있다[5]. 여기에서 지속가능성은 TBL인 **사회, 환경, 경제를 연결하는 고리 역할**을 하는 것으로 해석된다[6].

**ESG 영역별 구조적 관계**

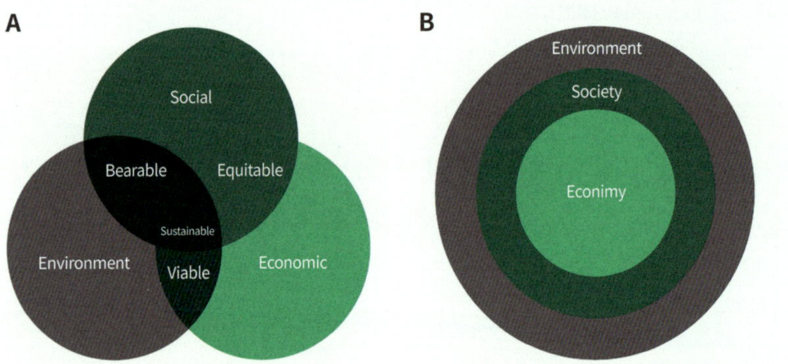


자료: Bolton et al. (2020).

위의 그림은 **ESG 영역별 구조적 관계**를 2가지 관점에서 보여주는데, Bolton et al(2020)은 여기서 G를 경제적 이해를 결정하는 지배구조(Governance)로 해석하여 경제(Economy)로 표시하였다. **그림** A는 ESG 각 영역이 동등한 구조로 지속가능성은 세 영역이 모두 만족되는 것을 의미하며, 부분적으로 만족되는 것은 견딜 수 있는(Bearable), 공평한(Equitable), 유효한(Viable) 것으로 해석하였다. **그림 B**는 각 영역이 필요충분조건으로 환경(Environment), 사회(Society), 경제(Economy)의 순으로 필요성과 중요성을 보여준다고 주장한다[7]. 그림 A가 보여주듯 사회, 환경, 경제는 다 없어서는 안 될 인간의 삶에 필요한 핵심 요소들이지만, 그림 B에서 강조되는 환경의 중요성은 시사하는 의미가 크다. 그림 B에 의하면, 경제는 우리의 윤택한 삶을 위한 필요 메커니즘이고 이를 바탕으로 사회가 형성되지만, 인간의 삶의 구조를 보여주는 이 2가지 개념은 지속 가능한 자연환경 없이는 불가능하다는 것으로 보여준다.

## 2. ESG 개념과 ESG 투자 규모의 증가

최초로 환경문제에 대한 국제적 차원의 논의는 1987년에 **UN 세계환경개발위원회**(UN WCED: World Commission on Environment and Development)에 의해 시작되었으며, **UN 글로벌 콤팩트**(UN Global Compact)에 의해 **기업 차원에서의 지속가능 발전**에 대한 논의로 확대되었다. 1999년 세계경제포럼에서 UN 코피 아난 사무총장이 세계적인 사회 환경 문제 해결과 지속가능 발전을 위한 기업의 '사회적 책임'을 강조하면서 유엔 글로벌 콤팩트가 설립되었으며, 인권(Human Rights), 노동(Labour), 환경(Environment), 반부패(Anti-Corruption)의 4가지 범주에 대한 10대 원칙을 세워 회원 기업들이 준수하고 연차보고서를 제출할 것을 권유했다.

ESG 용어는 2004년 UN 글로벌 콤팩트가 발표한 'Who Cares Win' 보고서에서 공식적으로 처음 사용되었으며, 더 나아가 2006년에 발표된 **UN 책임투자원칙**(**UN PRI**: Principles for Responsible Investment)은 글로

벌 투자자들에게 기업의 비 재무적인 ESG 기준을 통해 지속가능한 성장의 가능성을 판단하고 투자 결정을 내리도록 권고하는 사항으로, 자본시장을 통해 기업의 ESG 활동에 동기를 부여하려는 이니셔티브로 ESG 지표의 초석을 마련했다는 평가를 받는다.

2006년 뉴욕주식거래소에서 결성된 국제투자기관 연합체인 UN 책임투자원칙(UN PRI)은 주로 연기금, 기관투자자를 대상으로 하며, ESG 이슈가 투자에 미치는 영향을 이해하고 ESG 요인이 투자 및 기업의 의사결정에 통합되도록 하는 6가지 원칙을 만들어 제시한다. 연기금, 기관투자자들은 **스튜어드십 코드(Stewardship code)**제도를 통한 의결권 행사를 하여 기업 경영에 관여하는데, UN PRI가 중요한 가이드라인으로 사용된다.

2016년에는 미국 보스턴 **Global Reporting Initiative(GRI)**의 지속가능성에 대한 평가 표준이 공식적으로 발표되며 ESG경영 평가의 본격적으로 실행된다. 현재 GRI 표준은 전 세계 기업과 기관이 지속가능 보고서나 ESG 보고서를 발간하는 데 기본적인 프레임워크 중 하나로 활용되고 있다[8].

기업들의 ESG 경영을 고려하여 투자하는 글로벌 책임 투자는 매년 지속적으로 상승하는 추세를 보인다. 유엔 책임투자원칙(UN PRI)에 많은 투자자들이 동참을 선언하며 자본시장에 막대한 영향을 끼치고 있는데, 2020년 기준 유엔 책임투자원칙(UN PRI)에 참여한 투자자는 국내 국민연금을 포함해 3,038개의 투자사 및 투자 기관을 포함하며, 자산규모는 100조 달러에 달한다. 글로벌 ESG 투자 규모에 있어, 최근 5년간 미국시장의 ESG 투자 확대 성장률이 가장 크게 나타나고 있으며, 유럽, 일본, 캐나다 순으로 ESG 투자 규모가 성장하고 있는 것으로 보고된다.

2020년 전 세계의 ESG 투자 금액은 35조 달러로 2016년 대비 55% 증가하였고, 2018년 대비 15% 증가하였으며, 미국의 ESG 투자 규모는 17조 달러로 2918년 대비 42.4% 급증하며, 전 세계의 절반 정도를 차지하고 있다. 유럽은 2018년까지는 최대 규모를 기록했으나, 2020년에는 2018년 대비 14.6% 감소하며 12조 달러를 기록했으며, 일본은 2020년 2.9조 달러로 2018년 대비 31.8%로 증가하여 전 세계의 8.1%를 차지하고 있다[9].

출처: 삼정KPMG 경제연구원

**글로벌 ESG 투자 규모** (십억달러)

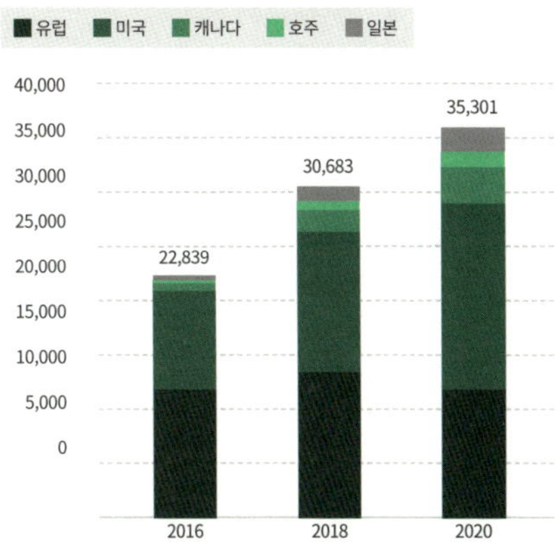


| | 2016 | 2018 | 2020 |
|---|---|---|---|
| 일본 | 474 | 2,180 | 2,874 |
| 호주 | 516 | 734 | 906 |
| 캐나다 | 1,086 | 1,699 | 2,423 |
| 미국 | 8,723 | 11,995 | 17,081 |
| 유럽 | 12,040 | 14,075 | 12,017 |

출처: GSIA 글로벌 지속가능투자연합 2020

# UN 지속가능 발전 목표 (SDGs)의 정의

### UN 지속가능발전목표(SDGs)

| 번호 | 내용 | 구분 |
|---|---|---|
| **Goal 1** | No Poverty | People |
| **Goal 2** | Zero Hunger | People |
| **Goal 3** | Good Health and Well-being | People |
| **Goal 4** | Quality Education | People |
| **Goal 5** | Gender Equality | People |
| **Goal 6** | Clean Water and Sanitation | Planet |
| **Goal 7** | Affordable and Clean Energy | Prosperity |
| **Goal 8** | Decent Work and Economic Growth | Prosperity |
| **Goal 9** | Industry, Innovation and Infrastructure | Prosperity |
| **Goal 10** | Reduced Inequality | People |
| **Goal 11** | Sustainable Cities and Communities | Planet |
| **Goal 12** | Responsible Consumption and Production | Planet |
| **Goal 13** | GOAL 13: Climate Action | Planet |
| **Goal 14** | Life Below Water | Planet |
| **Goal 15** | Life on Land | Planet |
| **Goal 16** | Peace and Justice Strong Institutions | Peace |
| **Goal 17** | Partnerships to achieve the Goal | Partnership |

**지속가능 발전 목표(SDGs)**는 지속가능성 논의에 빠져서는 안 될 핵심 개념으로, **ESG**가 투자자, 기업 활동에 의한 민간부분의 이해관계자에 의한 지속가능 발전에 초점을 맞추었다면, **SDGs**는 기업을 포함한 국가, 사회, 글로벌 차원에서의 지속가능성에 초점을 두고 있다.

SDGs는 부를 창출하는 과정에서 경제적 가치 외에도 경제발전의 토대가 되는 환경, 사회 등의 가치를 추구함으로써 지속가능성과 경제발전을 조화롭게 하고자 하는 목표를 뜻한다[7]. 1987년 유엔에 의해 '지속가능 발전'이라는 개념이 처음 언급되면서 지난 30년간 지속가능 발전과 관련된 세부 목표는 수정과 확대를 거쳐 2015년 9월 UN은 **지속가능한 개발 목표(SDGs)**를 발표했다.

SDGs는 총 17개의 목표를 포함하는데, 사회 발전, 경제성장, 환경보전의 3가지 축에 기반을 두고 설립되었다. 1번에서 6번까지의 목표는 사회 발전, 빈곤 퇴치 및 불평등 해소, 인간 존엄성의 회복에 관한 내용을 포함하며, 8번에서 11번까지의 목표는 경제성장/양질의 일자리를 통한 적절한 수준의 생계유지, 포용적인 경제환경 구축, 지속가능한 성장 동력 발전이 핵심이다. 생태계 및 환경보호를 위한 목표는 5가지로 7,12,13,14,15번의 목표가 있으며, 16번 목표는 정의롭고 평화로운 제도 구축을 제시하고, 마지막 17번 목표는 이 모든 목표 달성을 위한 전 지구적인 협력을 강조한다.

SDGs는 사람(People) 관련 목표 6개, 지구환경(Planet) 관련 목표 6개, 번영(Prosperity) 관련 목표 3개, 평화(Peace) 관련 목표 1개, 그리고 파트너십(Partnership) 관련 목표 1개를 포함한다. 총 232개의 지표로 구성된 SDGs는 국가마다 가진 다른 상황에 따라 지표 세부내용을 유연하게 선택적으로 적용 수 있도록 설립된 장점을 지니고 있다.

### 지속가능성과 정부의 역할

환경과 사회 이슈에 초점을 맞춘 지속가능성은 몇몇 기업의 활동, 일부 소비자들의 참여만으로는 문제 해결이 어려우며, 공익을 위한 사회 전반에 걸친 이해관계자들의 협력을 이끌어 내기 위해서는 **국가의 역할이 중요**하다. 레베카 헨더슨(2021)은 지속가능성의 문제를 해결할 수 있는 유일한 방법은 시장과 제도(정부) 사이의 힘의 균형을 맞출 방법을 찾는 것이라고 말한다[10]. 시장이 공유가치를 창출하고 공익을 위한 협력을 지속적으로 유지하기 위해서는 **정부의 제도적인 규제** 및 **법규**가 뒷받침되어야 하며, 시장과 제도 사이의 자율 규제(Self-regulation)를 통해 공통의 문제를 해결할 수 있다. 그렇다면 선진국이 리드하고 있는 ESG 관련 정책과 제도가 어떠한 형태로 발전되고 있는지 최근 화두가 되고 있는 ESG 제도 및 트렌드에 대해 알아보자.

## 글로벌 ESG 규제

기후변화에 대응하는 탄소 중립선언에 137개국이 동참하며, 글로벌 사회의 환경보전에 대한 관심과 의지는 더욱 뜨거워지고 있다. 이 중 124개국은 2050년까지 **탄소 중립 달성 목표 연도**로 설정하고 있는 반면, 중국, 우크라이나, 카자흐스탄은 2060년을, 호주와 싱가포르는 특정 연도를 설정하지 않는 등 글로벌 사회 안에서도 각기 다른 입장을 보이고 있다. 탄소 중립 목표를 달성하기 위해 각국은 탄소 배출권거래제, 탄소세, 탄소 국경 조정세 등의 시장 기반 정책과 규제를 시행 중에 있는데, 특히 미국, 영국, 일본을 비롯한 선진국들은 **글로벌 ESG 협약과 조약 등의 규제를 선도**하면서, **국제적으로 거래되는 상품과 서비스에 대하여 엄격한 ESG 기준의 적용**하고자 한다.

### 1. 탄소국경세(CBAM)

EU는 2021년 7월 2030 기후 목표 계획 달성을 위한 입법안에 CBAM을 도입하고 공개했다. CBAM은 EU 역내로 수입되는 제품에 온실 가스 배출량을 고려해 탄소세를 부과하는 제도로, 탄소 배출을 강하게 규제하는 국가에서 상대적으로 규제가 덜한 국가로 탄소 배출이 이전되는 탄소 누출(carbon leakage) 현상을 방지한다는 목표를 두고 도입되었다[11]. EU는 2023년부터 탄소 배출량이 많은 5개 산업(시멘트, 비료, 전기, 알루미늄, 철강)에 대해 우선적으로 CBAM를 도입할 예정이며, 2025년부터 전면적으로 도입할 예정이다. 미국은 2025년에 철강, 시멘트, 알루미늄 등 탄소 집약적 수입제품에 탄소 배출 국경세를 부과할 예정으로, 이는 한국과 같은 제조업 집약적인 수출국에게 새로운 무역 장벽이 될 것으로 예상된다[14]. 한국의 주요 수출 품목인 철강, 반도체, 석유화학 기업의 글로벌 가격경쟁력은 현저히 저하될 것으로 예상되며, 특히 철강업계의 관련 부담액은 연간 2500억 원 이상이 될 것으로 예상되어(에너지경제연구원), 이에 대한 정부와 기업의 적극적인 대응 방안이 시급해 보인다[14].

### 2. ESG 정보공개 규제

규제 당국과 ESG 공시 표준 제정기관들의 탄소 배출 공시 규정은 점점 더 구체적이고 세분화되어가고 있으며, 기업들의 탄소 배출 현황을 엄격히 평가하고 있어, 기업들의 공급망 탄소 배출 저감에 대한 노력은 점점 증가하고 있다. 기업의 탄소 배출은 **제품 생산 단계에서 발생**하는 **스코프 1**(Scope 1), **사업장에서 사용하는 에너지를 생산하는 과정에서 발생**하는 **스코프 2**(Scope 2), **협력업체와의 물류 및 제품 사용과 폐기 과정에서 발생**하는 **스코프 3**(Scope 3)의 3 단계로 확연히 구분되고 있어, 향후 글로벌 기업들의 공급망 안에 있는 파트너 기업에 대한 탄소 배출 감축에 대한 압박은 더욱 커질 것으로 예상된다.

2022년 미국 증권거래위원회(SEC)는 새로운 기후 공시 규정을 통과시키고, 주요 상장사의 직간접적인(Scope 1,2 & 3) 온실가스 배출량과 기후 리스크를 계산해 공개하도록 의무화하는 방안을 추진 중에 있다. 이는 미국의 ESG 관련 금융 규제의 본격적인 현실화의 신호탄으로 볼 수 있으며, 특히 가치사슬 배출량(Scope 3)의 보고 의무화는 생산, 운송, 소비 등 전 과정에 이르는 온실가스 배출량을 포함하고 있어, 특히 온실가스 다 배출 업종의 부담이 커질 것으로 보인다[14]. 이로 인해 불특정 다수의 투자를 받는 상장기업들의 경우 ESG 정보 공개에 대한 압박 수준이 빠르게 커지고 있으며, 글로벌 시장에서 활동 중인 한국 상장기업의 기후 공시에 대한 부담은 더욱 커지고 있어 신중한 접근과 체계적인 준비가 필요하다. 또한 국가별로 탄소발자국 인증도 달라 한국 수출 기업들은 각기 다른 해외 인증 절차를 숙지하고 거쳐야 하는 부담을 안고 있다.

ESG 정보 공시 기준은 표준화와 함께 다변화하는 경향을 보이고 있으며, 전 세계적으로 아직까지 통일된 기준은 없다. 미국과 유럽은 지역특성을 고려한 ESG 공시와 기준을 발전시켜 가고 있으며, 우리나라에서도 국내 경제와 시장 상황을 고려한 K-ESG 공시와 기준이 세워지고 있다. 대표적인 가이드라인으로 **GRI 기준, SASB 기준**, 세계경제포럼의 '이해관계자 자본주의 공통 지표'가 있으며, 기업의 지속가능경영 실행방안 가이드라인으로는 **TCFD 권고안, ISO26000, IR Framework** 등이 있다[8].

현재 한국 내 ESG 규제로는 대형 상장사 기업의 지배 구조 핵심 정보를 의무적으로 공개해야 하는 제도로 2019년에 도입되었으며, 2021년 1월 금융위원회와 금융감독원이 **기업의 ESG 공시 강화 방안**을 발표하며 책임 투자를 활성

### ☷ 글로벌 ESG 정보공시 이니셔티브

| 명칭 | 기관 | 주요내용 | 비고 |
|---|---|---|---|
| GRI Sustainability Reporting Standards (GRI Standards) | 글로벌 지속가능성표준위원회 (Global Sustainability Standards Board, GSSB) | 기업이 경제, 환경, 사회에 미친 영향을 보고하는 지속가능 보고서에 대한 작성 지침 | 일반적 보고 기준: GRI101,102,103<br>경제적 영향 기준: GRI 200<br>환경적 영향 기준: GRI 300<br>사회적 영향 기준: GRI 400 |
| SASB Standards | 지속가능성회계기준위원회 (Sustainability Accounting Standards Board, SASB) | 산업 부문별로 정보공개 지침과 지속가능성 주제에 관한 회계 기준 | Sustainable Industry Classification System(SICS)에 따른 11대 산업군에 따라 별도의 보고지침 |
| Measuring Stakeholder Capitalism Towards Common Metrics and Consistent Reporting of Sustainable Value Creation | 세계경제포럼(World Economic Forum, WEF) 산하 국제비즈니스위원회 (International Business Council, IBC) | 거버넌스의 원칙, 지구, 사람, 번영의 4개 영역으로 구분하여 각각의 핵심 주제와 가이드라인 제시 | WEF는 2023년 기업들이 재무적 가치 뿐만 아니라 비재무적 가치도 재무적 가치와 같은 방식으로 측정·보고할 수 있는 가이드라인과 지표를 제시할 것이라 밝힘 |
| TCFD Recommendations | 기후변화 관련 재무정보공개 태스크포스 (Financial Stability Board Task Force on Climate-related Financial Disclosures, TCFD) | 기후변화 관련 거버넌스, 전략, 리스크 관리, 위험과 기회를 평가하는 지표 및 목표 등 | 기후변화 관련 재무적 위험의 공개에 초점을 맞춤. 향후 개별 국가에서 법제화 가능성 높음 |
| IR(Integrated Reporting) Framework | 국제통합보고위원회 (International Integrated Reporting Council, IIRC) | 재무/비재무 정보 통합 공시 (IR Framework에 따른 외부 환경, Business Model, 전략, Resource Allocation 등) | <기본 원칙> 전략적 집중도와 미래 지향성, 정보의 연결성, 이해관계자와의 관계성, 중요성, 간결성, 신뢰성과 안전성, 일관성과 비교가능성 |
| ISO26000 | 국제표준화기구 (International Organization for Standardization, ISO) | 기업이 사회적 책임을 이행하고 커뮤니케이션을 제고하는 방법과 관련하여 지침을 제공. 핵심 주제는 조직 거버넌스, 인권, 노동 관행, 환경, 공정 운영 관행, 소비자 이슈, 지역사회 참여와 발전 | <기본 원칙> 책임성, 투명성, 윤리적 행동, 이해관계자의 이익 존중, 국제 행동 규범 존중, 인권 존중 |

출처: 국회예산정책처, 삼정KPMG

화하고자 한다. 이 방안은 2025년부터 단계적으로 ESG 공시를 의무화할 계획을 포함하고 있는데, 1단계(2025년까지) ESG 정보공개 가이던스를 제시하고, 2단계(2025-2030년)는 자산총액 2조 원 이상 기업의 의무 공시를, 3단계(2030년 이후)는 전 코스피 상장사의 의무 공시를 도입하는 내용을 담고 있다[8]. 한국 정부는 이러한 강화된 ESG 공시 제도를 통해 ESG 책임 투자 기반을 조성하고 투자자 보호를 강화하고자 하며 ESG 책임 투자의 활성화를 도모하고자 한다. 하지만, ESG 평가 역시 국가마다 다양한 기관에서 진행되고 있어, 특히 글로벌 기업의 입장에서는 여러 국가의 현지 규제당국의 기준을 충족해야 하는 과제를 안고 있다.

### 3. ESG경영 평가

기업의 ESG 경영이 증가함에 따라 글로벌 신용평가사는 기업의 신용도 평가에 ESG를 반영하기 시작했다. 대표적인 ESG 지수는 **모건스탠리캐피털(MSCI)의 지수, 다우 존스의 지속가능성 지수(DJSI), 영국 FTSE 그룹의 사회책임지수(FTSE4Good지수), 블룸버그(Bloomberg), S&P, 모닝스타(Morningstar)** 등이 있는데, 자산운용사, 투자은행 등이 운영하는 상장지수펀드(EFT)와 각종 투자 자금이 이 ESG 평가 결과를 기반으로 이루어 진다. 하지만, ESG 정보 공시에 대한 가이드라인이 다양하게 존재하는 것과 같이, ESG 평가에 대해서도 일관된 기준은 아직까지 존재하지 않는다.

국내에서도 한국기업지배구조원, 대신경제연구소, 신용평가사 등이 기업의 ESG 정보를 개별적으로 평가하고 있는 실정이다[8]. 글로벌 신용평가사뿐만 아니라, 자산운용사, 투자은행, 컨설팅 기업, 언론사, 연구소 등 다양한 곳에서 ESG를 평가하고 제각기 다른 방식의 ESG 산정 방안을 가지고 있어, 업종이나 여건에 맞는 평가지표를 참고하는 것이 중요하다.

### 4. 녹색분류체계(Taxonomy)

EU는 2020년 7월에 **EU 택소노미(녹색분류체계)**를 발표하였는데, 이는 녹색산업에 대한 명확한 정의를 내리고, 어떤 경제 활동이 녹색산업에 해당하는지를 판가름하는데 적용할 수 있는 분류체계를 말한다. ESG 공시 및 평가에 사용되는 용어를 표준화하고 정립하는 작업을 통해 기업의 지속 가능한 경제활동을 판별하는 기준으로 사용되어, 향후 투자자들의 혼란을 완화하고 그린워싱을 방지하는 작용을 할 것으로 예상된다. EU 택소노미는 6가지 환경 목표와 4개의 판단 조건을 제시하는데, 이를 충족시키는 경우 녹색산업으로 인정한다. 6가지 환경 목표는 1. 기후 변화 완화, 2. 기후변화 적응, 3. 수자원 및 해양자원의 지속 가능한 이용 및 보호, 4. 순환 경제로의 전환, 5. 오염 방지 및 관리, 6. 생물 다양성과 생태계 보호 및 복원이 포함되어 있으며, 이 중 하나 이상의 환경 목표 달성에 상당한 기여, 다른 환경 목표에 중대한 피해를 주기 않을 것을 판단 기준으로 하고 있다[12].

또한 EU 위원회는 2021년 3월에 금융기관에게 금융투자상품의 지속가능성 정보 공개를 강조하는 지속가능성 정보 공시(SFDR)를 발표하였으며, 이에 더해 비재무공시에서 적용 범위 및 내용을 강화하는 지속가능성 정보 공시(CSRD)를 제안했다. EU 택소노미는 2022년부터 적용되어, EU 내 기업과 금융기관에 정보 공개 의무를 부담함에 따라 강력한 영향력을 발휘한다[8]. 이처럼 EU는 ESG 정책의 확산과 제도화에 적극적이며, 택소노미, 지속가능 금융 공시, 기업 지속가능 공시, 기업 공급방, 인권 및 환경 실사 의무, 탄소세 부과 등의 ESG 정책과 인프라 발전에 많은 노력을 쏟고 있다. EU는 2030년 온실가스 감축 목표를 40%-55%로 상향 조정하였으며 이를 위해 연평균 130조 원을 투자하고 있다. 한편 미국은 에너지 전환과 기후변화 대응 인프라에 2020년-2023년 4년간 2조 달러를 투자하였으며, 기후변화 국제공조를 주도하는 리더십을 보이고 있다. 다음은 전 세계적으로 화두가 되고 있는 ESG 트렌드에 대해서 살펴보자.

## 글로벌 ESG 트렌드

세계 최대 ESG 평가 기관인 MSCI(모건스탠리 캐피털 인터내셔널)는 **10대**

**ESG 트렌드**를 발표하였는데, ESG 요소 중 환경(E)이 사회(S)와 거버넌스(G)보다 상대적으로 중요시되고 있으며, **공급망의 탄소 배출량 감축 문제**와 ESG 공시 의무가 없어 감시의 사각지대에 있는 **비 상장사의 온실가스 감축 문제**가 핵심 이슈로 떠오르고 있다. 대기업의 공급망에 속한 거래 기업에 탄소 중립을 압박하는 '**뉴 아마존 효과**(New Amazon Effect)'와 **석탄을 투자에서 배제하는 전략**에 대한 새로운 평가와 **녹색 채권 발행 확대**도 주요 ESG 트렌드로 부상하고 있다[13].

아마존 효과'란 아마존의 공급망에 편입된 기업이 아마존의 가격 경쟁력에 부응하기 위해, 낮은 가격의 상품을 공급하고, 이로 인해 아마존 전자상거래의 활성화가 물가를 안정시키는 효과를 가져오는 것을 일컫는데, '뉴 아마존 효과'는 비슷한 맥락에서 글로벌 기업의 탄소 중립 목표에 부응하기 위해, 공급망에 편입된 기업들도 압박에 의해 온실가스 배출을 감축하게 되면서, 공급 망 전체의 탈 탄소화가 발전하는 현상을 말한다[13].

### 1. 공급망실사법

EU는 2022년 2월 '**공급망 실사법** 초안'을 발표했는데, 이는 ESG 경영을 본사만이 아닌 공급업체, 사업장 전반에 걸쳐 폭넓게 검토하겠다는 의미를 담고 있으며, 독일에서 2023년부터 이 법안을 실시한다. 이 법안을 적용받는 대상 기업은 직접 공급체, 간접 공급체 등을 포함하여 기업 실사를 받아야 하며, 인권 및 위험 분석 관리 제도 실시 등의 의무가 부여되는데, 위반사항이 있을 경우 매출의 최대 2%(또는 최대 800만 유로)에 해당하는 벌금을 물게 된다. EU는 2024년부터 이 법안을 본격적으로 시행할 예정에 있으며, EU에 본사를 두지 않는 해외 기업도 EU 지역 내 연 매출이 1억 5000만 달러를 초과하는 경우 이 법안이 적용될 예정이다. 따라서, 한국 기업들도 EU,

미국의 공급망 실사법에서 자유롭지 않으며, EU가 발표하는 지속가능성 보고서(CSRD)의 공시 기준에 대한 적용 방안 및 전략을 마련해야 한다.

### 2. 탈 석탄화 전략

환경오염의 주범인 석탄 산업의 투자 규모가 줄어들면서 ESG 차원에서 **탈 석탄화**가 진행되고 있으며 기업들은 친환경 에너지로의 전환을 추진 중에 있다. 석탄 산업은 기후 위기 시대에 경제성이 급격히 하락하는 좌초 자산(Stranded assets)으로, 투자 규모가 줄어들고 활용이 점차적으로 떨어져 부채로 인식될 수 있다. 전 세계 6685개의 석탄 발전소를 대상으로 분석한 결과, 2018년 기준 42%가 수익성이 없으며, 2040년에는 72%가 마이너스 수익을 낼 것으로 전망했다[16]. 2030년이 되면 미국, 인도, 중국, 일본, EU 및 한국에서 석탄 산업은 고비용으로 전환하여 경쟁력이 없어지고 좌초 자산으로 변할 것으로 전망된다[12].

한국의 좌초 자산 규모는 1060억 달러로 좌초 자산 위험이 가장 높은 나라 중의 하나로 꼽히는데, 수익성이 낮은 석탄 화력 발전을 보조금으로 뒷받침하여 국내 석탄 발전 단가는 현저히 저렴하고 석탄 산업의 경쟁력이 높은 반면, 태양광, 풍력발전 같은 친환경 에너지의 경쟁력을 깎아내리고 있기 때문이다. 에너지 경제연구원은 한국 석탄 화력 발전소의 좌초 자산이 향후 5600억 원에서 1조 원 이상 발생할 것이라고 분석했다[12]. 반면, 선진국들은 석탄 발전을 줄이고 재생에너지를 늘리면서 사업자, 노동자, 지역사회 지원 대책을 동시에 추진하여 탈 원전과 탈 석탄을 추진하고 있다[16]. 정부의 지원 정책을 통해 수익성과 경쟁력이 부족한 친환경 에너지 발전의 도모를 꾀하고, 석탄 발전소 패쇠와 지역사회 재생을 위한 보상책을 마련하는 등의 정부 차원의 리더십을 통해 기업의 에너지 사업 전환을 유도하고 있다. 글로벌 자산운용사들은 석탄 이용 기업들과 손절하고 태양광, 풍력 등 재생에너지 기업의 투자를 점차적으로 확대해 나가고 있는 상황이다[17]. 한국 정부와 기업들이 눈앞의 이익에 초점을 두고 좌초 자산인 석탄 산업에 계속해서 투자하면 글로벌 경쟁력은 점차 뒤떨어지고, 투자자들로부터 버림을 받아 글로벌 시장에서 좌초될 것이다.

### 3. RE100 이니셔티브

RE100은 '재생에너지(Renewable Energy) 100%'의 약자로, 기업 경영활동에 사용되는 전력량의 100%를 2050년까지 재생에너지 전력으로 충당하겠다는 목표의 국제 캠페인을 뜻한다. 2014년 The Climate Group(TCG)과 Carbon Disclosure Project(CDP)가 공동 발족한 이 캠페인은 글로벌 기업들의 자발적인 참여로 진행되고 있는데, 기업이 신청서를 제출하고 TCG가 검토하여 가입이 확정되면 매년 이행상황을 점검받는 시스템으로 구성되어 있다. RE100은 연간 전기 사용량이 100GWh 이상인 기업이 참여하며, RE100 멤버 자격을 유지하려면 기업은 재생에너지 비중을 2030년 60%, 2040년 90%로 올려야 한다[11].

2022년 기준 RE100에 가입한 글로벌 기업은 구글, 애플, GM, 이케아 등 369개이며, 유럽과 미국이 가장 큰 비율을 차지하고 있으며, 지난 7년간 RE100 참여기업은 7배로 증가했다. 2022년 기준 RE100에 참여한 미국 기업은 95개, EU 기업은 130개, 일본 기업이 69개이며, 아시아에서는 대만이 18개, 중국이 6개로 상대적으로 낮은 참여율을 보인다. 이 캠페인에 가입한 한국 기업은 19개로 SK그룹 계열사 8개, LG 에너지솔루션, 고려아연 및 현대자동차와 기아 등이 대표적이다[11].

| 구분 | 기준 | 재생에너지 조달방식 |
|---|---|---|
| **Global RE100** | • 연간 전기사용량이100GWh인 기업 | • 자가발전<br>• 직접계약방식 PPA<br>• REC 구매<br>• 녹색요금제 |
| **한국형 RE100** | • 연간 전기사용량 무관<br>• 국내에서 재생 에너지를 구매하고자 하는 산업용, 일반용전기소비자는 모두참여 가능<br>• 재생에너지 100%사용선언이 아니어도 참여가능 | • 녹색 프리미엄제<br>• 제3자 PPA<br>• REC 구매<br>• 자가발전<br>• 지분투자의 경우 해당발전소와 별도의 제3자 PPA 체결 또는 REC 구매가 필요 |

출처: 한국에너지 융합협회 (2022)

국토 면적이 좁고 자연환경이 재생에너지 생산에 불리한 여건을 가진 한국에서 재생에너지 가격은 상대적으로 비싼 편으로 발전 비용이 높아 국내 기업들의 RE100 참여와 실질적인 가입은 더디게 진행되고 있다. 심지어 국내 재계 1위인 삼성전자도 아직 RE100에 가입하지 않은 상태이지만, 조만간 RE100에 가입할 것으로 전망된다. 또한 정유, 철강, 반도체 등 제조 집약적인 산업구조를 가진 한국 기업이 RE100 가입을 위한 비싼 신재생 에너지를 사용할 겨우 가격 경쟁력 약화로 이어져 RE100 가입이 더디게 일어나고 있다[15]. 문제는 글로벌 공급망의 정점에 있는 다수의 글로벌 기업들이 RE100에 적극적으로 참여하고 있어, 이 기업들과 거래를 하는 한국 기업들의 RE100 가입은 불가피하다는 점이다. 예를 들어, 전기차 배터리 구매자인 글로벌 완성차 기업체들이 RE100에 참여하고 있어, LG 화학, 삼성 SDI, SK 이노베이션 같은 전기차 배터리 기업은 RE100 가입이 협력업체 공급에 필수조건으로 진화할 전망이다.

정부는 **한국형 RE100 제도**를 도입해 한국전력으로부터 신재생 에너지 전력을 구입하는 녹색 프리미엄과 신재생 에너지 공급 의무 이행에 활용되지 않는 재생에너지 공급 인증서(REC) 구매, 신재생에너지 설비를 확보해 직접 전력을 생산하는 자가발전을 독려하는 정책을 시행 중에 있다[12]. 그러나, 이러한 제도의 효용성에 대한 이슈는 진행 중에 있다. 국내 RE100에 가입한 기업은 재생 에너지 발전 업체로부터 공급 인증서(REC)를 구입하면, 재생에너지를 활용한 것으로 간주되어 재생에너지를 100% 사용하지 않아도 RE100 자격을 유지할 수 있기 때문이다. 또한, 녹색 요금제나 재생에너지 발전 사업 지분투자 등도 한국형 RE100 제도에서는 재생에너지 사용으로 인정되어, 실질적인 탄소 배출 감축과는 거리가 있어 보인다[11]. 신재생 에너지에 대한 국내 제도적 인프라와 유인책은 미국과 유럽에 비해 미흡한 점이 많아, 정부의 적극적인 지원과 포괄적인 제도 개선이 시급한 상황이다.

# 2.

# 한국의 ESG 정책

전 세계로부터 제기되는 환경문제에 대한 관심과 글로벌 그린 혁명에 대응하기 위해 우리 정부도 다양한 **한국형 ESG 정책**을 발전시키고 있다. 한국 정부는 2030년까지 국내 총생산량(GDP) 당 탄소 배출량을 40% 감축하고 비 화석에너지 비중을 15%로 높이는 것을 목표로 하고 있으며, 목표 달성을 위해 저 탄소 제품 장려, 신재생에너지 육성, 전기자동차 보급 확대, 에너지 절약 및 저탄소 건축 개발, 저 탄소 생활방식 보급 등 가능한 모든 수단을 동원하고 있다[5]. 발 빠르게 변화하는 글로벌 ESG 상황에 효과적으로 대처하기 위해서는 국내의 사정에 맞는 K-ESG 제도의 도입이 중요하다. 다음은 K-ESG 제도에 포함되어 있는 주요 정책과 규제에 대해 하나씩 살펴보고자 한다.

### 1. 탄소 배출권 시장

지난 30년간 한국의 온실가스 배출량은 지속적으로 증가했는데, 화석 원료 사용이 가장 큰 원인으로 간주된다. 1990년 대비 2018년 국내 총생산(GDP)은 2833억 달러에서 1조 7252억 달러로 6배 이상 증가하는데 여기에 화석 원료 사용의 증가로 탄소 배출량이 2.5배로 커지게 된 것이다. 한국 정부는 2015년 탄소 배출권 거래제를 도입하여 국내 기업에 탄소 배출 무상 할당량을 지정했는데, 할당받은 배출 권보다 더 많은 탄소를 배출한 기업은 탄소 배출권을 시장에서 구매하여 메우는 것이 탄소 배출권거래제의 기본 구조다. 탄소 배출 할당량을 초과한 기업은 탄소 배출권 구매를 위한 충당금(배출 부채)을 쌓아야 하는데, 2022년 기준 시가총액 기준 상위 50개 제조기업의 탄소 배출 부채는 총 2941억 원으로 집계되었다.

2015년부터 3차에 걸쳐 시행되고 있는 이 제도는 1기(2015-2017년)까지는 탄소 배출권 전량을 무상으로 제공하였지만, 이후 2기부터는 유상 할당 비중을 2기(2018-2020년) 3%, 3기(2021-2025년) 10%로 점차적으로 늘리고 있어 기업들의 부담은 점점 늘어나는 추세다. 한국 정부는 배출권 거래제 유상 할당을 확대하고, 이로 인해 늘어난 재원은 기업의 탄소 감축 활동 지원에 사용할 계획을 하고 있다. 더불어 정부는 탄소 배출량을 2030년까지 2018년 대비 24.4% 줄이는 목표를 세우고 있어 향후 기업들이 부담해야 하는 비용은 연간 2조 5000억 원으로 추산된다[4]. 제조 중심의 산업구조를 가진 국내 상황에서 탄소 배출권에 대한 정부의 설정 목표는 철강, 석유화학, 자동차 등의 업종에 큰 재무 부담이 될 것으로 예상된다. 또한 국내외 탄소 배출량 감축과 탄소 배출권 무상할당제의 폐지로 탄소 배출권 가격은 점차적으로 증가할 것으로 예상되어, 기업의 비용 부담이 더욱 커질 것으로 보인다.

### 2. 한국형 녹색 분류체계(K-택소노미)

산업, 에너지, 수송, 인프라 및 폐기물 등 5개 분야에서 탄소 배출 저감을 이행하려는 기업에 대한 지원이 본격적으로 시작되었고, 저 탄소 산업과 기술 투자를 독려할 계획이다. 국내 기업의 환경 분야 활동을 강화하기 위한 투자를 지원하는 '녹색금융'이 활성화되고 있는데, 이를 촉진하기 위해 정부는 **한국형 녹색 분류체계(K-Taxonomy, 이하 K-택소노미)** 가이드라인 초안을 2021년 12월 30일 발표하였다[6]. K-택소노미는 한국의 녹색경제활동을 정의하는 지침으로, 기업의 어떠한 활동이 친환경 활동에 해당하는지를 판단하는 기준으로써, 녹색금융이 녹색기술을 위한 투자로 이어질 수 있게 지원하는 역할을 한다. 또한 K-택소노미는 금융회사, 기업, 투자자 등 이해관계자들의 표준화된 이해와 평가를 가능하게 하여 **그린워싱(Greenwashing)**을 방지하는 중요한 역할을 한다[1].

K-택소노미는 총 69개 경제 활동을 포함하고 있는데(녹색 부문 64개, 전환 부문 5개), 특히 녹색 부문은 온실가스 감축, 기후변화 적응, 물, 순환 경제, 오염, 생물 다양성 분야로 구분되어 총 64개 녹색경제활동으로 나누어진다. K-택소노미 초안에서는 발전 분야에 태양광, 태양열, 풍력 등의 재생에너지와 바이오매스, 액화천연가스(LNG)를 포함하고 원자력발전은 제외하는 반면, 미국, 중국과 EU는 그린 택소노미에 원전을 포함시켜 논란을 가져왔다. K-택소노미 개정안에 원자력 발전이 다시 포함된다. 또한 액화천연가스(LNG)는 많은 양의 온실가스와 메탄이 배출되는 단점으로 인해 K-택소노미에 포함된 것에 대해 비판적인 시각이 있지만, 국내 LNG 발전의 40%를 석탄 발전이 차지하고 있어 탄소 중립으로의 전환 과정에서 필요한 과도기적 활동으로 인정되며 한시적으로 포함된 것으로 명시되어 있다[4].

향후 효과적인 K-택소노미의 활용과 녹색금융의 성공적인 투자활동을 위해서, **K-택소노미와 글로벌 표준과의 적합성**이 고려되어야 할 것이다. 녹색 금융은 국경을 불문하는 글로벌 시장을 포함하는 반면, 한국형 녹색 분류체계는 국내 경제 및 산업 환경에 초점을 맞추어 개발되어 글로벌 금융시장의 투자자들의 혼란을 초래할 여지가 있으므로 이에 대한 개선이 필요하다[1].

ESG와 관련하여 기업의 최대 관심사는 기업의 ESG 활동에 대한 **자본시장의 평가**라 할 수 있는데, 자본시장의 ESG 평가가 기업가치 평가 및 자본조달에 중요한 영향을 미치기 때문이다. 국내외 여러 기관의 다양한 **ESG 평가 지표**가 600개 이상 존재하는데, 문제는 표준화된 평가 시스템의 부재로 인해 신뢰성 문제를 야기하고, 특히 한국 내의 ESG 지표와 글로벌 지표의 차이가 클 경우, 한국 기업의 ESG 활동이 글로벌 시장에서 인정되지 못하는 경우가 발생할 수 있게 된다. **한국형 ESG 인프라**가 성공적으로 구축되기 위해서는 먼저 **선진적 ESG 제도**를 제시하는 **EU의 규정이나 원칙들에 대한 이해와 분석**이 필요하며, 국제적으로 빠르게 진화하는 **글로벌 규제 체제에 대한 대응전략**이 마련되어야 한다.

### 3. 한국형 K-ESG 가이드라인

ESG가 기업 경영과 관련하여 세계적으로 중요한 화두가 되면서 국내에도 ESG에 대한 논의와 여러 가지 방안이 쏟아져 나왔다. 무려 1000개 넘는 ESG 평가 지표가 소개되었으며, 여러 형태의 가이드라인이 제시되고 있어, 기업들에게 혼란을 주고 효율적인 ESG 도입 및 평가에 대한 어려움이 커졌다. 이러한 기업의 어려움을 지원하기 위해 산업통상자원부는 **한국형 K-ESG 가이드라인**을 개발하여 2021년 4월에 초안을 발표하였다.

이 지표는 국내외 주요 3000여 개의 지표와 측정 항목에 대한 분석을 바탕으로 정보공시 관련 5개, 환경 관련 14개, 사회 관련 22개, 지배구조 관련 20개 항목을 포함한 61개 항목으로 구성되어 있다[6]. 이 가이드라인은 '국내 기업에 ESG경영의 주요 핵심요소를 제공함으로써 기업 자율적 ESG 경영 확산을 지원'하는데 목적으로 두고 있다. 이와 함께 ESG 도입 활성화와 기업의 사회 가치 실현을 촉진하기 위해 정부차원의 '**지속가능성장위원회**'를 신설했다. 이 위원회는 중소, 중견기업의 ESG경영 확산 및 공급망 실사법에 대한 대응 방안, K-ESG 가이드라인 고도화 등의 사업 안을 구체적으로 실행한 예정이다. 또한 산업통상자원부는 향후 5년간 최대 65조 원 이상을 ESG 관련 사업에 투자할 계획을 갖고 있으며, ESG 금융 규모도 2030년 310조 원으로 확대하여 기업과 민간의 ESG 혁신 성장을 지원할 방침이다[1].

이러한 지표의 개발은 국내에 존재하는 여러 지표들의 난립 문제를 표준화를 통해 완화하는 작용을 하지만, 정부의 규제로 작동할 위험성이 있고, 시장의 움직임을 적시 반영하지 못할 가능성이 있다[1]. 또한 K-ESG 가이드라인이 과도한 인센티브로 이어질 경우 정부와 기업 간의 유착 등이 발생할 소지가 있어, 투명하고 합리적인 ESG 평가 및 지원과 인센티브 설정이 중요하다. ESG 경영 활성화를 위한 정부의 가장 큰 역할은 시장에서 자율 감시가 가능하도록 공시를 강화하는 데 있다[2]. 성공적인 ESG 지표와 인프라 구축을 위해서는 정부와 민간기업들의 **협력적인 소통**과 **co-creation의 접근 방식**이 바탕이 되어야 하며, 글로벌 공급망에 연결되어 있는 중소기업들에 대한 **정부의 지원 및 대기업, 중소기업 간의 상생 문화와 공생적 생태계 조성**이 필히 이루어져야 한다.

## 4. 한국의 K-SDGs 정책

한국은 국내 상황에 맞는 17개 분야 122개 세부 목표 및 214개 지표를 설정하는 **국가 지속가능발전목표(K-SDGs)**를 2016년에 수립하였다. 이외에도 한국판 뉴딜 정책, 국가 균형 발전 위원회, 저출산 고령사회 위원회 등 23개의 대통령 직속 위원회를 통해 국가 차원에서 지속가능성에 대한 이슈를 논의하고 있으며, 정책 자문 및 심의를 진행하여 전 세계적으로 빠르게 확산 중인 지속가능성 트렌드에 대응하고 있다. 다만, K-SDGs의 목표들은 UN-

SDGs 개념 체계에 근거하여 구성되어, 국내의 현황을 반영하는 사회적 이슈들이 명확하게 반영되어 있지 않아, 국가 차원에서 문제의식을 공유하고 해결 방안을 K-SDGs에 도입하는 방안을 마련할 필요가 있다[1].

**K-SDGs 비전, 전략, 목표**

| 비전 | 포용과 혁신을 통한 지속가능 국가 실현 | | | |
|---|---|---|---|---|
| 전략 | 사람<br>사람이 사람답게 살 수 있는 포용사회 | 번영<br>혁신적 성장을 통한 국민의 삶의 질 향상 | 환경<br>미래 세대가 함께 누리는 깨끗한 환경 | 평화·협력<br>지구촌 평화와 협력 강화 |
| K-SDGs 17개 목표 | [목표 1] 빈곤층 감소와 사회안전망 강화<br>[목표2] 식량안보 및 지속 가능한 농업 강화<br>[목표3] 건강하고 행복한 삶 보장<br>[목표4] 모두를 위한 양질의 교육<br>[목표5] 성평등 보장<br>[목표 11] 지속가능한 도시와 주거지 | [목표8] 좋은 일자리 확대와 경제1성장<br>[목표9] 산업의 성장과 혁신 활성화 및 사회 기반시설 구축<br>[목표 10] 모든 종류의 불평등 해소<br>[목표 12] 지속가능한 생산과 소비 | [목표6] 건강하고 안전한 물관리<br>[목표7] 에너지의 친환경적 생산과 소비<br>[목표 13] 기후변화와 대응<br>[목표 14] 해양생태계 보전<br>[목표 15] 육상생태계 보전 | [목표 16] 평화·정의·포용<br>[목표 17] 지구촌 협력 강화 |

자료: 관계부처합동(2020), 「제4차 지속가능발전 기본계획 2021-2040」 제1부, p.21

코로나 19 발병 이후, 저성장, 양극화 심화 현상을 극복하고 경제구조의 개혁을 통한 혁신적 포용 국가를 지향하는 **한국판 '뉴딜정책'**의 초안이 2020

년 5월 발표되고 2021년에는 한국판 뉴딜 2.0으로 수정되었다. 이 정책은 **디지털 전환**과 **그린 전환**에 속도를 높여, 휴먼 뉴딜, 격차 해소를 통한 지역 균형, 저 탄소 및 선도형 경제와 포용 사회로의 전환을 목표로 하고 있다. 구체적으로는 디지털, 그린 뉴딜과 안전망 강화의 3대 분야에 대한 10개의 대표 과제를 제시하여 추진 중에 있으며, 2025년까지 총 투자 규모를 220조 원으로 확대하여 일자리를 250만 개 창출하는 것을 계획하고 있다. 한국의 뉴딜 정책의 상당 부분이 UN의 SDGs나 ESG 내용과 일치하는 성격을 가지고 있으며, 특히 디지털 뉴딜정책은 ESG 정책의 실현 수단을 확장해 주는 장점을 가지고 있는 것으로 해석된다[1].

지속가능성과 관련된 또 하나의 대표적인 정부 활동으로 **국가균형발전위원회**를 들 수 있다. 2003년에 최초로 국가균형발전 특별법과 지역혁신체계(RIS) 구축안이 발표되며 출범하였고, 현재까지 200여 명의 자문 위원단으로 구성되어, 분권, 포용, 혁신의 3대 가치에 바탕을 둔 5개년 정책 계획을 제시하고 있다. 또한 대통령 직속 **저출산 고령사회 위원회**가 2003년에 출범하여 저출산, 고령사회 기본계획 및 정책을 수립해 오고 있다.

빠르게 진화되는 글로벌 ESG 물결 속에 국내에서 이처럼 다양한 정책이 개발되고 있는 상황으로 국제적인 시류 변화에 적절하게 반응하고 있는 것으로 보이나, ESG 인프라 구축 과정에서 국가 차원의 리더십이 효율적으로 작동하기 위해서는, 통합적이고 체계적인 접근이 필요하며, 이를 위한 최상위 국가 전략에 근거한 정책 컨트롤 타워의 설치가 필요하다는 주장이 나오고 있다.

## 한국 ESG 경영 현주소

대한상공회의소가 2021년 5월 실시한 **ESG 경영과 기업의 역할에 대한 국민**

**인식조사**에 의하면, 기업의 ESG 경영이 소비자의 제품 구매에 영향을 준다고 답한 응답자의 비율이 63%, ESG에 부정적인 기업의 제품을 의도적으로 구매하지 않는 경험이 있다고 답한 비율은 70%이다. 또한 ESG 우수 기업 제품에 추가 가격을 지불할 의사가 있다고 답한 비율도 88%로, **기업의 ESG 활동의 여부와 진정성**이 소비에도 본격적으로 영향을 미치는 시대가 열렸음을 시사한다[1].

글로벌 기업 중 ESG 경영을 리드해온 대표적인 예로 **파타고니아**가 자주 거론되는데, 이 회사는 ESG에 대한 글로벌 기구와 자본시장의 요구와 규범이 형성되기 이전부터 ESG 활동을 자체적으로 해온 것으로 유명하다. 이 기업은 글로벌 또는 국가의 제도적 정책에 앞서 자체적으로 기업 단위에서 이해관계자들과의 계약에 ESG 개념을 적용하여 기업 운영을 해오고 있다[1]. 해외 글로벌 기업들이 일찍이 ESG 경영을 추진해 온 것에 비해 국내 기업의 **자발적인 ESG 경영**과 활동은 최근에 가속화되고 있는데, 이는 탄소 국경세와 최저 법인세율 등의 국제적인 ESG 제도의 입법화가 2023년에 도입되어 수출 집약적인 국내 기업에 주는 영향이 크기 때문이다.

또한 10조 100억 달러(약 1경 2,790조 원, 2021년 4분기 기준)의 자금을 굴리는 세계 최대의 자산 운용사 **블랙록**이 2020년 기후변화와 지속가능성을 투자 결정의 최우선 순위로 삼겠다고 천명한 뒤, 친환경 변화 압박에 박차를 가하며, 국내 산업계에도 ESG 경영의 물결이 거세게 일고 있다. 블랙록은 국내 500대 기업에 대해 가장 많은 지분 가치를 보유한 외국계 투자 기업으로, 2021년 말 기준 국내 6개 대기업의 보유지분 가치는 33조 206억 원으로[3], 국내 주요 대기업의 경영 지침에 적잖은 영향을 미칠 것으로 보인다. 한국 기업은 컴플라이언스(Compliance)를 준수하는 면에서 규제나 법에 맞춰 정확히 이행하려는 성향이 있지만, 그 이상은 잘 추구하지 않는다는 견해가 있어[4], 컴플라이언스 차원의 대응이 아닌 어떻게 하면 시장의 격변 속에 새로운 기회를 만들어 낼 것인지를 고민해야 한다.

## ESG 경영 어떻게 준비하고 있나?

흔히 ESG 경영을 단순히 ESG 평가에서 좋은 등급을 받는 것으로 간주할 수 있다. 그러나, 평가나 마케팅 위주의 관점에서 ESG를 도입하게 되면, ESG 워싱으로 간주되어 장기적으로 기업의 가치에 치명적인 악영향을 미칠 수 있다. 성공적인 ESG 경영을 구축하기 위해서는 **기업가치의 뉴패러다임**을 정확히 이해하고 적용시켜야 한다. 기업가치는 이제 단순히 '**재무제표 공시**'만을 통해 이루어지는 것이 아니라, '**지속가능경영 보고서 공시**'에 의해 결정되는데, 이는 재무적 관점에서의 경영전략에 **ESG 콘텐츠**를 강화시켜 비재무적(ESG) 관점의 경영전략을 통한 기업의 성과 창출을 통해 기업가치를 판단하는 데 있다. 따라서, 기업은 비전, 목표, 전략 등 경영 체계 전반에 걸쳐 ESG 개념을 도입하고 재설계 작업을 해야 할 때가 왔다.

과거 기업의 경영전략은 **재무적인 측면**에서 이윤추구를 목적으로 하여, 공급망 또는 플랫폼 혁신을 통한 혁신 전략을 세우고 실행하는 방식이었다면, ESG 경영전략은 재무 및 **사회적인 가치** 극대화를 목표로 하고, 근로 복지, 상생 공급망 등을 추가로 고려하는 전략을 실행하는 방식을 말한다.

글로벌 자본시장은 기업이 탄소 중립 및 ESG를 어떻게 장기 전략에 반영하고 있는지를 집중해서 분석하여 미래 투자를 결정하기 때문에, 기업의 의사 결정권자들이 투자자와의 지속적이고 효과적인 대화를 통해 기업의 ESG 활동과 계획을 알려야 한다. 따라서, 글로벌 투자가 중요시되는 한국 기업은 자발적으로 글로벌스탠더드나 프레임워크에 맞는 앞서 나가는 **장기 전략**을 세워야 하며, 한국 정부는 표준화되어있지 않는 ESG 기준을 신속히

정립하여 국내기업의 녹색성장과 글로벌 경쟁력 강화를 뒷받침하는 **ESG 생태계 조성**에 적극적인 지원을 해야 한다. ESG 혁명은 자본 배분이 근본적으로 변하는 100년에 한 번 올까 말까 하는 기회다. 변화와 함께 ESG의 큰 파도를 타고 앞서 나가는 기업은 향후 글로벌 강자의 자리를 확고히 할 수 있을 것으로 예상되며 이를 위한 전사적 결단과 실천이 요구된다.

# 3.

# 아시아 ESG 선발주자인 일본의 정책과 일본기업의 ESG 경영

## 일본의 지속가능성

지속가능 보고서 2023에 의하면 일본은 162 UN 멤버 국가중 19번째로 UN의 지속가능 발전 목표(SDGs)를 착실히 실행하는 국가로 평가된다. 20위안에 드는 유일한 아시아 국가이자, ESG 투자에 있어서 글로벌 리더십을 보여주는 국가다. 반면, 이 보고서에 의하면 일본은 17개의 SDGs 중 성 평등(Goal 5), 기후변화대응(Goal 15), 지속가능한 생산과 소비(Goal 12), 지구촌 협력(Goal 17)에 성과가 미흡한 것으로 나타났다. 일본에서 가장 공신력 있는 경제 로비 단체인 일본경제연맹(Keidanren)은 SDGs를 달성하기 위한 계획 'Society 5.0'을 2022년 발표하여, 혁신 기술을 활용한 사회문제 해결 및 지속가능한 경제성장을 이루기 위한 가이드 라인을 제시하며 일본기업의 SDGs 활동 촉진에 주도적인 리더십을 보여준다[1]. 이러한 자발적인 일본기업들의 SDGs 활동은 글로벌 커뮤니티와 평가기관의 긍정적인 평가를 받고 있다.

## ESG, CSR 그리고 SDGs

참고로, 일본 사회에서는 지속가능성에 대한 논의를 ESG보다 SDGs와 연결하는 성향이 크며, ESG는 기업이 SDGs 대응을 얼마나 잘하고 있는지를 평가하는 기준으로 이해된다. SDGs에 적극적으로 대응하는 기업은 필연적으로 ESG도 고려해 활동을 전개하고, 이러한 기업에 ESG 투자 자금이 집중된다는 상호관계가 SDGs와 ESG 투자 간에 존중한다는 접근이다[2].

ESG와 CSR은 관련된 개념으로 이 두 개념을 같은 의미로 간주하는 경우가 있지만, 정확한 개념은 엄연히 다르다. CSR은 시장 실패에 대한 기업의 책임론에서 나온 개념으로, 기업의 CSR 실천(i.e. 사회적 책임 실현을 위한 부가 활동)을 통해 긍정적 평판을 쌓고 이윤을 창출한다는 개념으로, 봉사, 기부 등 사회공헌 활동을 예로 들 수 있다. ESG는 재무적 성과와 함께 환경, 사회, 지배구조 등 비재무적 성과를 추가로 기업경영 목표에 담아 경영을 실행하는 것을 말하며, 따라서 비재무적 성과를 위한 투자계획 및 조직 구도의 조정 등 전사적인 혁신을 뜻한다. CSR은 기업경영의 한 요소로 볼 수 있고, ESG는 기업경영 그 자체를 의미한다고 볼 수 있다[3].

## 일본의 지속가능성은 에도시대에도 있었다

일본의 전통문화에서도 지속가능한 라이프스타일의 흔적을 찾을 수 있다. 에도시대(1603~1868년)는 일본 역사에서 순환 경제(circular economy)를 실행했던 시기라고 할 수 있다[4]. 에도시대 기간 동안 일본 사회는 쇄국정책으로 인해 외부와의 무역이 단절되었고, 이로 인해 일본 소비자들의 삶 속에 부족한 자원을 잘 관리하고 낭비 없는 소비를 취하는 문화가 자연스럽게 스며들었다[5]. 에도 사회에는 수많은 수리 및 재활용과 관련된 일자리가 창출되었으며, 이들의 활동을 통한 재활용 물품들이 생산되고 소비되는 순환 경제가 활발하게 작동되는 시대였다. 이처럼 지속가능성은 일본의 전통문화에 오래전부터 깊게 뿌리내려져 있다고 볼 수 있다. 다음은 지속가능 발전과 관련하여 일본이 적극적으로 추진하고 있는 주요정책 및 현황에 대해 검토해 보고자 한다.

## 일본 정부의 지속가능 발전 정책

일본은 2016년 6월 정부 차원의 지속가능 발전 목표(SDGs) 추진본부를 설치하였다. 내각 총리를 본부장으로 하고 전 국무장관을 구성원으로 하여 관계 행정 기관 간의 긴밀한 협력을 도모하고 종합적이고 효과적인 SDGs 추진이 가능하도록 했다.

### 1. 녹색성장 전략

일본 정부는 유엔 기후변화 정부 간 협의체 IPCC의 2015년 파리 협정과 2018년 권고안에 준거한 **'2050년 탄소 중립 실현을 위한 녹색성장 전략'**을 2020년 12월 발표하고 2021년 6월에 확정하였다[6]. 이 정책의 특징은 기후변화 대응을 경제성장의 제약으로 보지 않고, 새로운 성장의 기회로 삼아 사회경제적 변화와 혁신을 도모하기 위한 산업 정책적 차원에서 수립했다는데 있어[7] 국가적 차원에서의 적극적인 ESG 리더십을 보여주고 있다.

녹색성장 전략 준비를 위해, 일본 정부의 여러 부처가 기업의 기후변화 관련 위험과 기회를 평가할 수 있는 정보공시 가이드라인을 마련하고 있으며, 단계적으로 권고안을 공시하고 있다. 먼저 일본 경제산업성은 2018년 12월 TCFD 권고안의 해설과 지침, 사례 등을 포함한 **'기후 관련 재무정보 공시에 관한 TCFD 지침'**을 발표하였으며, 2020년 7월에 추가정보를 포함한 TCFD 지침 개정판을 공표했다. 또한 2019년 5월에는 기업의 효과적인 정보 공개를 돕기 위한 TCFD 컨소시엄이 민간주도로 설립되었고, 환경성은 **'TCFD를 활용한 경영전략 수립 권고: 기후 관련 리스크, 기회를 포함한 시나리오 분석 실천 가이드'**를 2019년부터 정규 발간하여 기업들의 TCFD 권고안 활용을 돕고 있다. 국토교통성은 2021년 3월 부동산 분야와 관련된 기업 및 기관 투자자를 대상으로 하는 '부동산 분야 TCFD 대응 지침'을 발표하는 등 다양한 정책적인 가이드라인을 제시하고 있다[6].

일본 정부는 성장이 기대되는 산업 14개를 선정하여 2050년 탄소 중립 달성을 위한 분야별 세부 목표를 설정하였으며, 목표달성을 위한 정책대응 방안을 제시하여 성장이 기대되는 분야와 산업에 집중하는 녹색성장 정책을 제시하였다[7]. 이 정책은 민간기업의 참여와 투자를 장려하기 위한 예산 및 금융 지원, 세제 및 규제개혁, 국제협력 등 다양한 정책을 포함하고 있으며, 이와 함께 2조 엔 규모의 녹색 혁신 기금을 조성하여 탄소 중립을 위한 기술개발 촉진과 관련된 혁신 기업을 향후 10년간 지원할 예정이다[8].

일본의 녹색성장 전략은 산업의 녹색성장을 위한 **지원정책**과 함께 **규제개혁** 및 **기술 표준화**를 강조하고 있는데, 지정된 14개 산업에서 탄소 중립을 위해 개발되는 신기술 발전을 촉진하기 위해 규제 및 제도를 정비하고, 국제적 규칙형성에도 부응하여 국제 표준화에 적극적으로 대응함으로써, 일본의 현황을 국제 규칙에 반영시킬 수 있는 환경을 조성하는데 있다[6]. 탄소 중립을 위한 신기술 개발에 있어서 각 기업이 글로벌 사회의 규칙형성에 적극적으로 대응하여 새로운 시장을 형성해 나가는 데는 어려움이 있어, 일본 정부의 국가적 차원에서의 지원은 향후 일본기업 경쟁력 강화에 긍정적인 영향을 미칠 것으로 보인다.

### 탄소 균형 사회의 이미지

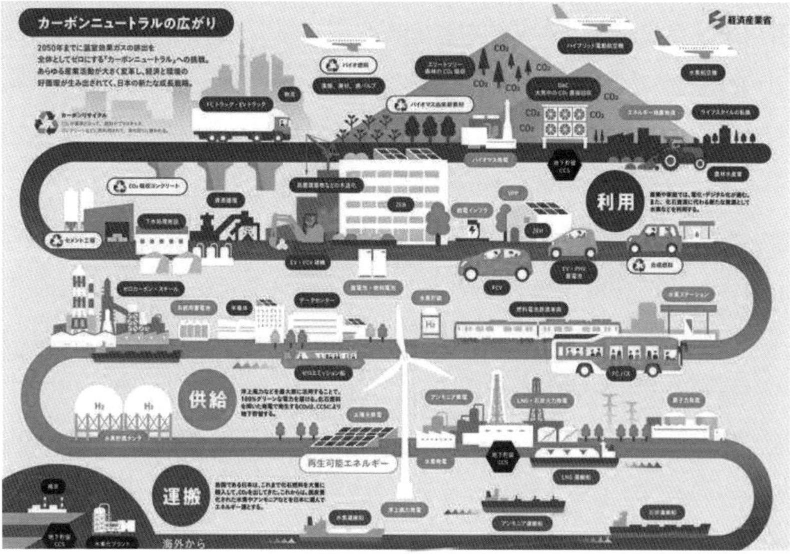


출처: 일본 경제산업성, "2050년 탄소 중립을 위한 그린 성장전략" 홍보자료

일본 정부가 2020년 12월에 발표한 **'2021년 액션플랜'**은 2050년 탄소 균형 실현에 도전한다는 목표를 가진 녹색성장 전략은 '경제와 환경의 원활한 순환'을 이루고자 하는 가장 중요한 정책으로 간주되고 있으며, 이를 달성하기 위해서는 ESG 투자의 계속적인 확대가 불가결하며, 녹색성장 전략이 ESG 투자 진흥으로 이어진다는 내용을 담고 있다[6]. 또한, 이 액션 플랜은 디지털 트랜스포메이션을 통한 미래사회의 구축과 스마트시티건설 등의 주요 내용을 담고 있어 일본 정부의 적극적인 ESG 정책은 일본 시민의 긍정적인 반응을 얻고 있다.

## 2. 일본 정부의 연금 투자 펀드(GPIF)

전 세계 책임 투자 규모는 2018년 기준 30조 6,830억 달러로 지속적으로 확대 추세이며, 지역별 책임 투자 규모는 유럽이 가장 크며, 미국, 일본, 캐나다, 호주 및 뉴질랜드 순이다. 일본 내 ESG 투자 규모는 2014년에 **일본판 스튜어드십 코드 제도**가 도입되면서 급격히 증가했다[1]. **스튜어드십 코드 제도**란 연기금이 기업의 의사결정에 개입할 수 있도록 하는 제도를 말한다. 이 제도는 장기적 차원의 기업가치 향상과 지속가능한 성장을 목표로 하는 기관 투자자의 역할 규범이라 할 수 있다[9].

세계 최대 규모 연기금 중 하나인 일본 공적 연기금 GPIF가 2017년에 책임 투자 원칙(PRI)을 도입하면서 ESG 지수에 1조 엔을 투자하며 ESG 투자가 급격히 확대되고 있다. 2020년 기준 일본의 ESG 투자액이 세계에서 차지하는 비중이 8.1%(2.8조 달러)로 미국(48.4%), 유럽(34%)에 비하면 낮지만, 2016년 대비 성장률은 506%로 폭발적인 성장세를 보여준다[10]. 이처럼, 일본은 아시아의 ESG 선발주자로서의 위상을 세우며, 정부 금융 정책 차원에서도 ESG 리더십을 보여주고 있는 상황이다.

일본 연기금의 ESG 투자 촉진을 위한 대응을 살펴보면, 1) 국제적 공시 및 가이드라인을 도입함으로써 세계 기준에 맞는 ESG 투자의 문턱을 낮추고 금융과 기업의 참여를 촉진하며, 2) 지역 과제 해결의 새로운 돌파구로 ESG 투자를 활용하는 지역 금융 차원의 ESG 투자를 실천하고, 3) 긍정적 임팩트를 기대할 수 있는 융자 및 투자를 확대하는 내용을 담고 있다[9]. 일본 기업의 투자자산 운용 총액 중 ESG 투자 비율은 24.3%로 미국(33%), 유럽(41.6%)과 비교하면 상대적으로 낮은 수준이지만, 향후 ESG 투자 확대 가능성은 탄소 중립 실현을 위한 일본 사회 전반적인 움직임과 함께 빠르게 확대될 것으로 예상된다.

**글로벌 책임 투자 국가별 자산 현황 (16년-18년)** (단위: 십억 달러)

| Region | 2016 | | 2018 | |
|---|---|---|---|---|
| Europe | $ | 12,040 | $ | 14,075 |
| United States | $ | 8,723 | $ | 11,995 |
| Japan | $ | 474 | $ | 2,1180 |
| Canada | $ | 1,086 | $ | 1,699 |
| Australia / New Zealand | $ | 516 | $ | 734 |
| **Total** | **$** | **22,838** | **$** | **30,683** |

주: 모든 2016 자산은 '15년말 기준 환율로 미국 달러로 변환되며, 모든 2018 자산은 보고 시점의 환율을 기준으로 미국 달러로 변환됨.
자료: 2018 Global Sustainable Investment Review, GSIA

### 3. 일본의 화(和)문화에 기반한 지속가능성 발전

일본은 실제로 세계에서 **지속가능한 비즈니스 수가 가장 많은 국가**라고 할 수 있다. 100년이 넘는 33,000개 이상의 사업체와 2세기가 넘는 3,000개의 비즈니스가 있다[4]. 많은 일본의 비즈니스가 100년이 넘게 지속가능한 경영을 이어올 수 있었던 배경에는 **일본의 장인정신과 화(和)문화**를 손꼽는다[5]. **화(和)문화**는 상대를 과하게 배려하고, 조화롭게 살아가는 것을 중요시하는 문화를 뜻한다. "각자의 자리에서 남의 영역을 침범하지 않고 살아간다"는 개념과 함께, **경쟁보다는 상생**을 통해 살아가는 생활방식을 추구하는 문화이기도 하다. 이러한 일본의 화(和)문화는 지속가능성 개념과, UN이 제시하는 SDGs 17가지 목표와도 상통하는 바 있다. SDGs의 인류 전체를 위한 상생의 목표를 제시하는 바와 사회의 조화로운 생활을 중요시하는 일본의 화(和)문화가 더해져 일본은 지속가능성과 ESG 개념을 빠른 속도로 받아들이고 있다[11].

### 4. '다양성 경영' 가이드라인

일본 경제산업성은 ESG의 사회적 가치(S) 측면에서의 기업가치 창출을 위해 추구해야 할 '**다양성 경영**'의 방향을 제시하는 '**Diversity 2.0 행동지침**'을 2017년 발표하여, 이해관계자와 다양한 인재들의 참여 및 협력을 통한 혁신 촉진 및 새로운 기업가치 창출을 추진할 것을 장려하고 있다. 다양성 경영 지침은 다양성을 고려한 7가지 기업의 행동 원칙 및 이를 평가할 수 있는 핵심 성과지표(KPI)를 제시하여 기업들이 사업보고서에 공개하도록 하고 있다[7].

다양성을 평가하는 KPI 종목에는 이사회의 여성 및 국제 인재 비율, 채용 시 여성 비율, 남녀 평균 근속기간 차이 등을 포함하여 수치적으로 기업의 다양성 활동, 실적 및 향후 로드맵을 구체적으로 공개하도록 하여 일본기업의 다양성 경영 저변이 확대되도록 적극 장려하고 있다. 다양성 경영 정책은 8번, 10번, 16번 SDG 목표에도 부합하는 성격을 가지고 있어, 포용적이고 지속가능한 경제환경 및 성장을 촉진하는 촉진제 역할을 할 것으로 보인다.

### 5. '건강 경영' 정책

일본 정부가 제시하는 또 하나의 지속가능정책으로 '**건강 경영**'을 들 수 있는데, **인구 고령화**가 심화되어 있는 일본 사회에 국민 건강수명 연장을 사회적 목표로 세우고, 기업의 건강 경영을 통한 국민의 건강관리를 실천하고자 하는 의도를 가진다[1,10]. 건강 경영에 대한 일본 정부와 기업의 관심은 2000년대 말 시작되어, 종업원들의 건강관리와 증진을 통해 기업의 생산성을 향상하고자 하는 경영전략으로 해석되어 응용되어 왔다. 이는 ESG 개념의 사회적 관점(S)에서 직원의 복지 및 안전과도 부합하여, 일본기업들이 ESG의 사회적 측면에 앞서나간 활동을 전개해 왔음을 보여주는 사례라고 할 수 있다.

경제산업성은 2015년부터 도쿄증권거래소 상장기업 중 건강 경영을 경영전략 차원에서 적극 실천하는 우수기업을 '**건강 경영 종목**'으로 선정하는 제도를 도입하였으며, 2017년에는 중소기업을 포함하는 모든 일본기업을 대상으로 **'건강 경영 우량 법인 인증제도'**로 확대하여 운영하고 있다. 2021년에는 48개 기업이 건강 경영 종목으로 선정되었으며, 대기업 중 1,794개사, 중소 법인 7,933개 법인이 인증을 받았다. 이는 일본기업들이 직원들의 복지 및 안전에 기여하는 건강 경영전략이 활발히 진행되고 있으며 정부 차원에서의 인증제도가 뒷받침해주는 역할을 하고 있어 기업과 정부 간의 효과적인 협력체계가 잡혀 있음을 보여주고 있다[10].

## 일본기업의 ESG 경영

ESG 대응이 자사의 이익 증가와 리스크에 대한 안전성 제고로 이어진다는 인식이 확산되고 있어 일본기업들의 ESG 경영 도입이 빠르게 진행되고 있다. ESG와 관련된 비 재무정보를 포함한 경영보고서를 발행하는 일본기업이 지속적으로 증가하고 있으며, 글로벌 커뮤니티로부터 긍정적인 평가를 받고 있다. 다음은 일본의 대표기업인 소니의 혁신적인 ESG 경영 사례를 통해 일본기업의 ESG에 대한 대응을 알아보자.

### 소니(SONY)의 혁신

소니는 일본 경제의 장기침체와 기업 경쟁력 약화의 여파로 위기 상황을 맞았으나, 2000년대 초부터 발 빠르게ESG 경영을 표방하며 지속가능성에 초점을 맞춘 성장 전략을 펴면서 경쟁력을 회복하고 있다[12]. 글로벌 ESG 경영의 모범기업으로 거듭나고 있는 소니는 월스트리트저널(WSJ)이 전 세계 5,500개 이상의 상장기업을 대상으로 사업 모델, 혁신성, 사회공헌과 노동, 환경, 경영방식 등을 감안해 선정하는 '세계 지속가능 100대 기업' (The Most Sustainably Managed Companies in the World)에서 2020년 1위를 차지했다.

다음은 소니가 다시 그 경쟁력을 회복하게 된 배경과 지난 몇 세기 동안의 실패와 성공에 대응하는 소니의 전략을 간단히 살펴보고, 향후 **소니의 ESG 경영**과 **차세대 자율 주행 자동차 VISION-S** 출시가 주는 시사점을 알아보고자 한다.

1950년대 세계 최초의 휴대용 트랜지스터라디오 개발, TV 개발, CD 개발 등 최첨단 기술을 선보이며, 1955년 소니는 일본 총생산액의 91%를 자랑하는 기업으로 명실상부하게 이름을 알리기 시작했다. 1960년대부터 80년대까지 소니는 혁신적이고 독창적인 제품을 시장에 출시하며 세계적인 브랜드로 각인시키는 데 성공하는데, 특히 1979년 소니의 워크맨을 발명하여 전 세계 시장을 장악한다. 그러나 1990년대 인터넷과 MP3의 발전에 미흡한 대응으로 시장 포지션이 무너지고, 위기를 맞아 세계 최초의 휴대용 트랜지스터라디오 개발, TV 개발, CD 개발 등 최첨단 기술을 선보이던 명성이 무너지기 시작했다[15].

전자기업에서 시작한 소니는 미래 콘텐츠산업의 전망을 위해 CBS와 Picture사를 인수했지만 90년대 일본 버블 붕괴와 기술에 대한 지나친 자만심으로 지속적인 매출과 이익 감소로 15,000 엔이던 SONY 주가는 한동안 2,500 엔으로 추락하며 몰락의 길을 걸었다. 2004년부터 2013년까지 10년 연속 적자를 면치 못했고 누적 적자 폭은 8,000억 엔에 달했다.

그러나 여러 차례의 시행착오를 거쳐 소니는 급격한 구조조정을 하고, 소프트웨어, 콘텐츠 중심 업으로 거듭나게 된다. 1990년대 후발에 플레이스테이션(Playstation)을 출시하며 부활의 계기를 마련하며, 게임, 영화, 음악 등 콘텐츠 분야에서 확고히 자리를 잡는다. 이로 인해 소니는 새로운 브랜드 가치를 인정받고, 2000년대에 들어서, Digital Single Lens camera와 COMS Image sensor를 출시하여, 모바일 및 인터넷 사업의 발판을 준비한다. 2017년 1월에는, 2006년 생산을 중단했던 로봇 강아지 '아이보'를 12년 만에 재출시했다. 소니의 각종 센서와 인공지능(AI) 기술을 탑재한 로봇 강아지 '아이보'는 소니의 부활을 알리는 신호탄이 되었으며, 2017년 순익 기준 최대치인 4,908억 엔도 달성했다.

**■■ 소니 아이보**

출처: aibo.com

2020년 기준 소니는 역대 최고 이익을 경신했고 주가도 20년 만의 최고치를 회복하며 기대되는 행보를 보인다[13]. 이러한 소니의 부활 비결은 **선택과 집중, 차별화**에 있다고 볼 수 있다. 소니는 경쟁력이 없는 사업은 과감히 포기하여 효과적으로 비용을 감축하고, 새로운 혁신 사업에 집중하며, 차별화 전략을 이용하여 새로운 경쟁 구도를 이끌어 나가고 있다. 최근에는 Vision-S 자율주행 전기차 Prototype을 완성하고 Driving test를 진행하면서 다방면의 혁신을 추진 중이다.

### 1.소니의 ESG 경영

**환경 부분**: 소니는 기후변화에 대응하기 위해, 사업 활동 및 제품・서비스에서 탄소 배출과 연결된 에너지 사용을 줄이고자, 2030년에는 자체 운영 사업장에서 100% 재생에너지를 사용하고(RE100), 2040년까지 공급망과 간

접 배출량을 포함한 전면적인 탄소 중립에 도전하는 목표를 세웠다[16]. 소니와 협력하는 원자재 • 부품 공급 업체와 제조 위탁 업체에게도 온실가스 배출량의 파악과 배출 감소에 관한 중장기 목표 설정과 관리를 요구하고 있으며, 에너지 절약, 태양광 발전 시설 설치, 재생에너지 도입 가속화 등을 통해 공급망과 파트너사와의 협력을 강화해 나가는 모습을 보이고 있다[12]. 소니는 제품 1대당 연간 소비 전력량을 5% 줄이고, 국내외 물류에서 발생하는 온실가스 배출량도 10% 삭감하는 기준을 세웠으며, 소니 코리아는 2018년부터 영업활동으로 인한 이산화탄소 배출량 100%를 한국임업진흥원의 산림 탄소 흡수량(바이오매스)을 통하여 모두 상쇄하고 있다(이산화탄소 배출량 측정 항목: 전기사용량, 항공편 마일리지, 차량 유류 사용량 등). 이러한 소니의 탄소 중립 선언은 기존의 목표를 10년 앞당긴 것으로, ICT 업계 전체에 강력한 탄소 감축 표준을 제시하는 리더십을 보여준다[14].

**사회 부분**: 코로나 19 팬데믹으로 인한 사회문제 해결에 공헌하기 위해, 글로벌 안정 기금을 조성하고 의료, 교육, 창조적인 커뮤니티 활동을 적극적으로 지원하고 있다. 국제 조직과 비영리재단들에 지속적인 기부를 하고 있으며, 의료 마스크를 제작 및 기증 활동도 하고 있다.

**거버넌스**: 재무정보와 비재무정보(ESG)를 통합적으로 공개함으로써, 투자자들이 소니의 성과와 장기 수익률을 판단할 수 있도록 자발적 정보공유를 실천했다. 여기에는 거버넌스 및 인사 전략까지 상세히 기술되어 있으며, 약 90%의 사원을 대상으로 8만 건의 의견을 수집, 직원의 참여 의식도 지표화했다.

소니의 이러한 투명한 자료 공개를 통해, 투자자는 매출이나 이익뿐만 아니라 거버넌스와 관련된 정보(기업 내부의 사원들의 일하는 방식이나 사업의 환경에 대한 영향, 공급망 관리 수준 등)를 손쉽게 파악할 수 있다. 따라서, 소니의 지속가능보고서는 무형 자산을 평가하는 투자자에게 정보를 제공하는 데 있어 매우 효과적이라는 평가를 받고 있다.

2021년 4월1일 소니는 회사명을 '소니 그룹'으로 바꾸고 기업 지배구조도 대폭 변경했다. 본사 기능과 그 이하 6개 사업부(게임, 음악, 영화, 전자, 반도체, 금융)를 두어 사실상 지주회사 형태로 구축하게 된다. 소니 사장 겸 최고 경영자(CEO)인 요시다 겐이치로는 "코로나 19로 세계가 급변한 만큼 새로운 변화가 중요하다"고 말하며 포스트 코로나에 다가올 불확실성과 시장의 구조적 변화에 대응하고 있다[12].

## 2.소니의 지속가능 비즈니스 모델: 전기차 '비전-S'

최근 2020년과 2021년 선보인 **소니의 전기차 '비전-S'**는 글로벌 모빌리티 시장의 변화에 적극 대응하는 노력의 일환이다. 비전-S에는 반도체 전자, 음악 등 소니 주요사업부의 기술이 총동원되었으며, 자동차 부품 및 생산 업체와 긴밀한 협력을 맺고 개발 중이다. 또한, 소니의 강점인 광학기술을 활용해 자율주행차의 내·외부 환경을 구현하는데 역량을 집중한다는 방침이다. 요시다 사장은 "지난 10년간 메가 트렌드는 모비일이있지만 앞으로 10년은 모빌리티"라고 강조했다.

업계에선 **자율주행차**라는 말 대신에 **SDV(Software Defined Vehicle)**라는 용어를 쓰는데, 이는 자율주행차보다 더 포괄적이고 선행적인 의미를 갖는다. 지금까지 하드웨어가 차량을 정의했지만, 앞으로는 소프트웨어가 차량을 정의할 것이라 업계는 예측하고 있다. 소니가 공개한 비전-S는 'IT와 엔터테인먼트 양쪽에서 자동차의 정의를 바꾸려는 시도'로 볼 수 있는데, 비전-S는 단순한 하나의 차량이 아니라 소니의 미래 차 계획 그 자체인 것이다. 이렇듯 미래 차 분야에서 소니의 행보는 소프트웨어 중심 회사로의 변화를 시도하고 있다[13].

**소니 비전-S**

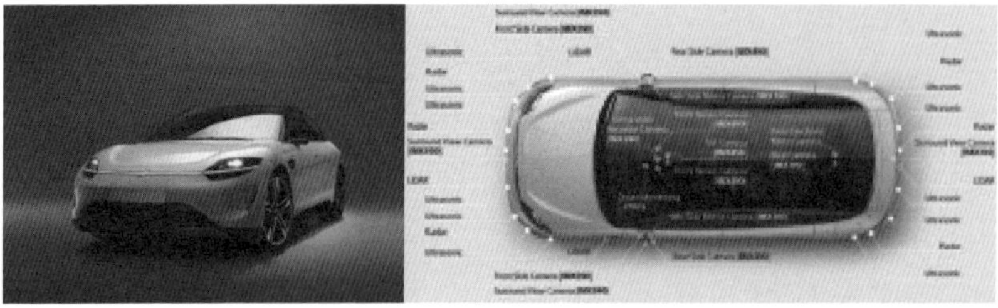

출처: sony.com

현재 **소프트웨어와 하드웨어** 양쪽에서 글로벌 시장을 장악할 수 있는 플랫폼을 가진 기업은 **애플**이 거의 유일하다고 할 수 있다. 구글은 소프트웨어 플랫폼은 가졌지만 하드웨어가 없고, 삼성은 하드웨어 판매 대수 기준 세계시장 점유율 1위이지만 소프트웨어 플랫폼이 전무한 상태이다. 반면, 소니의 자율주행 개발 이력은 길지 않으며 자동차 제조를 해본 경험도 없다. 지난 20년간 소니는 플레이스테이션을 주요품목으로 하는 게임 분야에서 뛰어난 업적을 세웠다. 게임 분야 구독 경제는 소니 그룹의 주요 수익 원천으로, 소니의 유로 온라인 서비스 '플레이스테이션 플러스'는 전 세계 회원 수 4500만 명을 보유하고 있다[13].

하지만 **현재의 소니는 하드웨어와 소프트웨어 플랫폼 모두를 구축해 나가고 있다는 점**에 업계는 주목하고 있다. 자율주행 개발자들의 말에 따르면, 자동차의 자율주행이나 소프트웨어 플랫폼 개발은 전통적인 의미의 차량 개발과 크게 다르고, 실은 AI 로보틱스나 컴퓨터게임과 닮아 있다고 한다. 소니의 첫 전기, 자율주행 콘셉트 카 '비전-S'를 소니의 AI 로보틱스 사업부에서 개발 주도하고 있는 이유가 여기에 있다[13].

과거에 자신들의 기술력에 대한 지나친 자만심으로 몰락의 경험을 한 소니는 자사 기술을 폐쇄적으로 운용하던 과거의 방식을 과감히 버렸다. 모빌아이(인텔), 구글(웨이모), 엔비디아 등과 협업을 하며, 전기차 하드웨어 플랫폼 역시 폭스콘, 로버트 보쉬, 콘티넨탈 VDO 등 모든 글로벌 부품 공급업체들과 매끄럽게 조율해 나아가고자 한다.

소니가 가진 현재 ESG 경쟁력이 미래 차 분야에서도 경쟁력을 가지게 한다는 보장은 없다. 그러나 소니는 시대가 요구하는 흐름에 세밀하게 자신만의 경쟁력을 맞춰가는 능력이 있고 투명한 소니의 ESG 경영방식은 소비자와 투자자들의 자본을 끌어들인다. 이를 통해 소니는 더욱 혁신적인 기술에 투자할 수 있게 되고, 경쟁력이 높아질 것이다. 이처럼 기업의 ESG 경영은 미래의 장기적 경쟁력과도 밀접한 연관 관계가 있음을 시사한다. 소니는 자체가 가진 경쟁력을 극대화하고 효과적으로 활용하여 급변하는 미래 시장의 흐름에 대처하고 있으며, 소니의 새로운 비즈니스 모델이 가지는 경쟁력과 시장에 미치는 영향은 기대해 볼 만하다.

코로나 19 이후 시대에 더욱 부각된 ESG 경영은 기업의 경쟁력뿐만 아니라 미래 내재가치를 측정하는 기준이 되어 가고 있다. 우리나라의 기업들도 이 같은 새로운 트렌드에 발 빠른 움직임을 보이고 있으며, 투명한 ESG 경영 정보공유를 통해 글로벌 투자자들의 긍정적인 평가를 받아야 장기적으로 살아남을 수 있다. 소니가 협력사들의 ESG 경영을 요구하며, 글로벌 공급망을 ESG 잣대에 의해 형성해 나가듯이, 우리나라 기업들도 ESG 기준에 부합하는 경영과 비즈니스 전략을 발전시켜야 한다. 이것 만이 ESG가 가져오는 파괴적인 혁신에 도태되지 않을 수 있는 유일한 방법이다.

# 4.

# 중국의 ESG 현황

중국은 2021년 기준 16조 8,050억 달러의 명목 GDP, 14억 1천 9백만 명의 인구를 가진 거대한 주요 국가로, 최근에 메가 FTA, 일대일로, 개도국 협력 등을 내세워 중국 중심의 GVC 재편을 본격화하고 있어 한국 산업과 경제에 미치는 영향이 크다. 중국은 최근 경제성장을 고속성장에서 질적 성장으로의 패러다임 전환으로 이어가는 노력을 하고 있다. 특히 중국 정부는 국제화와 관련된 정책, 평가 체계의 개선을 위해 ESG 정책을 빠른 속도로 도입시키고 있으며, 이미 중국 내에 ESG 투자가 늘고 있어 이를 위한 평가 체계가 형성되고 있다. 다음은 중국 정부가 발전시키고 있는 ESG 전략과 정책을 살펴보면서 중국 시장과 연계되어 있는 한국 기업에 미치는 영향이 무엇인지 검토해 보자.

## 중국 정부의 ESG 정책

2000년 초반부터 시작된 중국의 초기 ESG 정책의 영향력은 미비하였으나, 최근 들어 정부 차원에서의 **하향식 ESG 정책** 사업추진이 빠르게 진행되는 추세이다. 2020년 중국의 탄소 배출량은 98억 9,351만 톤으로 전 세계 배출량의 약 32%를 차지한다. 중국은 2020년 9월 UN 총회에서 '2060년 이전에 탄소 중립(순 배출 제로화)을 달성하겠다'라는 폭탄선언을 하며 환경 분야에서 책임 있는 글로벌 리더가 되고자 하는 의지를 보였다. 이는 경제성장과 함께 탄소 감축을 병행할 수 있다는 기술적 자신감의 표현이기도 하다[1,2].

중국 정부는 기후 변화 대응 주도권을 선점하기 위해, **2030년 탄소 정점, 2060년 탄소 중립**을 선언하고, 2022년 **'3060 탄소 중립 로드맵'**을 발표하였는데, 탄소 가격제 및 탄소배출권 운영제에 대한 정책을 담고 있다. 탄소 가격제 정책은 탄소배출권 가격 단위, 최소 거래 신고량, 최소 변동 신고량, 탄소 배출 할당량 거래를 규범화하는 내용을 담고 있으며, 탄소 배출 감축 정책은 2022년 7월 16일 전국 통합 탄소배출권 거래소를 공식 출범하고, 에너지 소비 이동통제 관리를 강화하는 등의 정책 도입을 포함한다[3,4].

또한 2022년부터 녹색 인프라 투자를 확대하고, 녹색 기술과 녹색 금융의 발전을 추진하는 등 녹색 산업 혁명을 본격화하기 시작했다[5]. 대표 고에너지 소모 산업인 철강, 시멘트, 석탄 산업은 탄소배출권 거래제도 도입, 생산 억제 등의 강도 높은 통제 조치 시행으로 구조조정이 가속화될 것으로 예상되며, 반면 친환경 산업은 황금기를 맞을 것으로 보인다[6].

일환으로 신재생 에너지 발전 비중을 20%까지 확대하는 계획을 포함하는 **'2025 에너지 전환 정책 목표'**를 공표했으며, 이와 관련된 시장과 사업의 확대가 전망되고 있다. 탄소 배출의 많은 부분이 발전, 산업, 수송 부분에서 발생하는데, 발전 부분의 탄소 중립은 재생에너지로의 전환을 뜻하며, 전 세계 태양광발전기, 풍력 회사 톱 10중 반 이상이 중국 회사이며, 전기차 핵심 부품인 배터리도 중국 업체가 글로벌 선두를 차지한다[7]. 따라서, 중국의 탄소 중립 선언은 전 세계 석탄의 절반 이상을 사용하는 중국의 획기적인 **에너**

**지 전환**을 의미하며, 전 세계적으로 탄소 중립을 달성하는 데 큰 영향을 미칠 것으로 보인다[1].

ESG의 S(사회) 측면과 관련하여 중국 정부의 두 가지 정책이 세계적인 주목을 받고 있는데, 공동 부유 정책과 사회신용평가 시스템을 들 수 있다. 다음은 중국 정부 주도하에 도입되고 있는 사회와 관련된 두 가지 ESG 정책을 자세히 살펴보자.

### 1. 공동 부유(共同富裕: 다같이 잘 사는 사회) 국정 기조 전면화

ESG 관련 사회적 분야에서 **공동 부유(共同富裕) 정책**이 주목받고 있다. 세계 2대 경제 대국으로 부상한 중국은 가파르게 증가하고 있는 소득 불균등과 빈부격차 해결 방안으로 공동 부유 정책을 제시한다. 공동 부유 정책은 '효율', '성장' 보다 '균형발전', '질적 발전', 및 '분배'를 중시하는 정책으로, 2021년 8월 17일 중앙재경위원회 10차 회의에서 시진핑 국가주석이 국정 기조로 선언하면서 전면화되고 있다[9].

중국 정부는 공동 부유를 모든 국민이 풍족한 삶을 이루고, 빈곤과 양극화 현상이 없는 보편적 풍요를 누리는 것이라 정의하고, 3가지 분배 방안을 통한 부와 소득의 재분배와 빈부격차의 축소를 구체적으로 제시한다. 1차 분배 방안은 공유제를 기반으로 계층 및 지역 간 소득 격차 축소이며, 2차 분배 방안은 사회보장 등 정부 이전 지출과 세금을 활용, 3차 분배 방안은 기업 등 비정부 부분의 기부를 통한 분배를 일컫는다. 3차 분배 방안에 속하는 중국 대기업들의 부의 재분배를 위해 거액의 기부금들이 출현 되고 기금이 조성되고 있는데, **알리바바**는 **'알리바바 공동 부유 추진 태스크포스'**를 설치하고 1천억 위안(약 18조 원)을 2025년까지 투입하는 공동 부유 관련 사업을 추진할 계획을 발표하였으며, **텐센트**는 500억 위안(약 9조 원)의 기부 의사를 밝혀, 중국 대기업들의 사회적 공헌도는 공동 부유 정책의 도입과 함께 높아지고 있는 실정이다[9].

### 중국 소득불균등 및 부의 분포

| | 2000 | 2005 | 2010 | 2015 | 2019 | 2020 |
|---|---|---|---|---|---|---|
| **브라질** | 0.847 | 0.828 | 0.822 | 0.887 | 0.882 | 0.890 |
| **중국** | 0.599 | 0.636 | 0.698 | 0.711 | 0.697 | 0.704 |
| **프랑스** | 0.697 | 0.670 | 0.699 | 0.700 | 0.699 | 0.700 |
| **독일** | 0.712 | 0.827 | 0.775 | 0.793 | 0.779 | 0.779 |
| **인도** | 0.747 | 0.810 | 0.821 | 0.833 | 0.820 | 0.823 |
| **이탈리아** | 0.601 | 0.595 | 0.630 | 0.671 | 0.664 | 0.665 |
| **일본** | 0.647 | 0.632 | 0.625 | 0.635 | 0.642 | 0.644 |
| **러시아** | 0.847 | 0.872 | 0.900 | 0.895 | 0.873 | 0.878 |
| **영국** | 0.707 | 0.677 | 0.692 | 0.731 | 0.714 | 0.717 |
| **미국** | 0.806 | 0.811 | 0.840 | 0.849 | 0.851 | 0.850 |

| 구분 | 평균자산 규모 (만 위안) | 전국 가계자산에서의 비중(%) |
|---|---|---|
| **0~20% 하위** | 41.4 | 2.6% |
| **20~40%** | 99.3 | 6.2% |
| **40~60%** | 164.4 | 10.3% |
| **60~80%** | 282.4 | 17.8% |
| **80~90%** | 493.3 | 15.5% |
| **90~100% (상위)** | 1511.5 | 47.5% |

주: 왼쪽표는 Credit Suisse의 지니계수로 소득의 불균형 정도를 나타내는 수치; 0은 완전평등을 의미하며 1은 완전불평등을 나타낸다. 수치가 높을수록 불균형이 높다.
자료: CEIC, 중국인민은행, 2021년10월, 코트라 2022년

중국 정부가 공동 부유 정책을 도입하게 된 배경에는 중국 국민의 소득 격차에 대한 심리적 허용치가 큰 폭으로 하락했기 때문이라는 분석이 있는데, 1990년대 7.5-8.0 수준의 허용치가 최근 코로나 이후 5.33으로 크게 하락해 중국 사회의 불안정과 심리적인 압박이 커지고 있는 것으로 나타났다[10]. 사회 전반적으로 고조되고 있는 소득과 삶의 질의 격차에 대한 불만을 해소하고 지속가능한 성장을 도모하기 위해 공동 부유 정책이 제시되었다. 또한 민생 분야에 대한 보장과 지원을 확대하고 가계의 소비 여력을 개선하고자 하는 목

표를 강조하고, 공산당 창당 두 번째 100년의 국정 아젠다로써 중요한 의미를 가진다[11]. 이 정책은 또한 **독점 산업의 규제, 교육에 대한 공정한 접근 보장, 세제 개혁, 사회복지 시스템 개선, 고소득층의 기부 확대** 등의 내용을 담고 있어, UN이 제시하는 SDGs의 사회경제 발전의 여러 목표와도 부합하는 성격을 가지고 있다.

중국 정부는 공동 부유 정책을 통해 중산층을 적극적으로 육성하여 소비 회복 및 내수진작에 총력을 가하고 있으며, 이는 과거 수출, 투자 위주의 성장에서 소비 위주, 내수 중심의 성장으로 경제성장 모델의 패러다임 전환을 뜻한다. 또한 지역 간 경제발전 격차를 해소하고 균형발전을 확대하기 위해 상대적으로 낮은 경제발전 수준을 보이는 동부 권역에 광역 도시권화 지원정책을 추진하고 있다. 예를 들어, 국토 균형발전 차원에서 징진지, 양쯔강 경제벨트, 황하유역 경제벨트 등 지역 클러스터 구축을 위한 프로젝트가 가속화될 것으로 전망되는데, 동부지역으로 첨단, 미래산업 기반 구축과 관련된 투자가 집중되어 경기가 활성화되고 소비 여력이 향상되는 효과를 염두에 두고 있다[9].

공동 부유 정책은 공정경쟁 정책 및 기업규제 등을 통해 시장질서 유지를 제도화하는데 목표를 두고 있어, 단기적으로는 시장을 위축시킬 가능성이 있으나 장기적으로 지역균형발전, 소득분배 구조개혁, 공정한 시장 환경 조성을 통한 지속가능 성장 동력 확보를 가능케 할 것으로 예상되어, 한국 기업의 중국 시장 진출에도 긍정적인 기회로 해석된다[9].

## 2. 사회신용평가 시스템

국가 차원의 **사회신용평가 SCS(Social Credit Scoring) 시스템**은 빅데이터를 활용하여 전 국민 개개인과 기업의 사회신용도를 측정하여 등급을 매기고 경제활동에 반영하고자 하는 정책이다[9]. 블록체인과 인공지능이 결합된 기술을 통해 기계 학습한 기술을 적용해 개인별 신용 점수를 매기는 방식으로, 중국의 앞선 인공지능 기술 발전이 SCS 시스템 전체를 효과적으로 운영할 수 있게 해줄 것으로 예상되고 있다.

이 개념은 1999년 중국 시장학회 신용학술위원회 린쥔위에가 주창한 사회신용시스템 이론에 근거하고 있는데, 시장의 신용 환경개선에 있어서 정부의 역할을 강조되면서 중국 전역에 걸친 은행 대출 등기 자문 시스템이 설립되고, 상하이에서 시범적인 개인 신용 공사가 건립되었다. 금융 신용으로써의 신용 개념은 점차 진화하여 **'성실 신용'**으로 변화하였으며, 2007년 **'사회신용시스템 건설을 위한 국무원 부서 간 연석회의제도'**가 공식적으로 출범되고, 공안부, 전국 정규반, 상무부, 인민은행 등의 참여로 포괄적인 단위에서 명분화된다[9].

중국 정부가 2014년 6월 발표한 **'사회신용시스템 건설 강요(2014-2020) 발행에 관한 국무원 통지'**는 통일적인 신용 코드 제도, 국내 일원화된 신용정보 공유 교환 플랫폼 가설, 신용불량 상벌 기제의 건립, 사회 신용 건설 시범 도시의 추진 등을 포함하고 있으며, 오늘에 이르기까지 3분의 2를 초과하는 국무원 부분 단위들을 포함하는 중대 국정 사업으로 발전되고 있다. 이 정책 문건의 계획에 따라 2018년과 2019년에 걸쳐 단계적으로 28개의 시범 도시를 지정하여 SCS 시스템을 운영하고 있으며, 시범 도시 시 당국은 시민들의 신뢰도 분석을 위해 치안, 사회복지, 민생, 행정, 상업 담당 부서, 가족계획에 관한 데이터를 수집하여 분석한다.

2020년 1월에 2세대 SCS 시스템을 도입하고, 지방정부 간의 시스템 표준화 작업을 진행 중에 있다. 2세대 SCS 시스템은 인민은행에서 수집한 신용 평가 자료와 정부 부처에서 수집한 사회 평가지표를 토대로, 정부, 상업,

사회, 사법, 산업 부문의 데이터를 수집하고 등급을 책정하여, 각종 사회 서비스 차등 제재 및 제공을 취하고자 하는데, 2019년 기준 중국 인민은행은 기준 개인 약 10억 명과 기업 약 2,800개의 빅데이터를 보유하고 있다. 2세대 SCS 시스템은 2021년부터 전면 도입되어 중국 정부의 관련 빅데이터 통제력이 더욱 강화되고 있음을 시사한다[9].

### 중국 사회신용평가 시스템

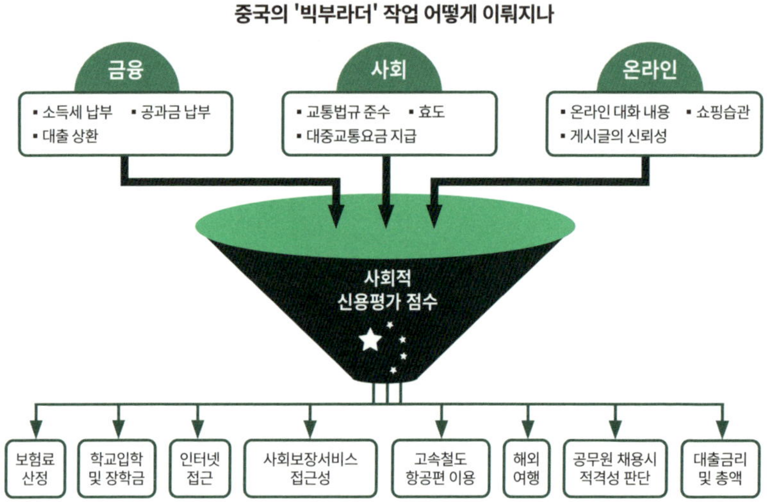


출처: 한국경제

중국 정부는 이 시스템 도입의 목적을 중국 사회의 규정 준수 문화 정착, 지하경제 규제 및 사회 전반의 신용도 향상을 통한 신용사회 건설에 있다고 언급하였는데, 중국 국민 개개인의 전반적인 사회활동뿐만 아니라 개인적인 일상생활 내역까지 점수를 매겨 인센티브를 부여하는 방식으로 진행하게 되어있어 논란의 여지가 있다. 예를 들어, 개인의 소셜 미디어 이용

내역 및 온라인 대화 내용까지 점수를 부여해 신용을 평가할 예정으로 있어 개인 사생활 침해 논란의 여지가 많아 보인다.

그러나 76%의 중국인은 중국 사회가 보편적으로 상호 간 신용이 결여되어 있다고 여기며, 사회신용시스템이 사회적 신뢰를 재건할 수 있다고 여기는 것으로 보고된바 있어[12], 중국인들은 이 제도에 대해 긍정적인 견해를 가지고 있는 것으로 나타났다. 중국인들은 SCS 시스템이 정부의 감시 도구가 아닌 민중 생활의 질을 증진시키고 제도 감독관리 결함을 보충할 수 있는 방안이라 보고 있어 이 제도는 다수 중국 민중의 공감을 얻고 있는 것으로 해석된다.

한편, 천위지에 & 린친푸(2019)는 이 시스템이 중국 사회 상호신뢰 토대의 결핍이 만들어낸 도덕적인 공백의 난점을 효과적으로 해결해줄 수 있을 것처럼 보이나, 사실상 그 안에는 새로운 형태의 법치 방식인 '의신이치'(依信而治, Rule of trust)가 새겨져 있어, 근본적으로 취약한 중국 법치의 토대를 침식하고, 중국 헌법 5조 명문 규정인 '의 법치국의 실행' 이념에 손상을 가져올 것이라 주장한다[6]. 다시 말해, 중국 정부가 오히려 더욱더 위압적인 통치와 감시를 할 수 있는 강력한 수단이 될 수 있으며, 이 시스템은 정부의 공권력이 사적인 영역으로 진입할 수 있는 명분을 허용한다고 해석하고 있다.

중국 정부는 SCS 시스템을 통해 신용사회를 구현하고 안정적인 경제성장의 기반 구축에 목표를 두어 경제, 사회발전의 목표를 내포하는 UN의 SDGs에 부합함을 강조하고 있으나, 오히려 SCS 시스템은 '감시 자본주의'와 결합할 위험성이 매우 높아 'SCS는 중국 공산당의 감시 방법인 '당안'(dang'an; archiave)을 게임화시켜 만든 빅데이터'라 평가되기도 한다[13].

또한, SCS 시스템은 개인뿐만 아니라 기업과 기업인들을 평가하는 방식으로 진행될 예정으로, 경영진 탈세 및 임원 횡령, 사업장 사고, 인권침해, 대기오염 불법 배출, 유통업 관련법 위반, 공정거래 위반 등 기업의 사회적 책임과 관련된 기업 신용도를 평가하는 **기업사회신용 시스템(Corporate Social Credit Scoring: CSCS)**이 도입되고 있다. 이 제도는 사회, 정치, 환경 분야에 걸쳐 기업 평가가 이루어지며, 중국 국무원 국유자산 감독 관리 위원회가 국유기업, 중앙 기업 및 상장 기업의 ESG 활동을 관리하는데 효과적인 수단으로 쓰일 것으로 예상된다. 2002년부터 점차적으로 발전되어온 ESG 정책의 기준이 CSCS 시스템에 내제되어 기업의 신용평가에 사용될 것으로 보이며, 기업의 신용 등급에 따라 인센티브와 제재가 기업에 적용되어 자연스럽게 ESG 공시 관련 규제가 이루어질 것으로 보인다.

아직 중국은 상장 기업에 ESG 보고서 발표를 의무화하고 있지 않지만, ESG와 사회책임 보고서를 자발적으로 공시하는 중국 기업이 증가하고 있다. 2020년 1021개 A주 상장 기업이 ESG 보고서를 발표했으며, 중국 자본 시장의 지속적인 국제화와 관련 정책, 평가 체계의 개선에 따라 ESG는 빠른 속도로 중국에 정착할 전망이다[12].

중국의 ESG 생태계는 초기 단계에 있다고 볼 수 있으나, 중국 기업들은 상장 기업의 환경 정보 공개와 ESG 보고 요구 사항이 곧 시행될 것으로 예상하여, 효율적인 ESG 데이터 관리시스템 구축에 초점을 맞추고 있다. 향후 많은 중국 기업들이 ESG 정보 관리 및 공개 프로세스를 자동화하기 위해 디지털 도구를 도입할 것으로 예상된다. 이와 함께 최근 홍콩 증권거래소는 효율적인 ESG 데이터 관리 문제를 해결할 수 있는 해결책 중 하나로 디지털 관리 도구를 도입하였으며, ESG 공개의 디지털화를 촉진할 정량적 성과 지표를 포함한 공개 요구 사항을 ESG 보고서 가이드라인에 추가하는 등 ESG 내재화가 중국 기업에 빠른 속도로 확산하고 있다.

### 3. 중국 기업의 사회적 책임 발전 현황

중국의 ESG 사업은 발전 초기 단계이나, 글로벌 이슈에 동참하고 탄소 중립 목표 달성을 위해 대기업을 중심으로 사회적 책임, 기여 움직임이 확대되고 있어 중장기적으로 사회 전반에 걸친 인식 개선 및 관련 산업 성장이 기대된다[3].

2018년부터 중국의 선두기업들은 사회적 책임 활동의 확대를 위해 약 2,500개의 프로젝트를 발전시켰는데, 이 프로젝트들은 8개의 SDGs에 부합하며, 환경 보호, 정확한 빈곤 구제, 약자사랑, 지역사회공익, 해외공익, 조교, 문화, 체육, 지진재해구조를 포함한다. 특히 중국 기업들은 **'환경 보호'**와 **'빈곤구제'** 분야에 큰 관심을 가지고 있으며, 이 2가지 사업에 투자한 자본은 총 사업의 70% 이상을 차지한다.

**산업에 따라 사회적 책임 활동**에서 **서로 다른 특징**을 보이는데, 금융업은 빈곤 구제, 환경 보호 및 약자 돌봄의 3가지 분야에 초점을 맞추고, 환경과 관련이 큰 광업과 제조업은 환경 보호에 더 관심을 기울이며, 건설업은 해외 공공이익에 중점을 두는 것으로 나타났다. 중국 환경 보호의 조점은 환경오염과 같은 **'유형'의 환경 문제**에서 기후 변화와 자연 자본과 같은 **'무형'의 환경 문제**로 점차 전환될 것으로 예상된다.

또한 중국 기업들은 강화된 환경 보호 정책에 맞추어진 녹색 제품의 개발과 출시로 소비자들의 신뢰를 얻기 위한 전략적인 노력을 하고 있는데, 2025-2050 탄소 중립 달성을 목표로 하는 반도체(TSMD, UMC), 컴퓨터(Asus, Acer), 화장품(3dL, Jolab), 식품(TCI, Grape King), 방직물/의류(King whale) 산업에서 기업들의 ESG 경영 동참이 나타나고 있는 실정이다3. 또한 녹색성장과 관련된 중국 내 유망 산업으로 친 환경 차, 수소에너지, 재생에너지 및 친환경 도시 구축 관련 산업이 포함되어 있다. 다음은 중국의 대표기업인 알리바바의 ESG 경영 사례를 통해 중국 ESG 경영의 현주소를 알아보고자 한다.

## 알리바바의 ESG 경영

세계 3위 클라우드 기업인 알리바바 그룹은 2030년까지 자사의 데이터센터 운영에 100% 친환경 에너지 사용 전환을 목표로 하고 친환경 행보를 시작했으며, 저 탄소 기술 특허 공유를 장려하는 국제 플랫폼 '저 탄소 특허 지원 선언(LCPP)에 가입하면서 친환경 기술 보유를 글로벌 시장에 알렸다. 알리바바는 자사의 9가지 핵심 기술을 무료로 공유할 수 있도록 오픈했으며, 이를 통해 글로벌 시장에서 사회적 가치를 창출하는 리더십을 보여주고 있다. 알리바바의 가장 핵심적인 친환경 기술은 자체 서버 냉 침식 쿨링 시스템으로, 세계 최대 규모의 액체 냉각 서버 클러스터를 보유하고 있으며, 이를 통해 에너지 효율성을 높이고, 에너지 절감효과를 통해 탄소 배출량을 줄일 수 있다[14].

### 1. 앤트 파이낸셜의 마이썬린

**알리바바 산하 앤트 파이낸셜(Ant Financial)**은 2016년에 **'마이썬린'(Ant Forest)**을 런칭하여, 중국 소비자들의 환경에 대한 관심과 참여를 이끌어내고 있다. 마이썬린은 환경 보호 차원에서 알리페이에 출시된 공익성 모바일 게임이다[15]. 중국 소비자는 자동차 대신 도보, 대중교통 이용, 알리페이를 사용한 공과금 납부, 티켓 구매 등의 전자결제를 통해 탄소 배출 저감을 돕는 지속가능 소비를 하고, 일상생활에서 저 탄소 옵션을 선택함으로써, **'그린에너지' 포인트**를 수집할 수 있다. 감소된 탄소 배출로 인해 수집된 그린에너지 포인트를 활용하여 개미의 숲에 나무를 심고 키울 수 있는데, 게임의 유저가 일정 규모의 그린에너지를 모아 나무를 일정 크기 이상으로 키우면, 알리바바가 실제로 가상의 나무를 사막지대에 심어주는 현실의 나무 심기 활동을 하고 소비자와 함께 환경 보호 운동에 참여한다.

**■ 마이썬린 앱 페이지**

2020년 5.5억 명의 사용자가 지난 5년간 마이썬린을 통해 2.23억 그루의 나무를 심었으며, 이로 인해 4만 제곱미터의 사막이 푸른색으로 탈바꿈했다[16]. 마이썬린은 모바일 결제와 환경 보호를 연계하여, 소셜, 금융, 공익사업을 결합시킨 혁신 프로젝트로, 알리바바의 탄소 절감과 환경 보호 활동으로 인한 기업의 공익적 이미지를 구축하는 데 중요한 역할을 한 사업으로 평가받는다[15].

## 2. 앤트 파이낸셜의 ESG 워싱

그러나, 2020년 앤트 파이낸셜은 기업 상장을 하기 위해 기업정보를 공개할 당시, 금융 서비스사업이 중국 시장 금융 감독원(State Administration for Market Regulation)의 규제를 위반한 시장 독점 행위로 판단되어 2019년 중국 내수 판매액의 4%에 해당하는 벌금, 총 182억 2800만 위안의 벌금을 물었다[17,18]. 앤트 파이낸셜은 주로 소규모 및 영세 기업과 전자상거래 서비스를 하는 사업체를 대상으로 온라인 금융서비스 사업을 하는 영세 사업자들로부터 고금리 대출 이자를 받는 수익 창출 비즈니스 모델을 가지고 있다[19,20]. 앤트 파이낸셜의 대출 이자율은 중국 인민은행이 고시한 상한선에 가까운 이자율을 회수하고 있으며, 2조 1000억 위안에 달하는 소액 대출 금융서비스 사업으로 높은 이윤을 유지해 왔다[18,21].

문제는 대출 과정에서 많은 서브프라임론이 형성되고 있었으며, 대출원금과 이자를 상환할 수 없는 사업자들로 인해 신용 담보 대출의 흐름과 불량등급 채권이 증가하게 되어 사회적인 문제로 확대될 수 있는 위험이 있었다. 중국 금융감독위원회는 이러한 앤트 파이낸셜의 위험수위에 있는 금융서비스 사업의 건전성을 강화를 위해 2020년 11월 벌금 및 행정조치를 취했으며, 새로운 엄격한 규제를 적용하고 있다[22]. 앤트 파이낸셜의 핀테크 사업 자체는 영세한 사업자들에게 대출을 통해 사업자금 파이낸싱의 도움을 줄 수 있지만, 위험수위를 넘는 레버리지로 인해 사회 전체에 위험 부담이 될 수 있는 금융위기를 초래할 수 있는 사항으로 ESG 경영에 어긋나는 행위로 볼 수 있으며 ESG 워싱 사례로 간주된다.

# 02

PART

# 그린마케팅과 그린워싱

# 5.

# 그린마케팅의 중요성

## ESG 경영과 그린마케팅(Green Marketing)

기업의 친환경 비즈니스 모델로의 변환은 추가적인 비용과 전사적인 혁신이 수반되어야 한다. 이는 효율적인 생산 방식 개발, 새로운 자원 개발, 포장 방식 변경, 새로운 산업 폐기물 처리 시설 확충 등 많은 기술과 비용을 감수해야 함을 뜻하며, 정부가 제시하는 ESG 관련 법규 및 행정 규제에 대응해야 하는 숙제를 안고 있음을 말한다. 이와 더불어 환경보호와 기업의 사회적 책임에 대해 시민과 소비자의 인식이 높아짐에 따라 이에 부응하는 기업의 ESG 경영과 이에 대한 효과적인 소통과 정보교환은 쉽게 간과할 수 없는 중요한 전략적 이슈로 부상하고 있다. 기업이 환경보호에 도움이 되는 제품을 개발하여 시장에 판매하고 이를 소통, 홍보하는 것을 **그린마케팅**이라 일컫는데, 이는 기업이 정부를 포함한 이해관계자들의 이해와 공조를 얻기 위해 없어서는 안 될 중요한 필수 조건이라 할 수 있다.

## 그린마케팅의 중요성

그린마케팅(green marketing)은 기후변화로 인한 환경 위기와 그 심각성에 대한 사회의 지각과 그에 따른 사회 전반의 변화, 그리고 이 변화가 야기하는 기업 환경 변화에 따른 새로운 마케팅 대응 방안의 필요성으로 등장하였다. 소비자들의 환경 의식이 높아지면서 환경 관련 의무나 친환경적 경영 활동의 수행 여부가 소비자의 구매의사결정에 영향을 미치는 주요 요인으로 대두되었으며[1], 기업들의 그린마케팅 활동이 제품 이미지, 기업 명성에 중요한 역할을 한다. 이 개념은 일찍이 선진국에 도입되어 보편화 되어 있는 편이다. 최근에 미국, 영국, 일본을 비롯한 선진국들은 글로벌 환경관련 협약과 조약 등의 규제를 선도하면서, 수입되는 상품에 대하여 엄격한 환경기준을 적용하는 **새로운 형태의 무역장벽**을 구축하고 있어 국내 수출기업에 커다란 제약으로 부상하고 있다.

그린마케팅은 **그린테일(Greentaile) 마케팅** 열풍으로 연결되고 있는데, **그린테일 마케팅**이란 녹색을 의미하는 green과 유통을 의미하는 retail의 합성어로, **개발과정에서부터 생산, 유통까지 모든 단계에 친환경과 윤리를 고려하는 마케팅 방식**을 말한다[2]. 성공적인 그린마케팅을 위해서는 원재료 처리, 제품 제조, 포장, 저장 및 배송, 판매 등 그린 유통 전 과정에 친환경 전략을 적용하여 그린 공급사슬 관리와 브랜드의 친환경적 이미지의 관계성을 향상시켜야 한다[1]. 그린테일 마케팅은 다양한 산업 전반에 빠르게 도입되고 있는데, 특히 식품업계가 기존 포장재를 친환경 소재로 바꾸거나 플라스틱 용기 사용을 줄이기 위한 노력을 하면서 환경문제에 적극적으로 대응하고 있다[3]. 다음은 그린마케팅의 개념과 중요 요인들을 구체적으로 파악하여 효과적인 그린마케팅 전략 수립을 위해 필요한 사항을 알아보자.

## 1. 그린마케팅이란

**그린마케팅**은 **기존 마케팅 활동에 친환경과 윤리 개념을 포함하여 그린주의를 도입하는 마케팅 활동**을 말한다. 즉, 그린마케팅은 친환경적인 제품을 생산, 공급하고, 사회적 책임을 이행하고자 하는 기업의 경영방식을 마케팅 활동과 결합하여, 소비자들의 가치 소비 욕구를 충족시키고, 사회 환경문제를 개선하고자 하는 경영전략이다[4]. 자연환경과 생태계 보전을 중시하는 시장 접근 전략 마케팅으로, 단순히 고객의 수요 충족 에만 초점을 맞추는 기존 상품 판매 전략과 달리, 공해 요인을 제거한 상품을 제조/판매하는 기업활동을 지칭하는 개념으로 최근 환경에 대한 대중의 관심이 높아지며 수많은 기업에서 그린마케팅 전략을 선보이고 있다[6]. 기업의 그린마케팅 활동은 친환경 신제품 개발과 기존 제품의 친환경화를 통한 제품 개선 및 판매 활동뿐만 아니라, 공익성이 짙은 광고, 환경 캠페인을 전개하는 기업활동도 포함된다[5].

그린마케팅에서 **그린**이란 **'녹색'**, **'환경 친화적'**, **'생태계 보호'** 등 여러 의미로 해석될 수 있는데, 그린마케팅은 환경문제의 인식에서 출발하였으며, 기업의 활동을 통한 자연환경 보호 및 제품 생산을 통해 소비자의 삶의 질을 높이고자 하는 마케팅 이념으로 정의 내려진다[7]. 또한 이 개념은 기업의 사회적 책임을 포함하고 있어, 고객 및 사회의 요구를 유익하고 지속가능한 방법으로 충족시키는 과정으로 표현되기도 한다[8]. 이외에도 '물리적 환경을 보존, 유지하기 위한 마케팅 개념 및 도구의 적용'[9,10]; '생태학적으로 안전한 재활용 포장, 오염방지 및 효율적 에너지 활용'[11] 등으로 해석된다.

그린마케팅이 미치는 영향에 대한 고찰은 Peattie(1992)가 정의한 그린마케팅 구성요소를 바탕으로 지난 30년간 다양한 형태로 보고되었다[8]. Peattie의 그린마케팅 요소와 상품의 브랜드 이미지, 기업의 친환경성 및 경제적 성과(수익률, 시장점유율), 그리고 소비자의 구매 의도에 미치는 영향 사이에 의미 있는 관계가 실증적으로 다수 증명되었다. 다음은 Peattie가 제시한 그린마케팅의 구성 요인이 무엇인지 자세히 살펴보고 기업이 고려해야 하는 그린마케팅 활동이 무엇인지 검토해보자.

## 2. 그린마케팅 믹스의 내부적 & 외부적 그린P's[24]

Peattie(1992)는 기업의 그린마케팅 경영 프로세스를 **외부적 그린프로세스(이하, 외부적 그린P's)**와 **내부적 그린프로세스(이하, 내부적 그린P's)**로 구분했다. **외부적 그린P's**는 기업의 제어가 어려운 요소들로, 고객 욕구 변화, 공급자 변화, 정치 입법, 압력단체, 환경 재해 문제, 환경문제에 대한 예측, 사업 및 연구개발 동반자 등을 포함하고, **내부적 그린P's**는 기업의 마케팅 믹스 4가지 요인 제품, 촉진, 가격, 유통과 기업의 내부적 기업활동인 정보제공, 과정, 정책, 사람 등으로 정의했다.

### 내부적 그린P's

| | |
|---|---|
| **제품(product)** | 사용, 폐기시 제품의 안전성과 포장, 재료가 환경에 미치는 영향 |
| **촉진(promotion)** | 그린 촉진 정보의 사용과 정확성 |
| **가격(price)** | 친환경 제품에 대한 가용성 또는 수요를 반영한 가격 |
| **유통(place)** | 친환경적이고 평판이 좋은 판매 채널을 사용하면, 친환경 전략을 구현하는 데 도움이 될 수 있음 |
| **정보제공(providing information)** | 환경 성과와 관련된 모든 내외부 문제를 모니터링하고, 마케팅 담당자의 아이디어에 영감을 줄 수 있는 정보 제공 |
| **과정(process)** | 에너지 소비 및 폐기물 처리 |
| **정책(policies)** | 환경 성과를 장려, 모니터링, 평가, 통제 |
| **사람(people)** | 환경 문제, 회사 성과, 친환경 프로세스에서 자신의 역할의 이해 |

출처: Peattie (1992)

내부적 그린마케팅 믹스는 **전통적인 마케팅 믹스(Product, Price, Place, Promotion)**에 **그린 활동을 추가하는 것**을 뜻한다.

세부 개념을 살펴보면, 그린 제품은 자원의 투입과 환경오염 물질의 발생을 최소화하는 제품이다. 그린 제품은 '제품에 자연 원료만 사용하고, 재활용 가능한 포장을 사용하며, 가능한 공해의 요인을 제거하는 제품'[7]; '내구력이 있고, 중독성이 없으며, 재활용된 재료로 만들어졌으며, 최소한의 재료로서 포장된 제품'[12]; '제품수명주기 차원에서 기존의 경쟁, 대체재 중에서 상대적으로 친환경성이 높은 제품'[13]으로 정의된다.

그린 가격이란 제품의 일반적인 가격 개념에 환경 요소를 추가적으로 고려한 것으로 제품의 친환경성에 따라 소비자들이 지불하려는 가격이다. 가격은 소비자의 구매 의도에 영향을 미치는 가장 중요한 요소로, 소비자는 가격이 동등할 경우에는 그린 제품을 구매하고자 하지만, 그린 제품의 가격이 어느 상한선을 넘기면, 구매 의도는 현실로 이어지지 않는다.

그린 유통은 유통경로에 대한 친환경적 관리를 말하는데, 제품이 제조업체로부터 소비자에게 전달되는 경로 및 폐기물의 재활용 차원에서 소비자로부터 기업에 전달되는 경로에서 일어나는 부정적인 환경 영향을 최소화하는 것을 말한다.

그린 홍보는 기업의 환경 위험에 대한 대응, 기업 이미지 향상, 사회공헌, 상품 판촉 등과 같은 전략적 의도와 목적을 위해 이루어지는 기업활동을 대내외로 알리는 과정을 말하며, 그린 PR(Public Relation)은 공익 연계 마케팅(Cause related marketing)으로도 불리우며, 기업이 사회적 이슈나 기업의 철학 및 신념과 관련된 공익캠페인 활동을 통해 기업 이미지를 높이고, 소비자를 기업활동에 참여시키는 활동을 말한다. 공익 연계 마케팅은 소비자의 구매를 통해 얻은 수익 일부를 자선활동이나 공익에 기부하는 마케팅을 말한다. 또한 그린 PR과 지역사회의 환경보호나 환경개선에 기여하며, 환경보호와 관련한 문화사업을 지원함으로써 기업 이미지를 향상시키는 그린마케팅 활동으로 정의된다[14].

기업들의 공익 연계 마케팅 활동은 오래전부터 이루어져 왔는데, 최초의 사례로 **미국의 아메리칸 익스프레스(American Express)**는 1983년에 자유의 여신상 재건을 위한 기금마련을 위해, 캠페인 마케팅을 실행하여 성공적인 결과를 냈다. 소비자들이 아메리칸 익스프레스 크레딧 카드를 사용할 때마다 1페니가 재건 기금에 기부되는 캠페인으로, US 1.7Million의 기부가 이루어졌으며, 캠페인 기간 동안 소비자의 크레딧 카드 사용이 30% 증가하는 현상을 보였다[15]. 이외에도 글로벌 화장품 브랜드들의 **'핑크리본 프로젝트'**로 마련된 기금을 유방암 연구프로젝트에 기부하는 등 기업과 소비자가 함께 참여하는 다양한 형태의 공익 연계 마케팅 활동은 전통적인 그린마케팅으로 간주된다.

## 뷰티 브랜드의 그린마케팅

엔데믹이 다가오면서 소비자들의 뷰티 케어에 대한 관심은 높아지고 있으며 특히 가치 소비를 중시하는 소비자들의 친환경 뷰티 제품 선호도는 나날이 높아지고 있다. 인체에 해로운 성분을 사용하지 않는 '클린 뷰티', 동물실험을 하지 않고 동물 유래 성분을 사용하지 않은 '비건 뷰티'를 넘어 지구 환경까지 생각한 '컨셔스(의식하는) 뷰티'가 떠오르고 있다[16]. 소비자들은 친환경 뷰티 제품의 상대적으로 높은 가격에도 불구하고 강한 선호도를 보이고 있다. 2021년 올리브영 클린 뷰티 설문 조사에 의하면, 2021년 응답자 10명 중 9명이 화장품 구매 시 사회와 환경에 도움이 되는 제품을 선택할 것이라고 답해, 화장품의 **착한 소비**에 대한 관심이 높아지고 있다. 이에 뷰티 브랜드 기업들은 그린마케팅 개념을 상품 브랜딩에 녹여 내려는 다양한 시도를 행하고 있다.

다음은 뷰티 브랜드 그린마케팅의 세 가지 성공사례를 짚어보면서, 기업이 시도할 수 있는 그린마케팅이 무엇인지 알아보자.

### 1. '이솝(Aesop)스러움'이란?

지난 30년간 폭발적인 성장을 보여준 호주의 **이솝(Aesop)**을 성공적인 글로벌 유기농 뷰티 브랜드의 대표적인 예로 들 수 있다. 1987년 호주 멜버른에서 설립된 이 브랜드는 창립자 데니스 파피티스가 이솝 우화처럼 심플하고 간결하면서 질 좋은 제품을 제공하고자 하는 기업 철학에 바탕을 두고 브랜드 네이밍을 하였는데, '이솝스러움'으로 무장한 브랜드의 아이덴티티로 글로벌 뷰티 브랜드 강자의 포지셔닝을 유지하고 있다.

**이솝의 기업 철학**은 기업 재정의 80%를 제품개발에 투자하고 화장품 마케팅에 전통적으로 사용되는 연예인 마케팅은 하지 않는 것으로, 전 제품

**이솝(Aesop)의 친환경 추구**

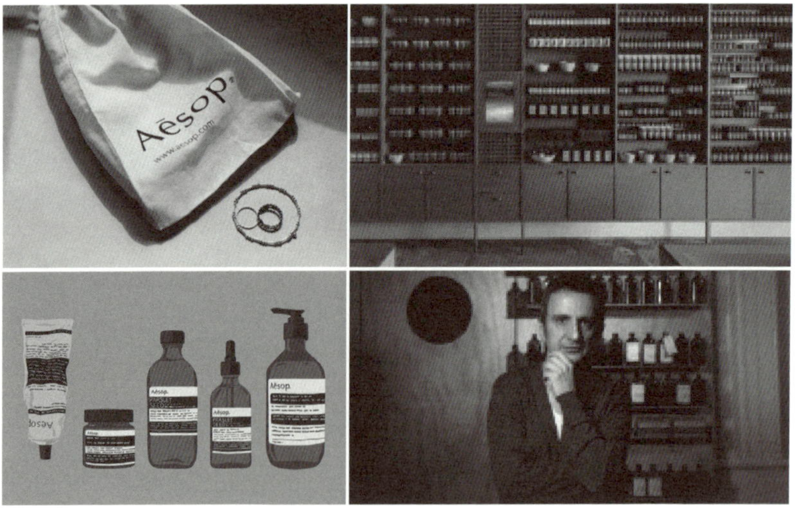


출처: 이솝 공식홈페이지 및 The Talks (Photo by James Braund)

에 식물성 추출물과 반드시 효능과 안전성이 입증된 최소한의 화학성분을 사용하는 원칙을 고수해 왔다. 이솝은 철저하게 **과학과 기술에 기초한 브랜드**로 100% 천연 제품은 아니지만, 연구실에서 제조된 인공 성분과 식물성 재료를 효율적으로 조합한 제품개발에 주력하며, 이로 인해 이솝은 신제품 출시에 기본 3~4년의 시간과 자본을 투자하고, 세계 최고의 공급업체로부터 원료를 받아 최첨단의 기술과 과학적 경험을 적용한 철저한 '제품 중심'의 **브랜드 진정성**을 보여준다.

또한 이솝은 **제품 포장과 매장**을 통한 친환경 추구를 브랜드의 런칭부터 이어져 왔는데, 모든 용기와 포장 박스는 100% 재활용 가능한 갈색 유리병과 패브릭 주머니, 파이버 보드로 하고 있으며, 모든 인쇄물은 식물성 콩기름 잉크만을 사용하는 등 기업 철학을 고수해옴으로써, 소비자의 가치 소비 증가와 함께 브랜드 가치가 전 세계적으로 인정받고 있다. 이솝은 함부로 완벽한 피부나 젊음에 대한 약속 같은 것을 하지 않는데, 제품의 효과를 집요하게 설명하는 대신 패키지와 매장을 통해 단순하고 솔직한 브랜드 철학과 강력한 비주얼 아이덴디디를 보여주는 것으로 그린 홍보를 한나.

이솝스럽움은 이솝 매장에서도 뚜렷하게 보여주는데, 이솝 매장은 각 지역마다 다른 인테리어와 볼거리를 선사한다. 매장 주변의 문화와 환경을 고려해 디자이너와 아티스트들의 협의하에 지역적 특성과 잘 어울리는 매장을 디자인하여, '조화롭게 더하는 가치'에 대한 철학을 브랜드 아이덴티티에 담는다[17]. 이솝의 브랜드 진정성과 친환경적인 가치는 소비자가 지불하는 브랜드 프리미엄에서 잘 나타난다. 예를 들어 이솝의 500ml 샴푸는 공식 홈페이지 가격 57000원으로 고가임에도 불구하고 인기가 높아 품절되는 경우가 많다. 이처럼 이솝은 앞서 언급된 그린마케팅의 주요 요인인 그린 가격, 그린 제품, 그린 유통 및 그린 홍보의 원칙이 효과적으로 적용되었음을 보여주는 사례다.

### 2. 라베라(Lavera)의 유기농 인증 마크

또 다른 성공적인 예로 독일의 유기농 화장품 브랜드 **라베라(Lavera)**를 들 수 있는데, 라베라는 1987년 독일 하노버에서 시작된 패밀리 브랜드로 유기농 화장품 브랜드로 유럽 시장의 27%를 차지하고 있는 대표적인 브랜드이다. 라베라는 아토피 피부병을 앓고 있던 설립자가 자신의 피부병을 고치기 위해 천연재료들을 연구하다가 개발되고 발전된 브랜드이다. 특이하게도, 판매의 90%는 오프라인 유통망을 통해 판매되고 있으며 친환경을 중시하는 중년층 소비자들을 타깃 소비자층으로 보유하고 있다. 라베라는 NATRUE, ecocert cosmos organic, Peta, vegan society, RSPO와 같은 유기농 인증 협회의 인증을 보유하고 있으며, **4가지 친환경 인증마크(Eco labels)**: NATRUE, Vegan, Klimaneutral, Bio를 통해 제품의 유기농 성분과 지속가능성을 소비자와 소통한다.

2007년 오스트리아 브러셀에서 시작된 NATRUE는 세계적으로 가장 엄격한 기준을 가진 유기농 화장품 인증기관으로 70개국의 280개 유기농 화장품 브랜드의 7000개 제품을 인증하고 있으며 1900여 종의 유기농 원료를 인정하고 있으며 2020년에 NATRUE는 Roundtable on Sustainable Palm Oil(RSPO)의 회원으로 참여하기 시작했다[18]. 영국에 기반을 둔 Vegan은 식물성 원료 성분을 증명하는 인증기관으로 1990년부터 식물성 원료를 인증하는 기관으로 전 세계 63,000 제품을 인증하고 있으며[19], 동물 기름을 사용한다거나 동물실험을 일절 하지 않고 식물로만 만든 제품만이 인증을 받을 수 있다. Klimaneutral은 2006년 Munich에서 시작된 탄소 중립 인증으로, 소비자는 인증 ID를 통해 기업의 탄소 배출량과 탄소 중립 기업활동을 확인할 수 있다[20]. 여기에 BIO라는 인증은 라베라 유기농 제품 생산에 대한 책임과 약속을 표명하는 자체 인증으로, 소비자들은 라베라의 제품에 적힌 여러 인증을 인식하지만, 라베라의 자체 인증의 여부에 대한 인식은 알려지지 않았다.

라베라 대부분의 제품은 독일 하노버에서 100% 그린에너지를 사용하여 생산되고 있으며, DHL Go Green과의 전략적 협력을 통해 지속가능 배달을 운영한다. 이처럼 라베라는 생산, 유통까지 모든 단계에서 친환경을 고려하는 그린 테일 마케팅을 적용하고 있으며, 이를 통해 그린 공급사슬 관리와 브랜드의 지속가능성 가치를 효과적으로 소비자들과 소통하고 있다.

출처: 라베라 공식 홈페이지

라베라는 케냐(Climate Partner ID: 12310-1610-1001, Nr.1114)와 페루(Climate Partner ID: 12310-1610-1001, No. 1008/1075) 기후 보호 프로젝트를 후원하는 **공익 연계 마케팅** 활동을 하고 탄소배출을 저감 하는데, 이 프로젝트는 3십만 헥타르 아마존 열대 우림 지역에 사는 사람, 동물 및 야생식물의 생계와 생존을 보호하는 활동으로, 기후 파트너와 연합하여 재정적인 물리적인 지원을 제공한다[21]. 라베라는 '**지속가능성 2025**'라는 사내 캠페인을 설정하고 구체적인 환경자원 보호와 관리를 위한 전략을 도출하여 실천하고 있으며, 'Climate neutral' 환경 중립 기업이 되기 위해, 2018년부터 온실가스 프로토콜에 의한 기업 탄소 발자국(corporate carbon foot print)을 기록하고 평가받고 있다. 여기에는 라베라의 통합 관리 시스템을 통한 기후 중립 목표를 문서화한 인증 - ISO 9001:2015, ISO 14001:2015, IOS 50001:2018, BS OHSAS 18001:2007이 포함되며, 이 인증 평가는 TUV Rheinland에 의해서 이루어진다. 이처럼 여러 방면의 인증을 통해 라베라는 지속가능 경영과 기후 중립 목표를 성취하고 유럽 소비자들의 신뢰를 얻고 있다.

### 3. 화장품계의 애플 – 시타(SIITA)

최근 한국의 MZ 소비자에게 소위 '돈쭐'났던 브랜드가 있다. 원더걸스 소희가 유튜브 채널에 소개해 화제가 되기도 한 시타(SIITA)로, 2020년 10월 설립 이후, 2021년 1분기에 시타의 모든 상품이 2,900원에 판매되어 큰 주목을 받았다. 시타의 한시적인 이 가격정책은 홍보 차원에서 내려진 결정이 아닌, 화장품 용기인 플라스틱 튜브의 생산을 중단하기 위한 이유에 있었다. **시타의 2,900원 행사**는 판매하는 모든 상품을 친환경 소재로 대체하기 위해 남아있는 기존의 판매상품 물량을 모두 2,900원에 소진하는 목적을 가지고, 2021년 2분기 안에 친환경 소재의 용기를 선보이는 것을 약속한다[22].

여기서 2,900원이라는 가격은 해양 환경 정화를 위한 단체 '오션(OCEAN)'에 후원이 가능한 최소 금액으로 책정되었으며, 팔린 제품에서 나온 판매수익금을 전액 기부하는 것으로 원칙으로 해, 가치 소비를 중시하는 한국 MZ 소비자들이 돈쭐을 낸다. 2,900원 행사 제품은 모든 제품이 품절되고 배송지연으로 이어지는 현상이 발생하였는데, 시타는 이 상황에 즉각 대응하여 향후 개발되는 시타 제품을 1+1으로 받아 볼 수 있는 쿠폰을 제공한다. MZ 소비자들은 이러한 시타의 과감한 사회공헌 활동에 열광하며, 이는 시타에 대한 브랜드 충성도로 이어지게 된다. 2021년 9월 리뉴얼 제품으로 소개된 시타 제품은 홈페이지가 오픈되자마자 주문 폭주로 인해 배송지연 공지를 띄울 정도로 소비자들의 격한 환영을 받는다. 이처럼 시타의 **진정성 있는 그린마케팅 활동**은 기업의 사회환경적 공헌을 효과적으로 소비자에게 알리고, 시타 **브랜드의 긍정적 이미지를 높여 소비자의 지속가능 소비행위를 촉진**한다.

**시타(SIITA)**는 혁신적인 제조공정을 통해 브랜드 철학을 만들고 있다. 2021년 플라스틱 용기 생산을 전면 중단하고 전 제품의 용기를 생분해 기술로 설계, 분해, 완전 퇴비화하는 자체 시스템 '루프 스테이션'을 구축하여 **'제로 웨이스트(Zero Waste)'** 행보를 보여주고 있다. 환경부 산하 인증기관이 허가한 단일 원료로 패키지를 제작하고, 이후 수거한 빈 패캐지를 300 마이크로 단위의 미세 입자로 분쇄하여, 3개월 뒤 입자들이 완전분쇄되면 토양에 필수적인 질소 및 칼륨 등을 첨가해 친환경 퇴비로 재가공하는 시스템으로, 이렇게 완성된 퇴비는 인근 농가와 토지 복구에 사용된다[22]. 루프 스테이션 운영에는 소비자가 시타 공병 5개를 모아 시타 홈페이지에 수거 신청하는 수거 시스템이 포함되는데, 제품을 5개 이상 구매한 고객 기준 서비스 이용률은 60%에 달하는 것으로 나타난다. 시타는 세계 최초 플라스틱 퇴비화 시설과 제품 공정으로 인해, UN으로부터 '세계 최초의 제로 웨이스트 기업'으로 인정받았으며, 블룸버그(Bloomberg)는 시타가 '환경문제 해결의 패러다임을 바꿨다'는 극찬의 평가를 내놓는다.

또한 시타는 이러한 분해 원료의 활용과 분해, 미생물 기술 등을 무료로 공개하여, 기술의 독점보다는 범 지구적 환경문제 해결에 기여하고자 하

출처: 시타(SIITA) 공식 홈페이지

는 철학을 실행하며 소비자들의 신뢰를 빠르게 얻고 있다. 시타는 소비자를 상대로 하는 홍보활동을 제한적으로 진행하고 있으며, 유튜브를 통해 K-팝스타인 안소희의 홍보를 제외한 다른 어떤 미디어에서도 볼 수 없음에도 불구하고, MZ세대 소비자들 간의 입소문을 타고 인기몰이 중이다. 시타는 해양쓰레기 문제해결 운동에 참여하며, 해양 정화 단체에 기부하는 **SIITA Project**를 활발히 하는 지속가능성에 대한 투자를 이어가고 있다. SITA Project 또한 공익 연계 마케팅의 성공사례로 볼 수 있다. 시타의 진정성 있는 그린마케팅은 브랜드인지도, 브랜드 명성을 높이고 브랜드의 시장점유율 증가로 이어지고 있는 것이다.

## 브랜드 액티비즘(Brand Activism)

ESG 경영과 기업의 사회적 책임이 경영에 있어 중요 화두로 떠오르면서, 브랜드 액티비즘이란 개념이 부상하고 있다. 브랜드 액티비즘이란 기업 핵심 가치를 사회적인 문제와 연관 지어 적극적으로 사회운동에 참여하는 '액티비즘'을 핵심 브랜드 맨트라(Brand mantra)로 삼는 것을 뜻한다. 그렇다면 과연 무엇이 소비자의 공감을 불러일으키는 성공적인 브랜드 액티비즘일까? 브랜드 액티비즘의 성격(i.e. 진정성)에 대한 많은 연구가 현재 진행 중에 있으며, 이에 대한 논제가 확산되고 있다. 위의 세 가지 사례는 성공적인 브랜드 액티비즘의 예를 보여준다.

Holt et al.(2004)는 **브랜드의 사회적 책임 활동**이 글로벌 브랜드의 중요한 구성요소이며, 그중 환경 관련 경영활동의 수행 여부가 소비자 구매의사결정 및 글로벌 브랜드에 대한 평가에 중요한 역할을 한다고 주장했다[23]. 소비자들은 기업이 환경 관련 의무를 수행하는가를 통해 브랜드에 대한 태도를 형성하고 선택한다. 환경에 대한 법적 규제와 소비자 개인적 환경 의식으로 인해, 소비자들은 기업의 폐기물 처리와 재활용에 많은 관심을 기울이고 있으며, 기업은 폐기물의 회수, 처리, 재활용을 통한 친환경 유통경로를 보유하는 것이 필요하다.

또한, 환경보호 관련 공익 활동과 환경문제의 해결을 위한 노력은 기업 브랜드 이미지, 특히 장기적 관점에서 브랜드의 가치를 높이는 데도 도움이 된다. 단순히 보여주기식 친환경적 광고나 홍보 등을 통한 마케팅 촉진 활동보다는 친환경 제품 생산, 적정한 가격, 환경 친화적인 유통 전략을 통해 실질적으로 환경보호를 위한 경영활동을 함으로써 소비자의 신뢰를 얻고 브랜드 충성도를 이끌어낼 수 있다.

## 그린마케팅과 브랜드 충성도의 관계: 실증분석 1

### 그린마케팅 믹스 요인이 브랜드 충성도에 미치는 영향

다음은 유문용 외(2021)에 제시한 그린마케팅 연구 모형을 바탕으로, 중국에 진출한 글로벌 기업들의 그린마케팅 현황을 분석하고, 이러한 활동들이 중국 소비자들의 지각된 브랜드 글로벌 성, 브랜드 신뢰와 브랜드 충성도에 미치는 영향을 실증적으로 분석하였다[24]. 이를 위해 2023년 3월 중국 소비자 설문 조사(N=205)가 실시되었으며, 이를 바탕으로 다음과 같은 시사점을 도출하였다.

그린마케팅 믹스 요인인 그린 제품, 가격, 유통, 홍보 등의 네 가지 요인과 함께 기업의 책임 있는 사회적 활동을 통한 대외관계 관리로 간주되는 그린 PR를 추가하여, 기업의 그린마케팅 활동이 브랜드 글로벌 성, 브랜드 가치와 충성도에 미치는 영향을 분석하였다[24].

5가지 그린마케팅 믹스 요인들이 브랜드 충성도에 미치는 영향을 비교 분석한 결과는 다음과 같다. **그린 제품**이 중국 소비자의 브랜드 충성도에 미치는 가장 중요한 요인으로 나타났으며, 그린 홍보(촉진), 그린 유통, 그린 가격의 순으로 중요한 영향을 보였다. 반면, 그린 PR은 브랜드 글로벌 성과 브랜드 충성도에 영향을 미치지 않는 것으로 나타났다.

유문용 외(2021)에서 보고된 결과에 의하면 한국의 경우 그린 제품, 그린 PR, 그린 유통, 그린 가격의 순으로 한국 소비자의 브랜드 충성도에 영향을 미치는 것으로 나타났으며, 그린 홍보(촉진)는 영향을 미치지 않았다. 한국과 중국의 실증적 분석 결과에 의하면, 두 국가의 소비자들은 공통적으로 **그린 제품**을 기업의 그린마케팅 요소 중 가장 중요한 부분으로 인식하고 있었다. 반면, 나머지 요인들에 대해서는 국가별로 상반된 소비자 태도를 보여, 시장과 소비자의 차별성에 근거한 **맞춤형 그린마케팅 전략**의 중요성을 다시 한번 시사한다.

최근에는 **소비자와의 관계를 관리하는 환경 친화적 기업활동을 그린 PR**이라고 하는데, 학술계와 실무계에서 관련 활동을 강조하고 있으나, 중국 소비자들은 글로벌 기업의 그린 PR 활동에 대해 다소 냉소적인 견해를 가지고 있어, 브랜드의 글로벌 성과 브랜드 신뢰에는 긍정적인 영향을 못 미치는 것으로 보인다. 오히려, 중국 소비자들은 제품 자체의 환경보호, 친환경 생산 과정 등에 더 많은 관심을 보이고 있어 이를 효과적으로 소통하고 홍보하는 활동이 브랜드 가치에 긍정적 영향을 미치는 것으로 나타났다.

위의 결과는 기업의 그린마케팅 활동에 있어서 **차별적인 접근**이 필요함을 보여주는데, 특히 그린 PR은 좀 더 신중한 접근이 필요함을 보여준다. 앞서 Peattie(1992)가 정의한 기업의 그린마케팅 행동 모델에서 제시된 기업의 '그린 활동' 요인들은 시장과 소비자의 성향에 따라 차별적인 영향을 주고

**그린마케팅 믹스와 브랜드(글로벌 성, 신뢰, 충성도)**

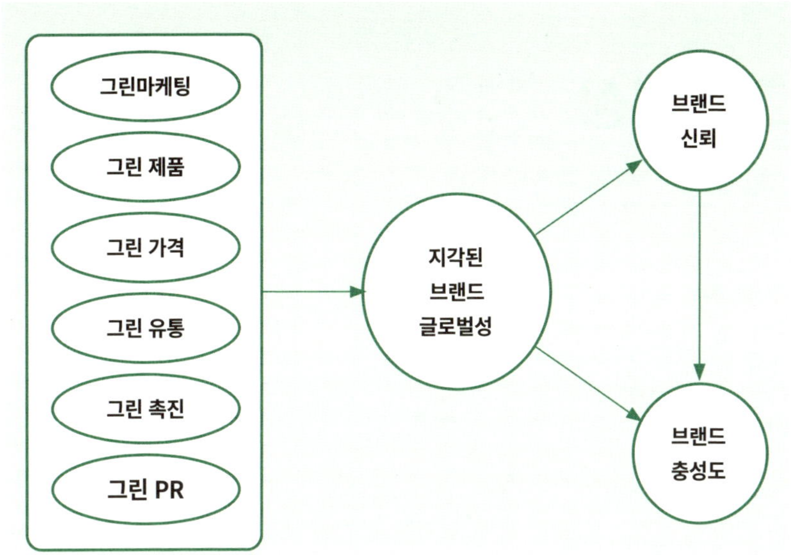


있음을 보여주는 대목이다. 기업은 환경 성과와 관련된 기업 내외의 이슈를 체계적으로 모니터링하고 소비자와 공유하는 노력을 해서 소비자들의 신뢰를 얻어야 하며, 여기에는 기업의 생산 과정과 관련된 친환경 프로세스 정책 및 이를 담당하는 직원들의 전사적인 노력이 뒷받침되어야 함을 시사한다. 또한, 다른 국가의 소비자가 가지는 환경 이슈와 문제에 대한 태도 및 인식의 차이점을 숙지하여 여기에 적합한 맞춤형 그린 홍보와 그린 PR이 이루어져야 할 것이다.

# 6.

# 그린워싱

전 세계적으로 친환경 경영과 기업의 지속가능성의 중요성이 대두되고 있으며, 이러한 변화에 발맞추어 기업은 앞다투어 지속가능경영보고서를 내는 등 기업의 친환경 정책과 ESG 경영을 전면에 내세우고 있다. 기후 위기 이슈와 기업환경의 변화 등과 맞물려 대규모의 자본이 ESG로 몰리고 있지만, 이와 더불어 **그린워싱(Greenwashing)**, 좀 더 포괄적으로는 **ESG워싱**에 대한 우려도 함께 증가하고 있다.

앞장에서 언급했듯이 기업들은 그린마케팅이라는 명목으로 친환경 캠페인을 앞다투어 쏟아내고 있으며, 금융권에서는 녹색 채권까지 발행하고 있는 실정이다. 실제로 2021년 국내 기업이 발행한 녹색 채권은 105억 달러(약 11조 7,000억 원) 규모로 아시아에서 중국에 이어 두 번째로 규모가 크다. 친환경 시장 규모는 점점 커지고 있고 향후에도 증가 폭이 커질 것으로 예상되지만, 문제는 **기업의 환경 관련 활동을 감시하고 그린워싱을 밝혀낼 기준이 모호하다는 것**이다. 친환경적이라는 기업의 말과는 달리 실제로는 효과를 과장하거나 아예 거짓인 경우도 많기 때문에 소비자 입장에서는 주의가 필요하다. 그렇다면 기업의 그린워싱은 어떤 형태로 나타나며, 이에 대해 소비자는 어떠한 기준으로 그린워싱을 판단해야 하는가? 그린워싱의 다양한 정의와 유형을 하나씩 짚어보고 그린워싱으로 간주될 때 사용되는 판단기준에 대해 알아보자.

## 그린워싱이란?

**그린워싱(Greenwashing)은 그린(Green)과 화이트워싱(Whitewashing)의 합성어**로, 속은 검은 데 겉만 하얗게 칠해서 숨기거나 눈가림한다는 의미의 화이트워싱을 응용한 개념으로 녹색으로 기업 이미지를 세탁한다는 뜻을 담고 있다. 이 용어는 1986년 미국 뉴욕의 환경운동가인 제이 워스터벨드(Jay Westerveld)에 의해 처음 사용되었으며, 이후 1999년 옥스퍼드 영어사전에 등록되었다. 웨스터벨드는 자신의 에세이를 통해 호텔 체인들이 객실에 '환경을 보호하기 위해 수건 재사용을 장려한다'는 안내문을 붙여 두지만 실제로 에너지 낭비를 줄이기를 위한 노력은 거의 하지 않으며, 수건 재사용으로 자신들의 세탁 비용만을 절감해 이익을 얻었음을 지적하면서 이 행위를 그린워싱이라 일컫는다. 이렇듯 그린워싱은 일반적으로 '긍정적인 **기업 이미지 형성을 위해 기업이 자사의 환경적 행위에 대해 오해의 소지가 있는 메시지를 사용하는 의도된 기만 전략**'을 의미하며 소위 '위장 환경주의'라 불리기도 한다[1].

그린워싱 관련 논의는 증가하고 있으나 일반적으로 통용되는 정의는 존재하지 않으며, 개념 그 자체도 지나치게 광범위하고 모호하게 정의되고 있는 것이 현실이다[2,3]. 그린워싱의 기준 자체가 뚜렷하지 않아 오해의 소지가 있어 그린워싱 방지 대책의 마련이 시급하다고 볼 수 있다. 다음은 다양하게 정의되고 있는 그린워싱의 개념을 <표 1>에 정리하고, 개념이 어떻게 발전하고 있는지 살펴보고자 한다.

TerraChoice(2010)는 그린워싱을 '환경과 관련된 기업의 관행이나 환경적 성과에 대해 소비자를 오도하고 환경 성과에 대해 긍정적인 커뮤니케이션을 하는 행위'라고 정의하였다[4]. 그린워싱은 '기업이 저조한 환경 관련 실적에 대해 긍정적인 커뮤니케이션을 하는 행위'[6]; '긍정적인 기업 이미지 형성을 위해 부정적 정보의 노출은 완전히 배제한 체 기업의 사회적, 환경적 행동에 대한 긍정적인 정보만을 **선택적으로 공개**하는 것(selective disclosure)'[7]; '기업의 선택적 공개 행위의 일환'으로 보고, '선택적인 정보 공개를 통해 긍정적인 이미지를 형성하기 위한 기업의 상징적 전략'[1] 으로 개념화 되기도 한다.

**표1. 그린워싱의 정의**

| 저자 | 정의 |
|---|---|
| TerraChoice (2010) | 환경과 관련된 기업의 관행이나, 제품 또는 서비스의 환경적 편익에 대해 소비자를 오도하는 행위 |
| Delmas and Burbano (2011) | 기업이 저조한 환경 관련 실적에 대해 긍정적인 커뮤니케이션을 하는 행위 |
| Lyon and Maxwell (2011) | 기업의 환경적 내지는 사회적 성과에 대하여 긍정적인 정보는 선택적으로 공개하고, 부정적인 정보는 완전히 공개하지 않아 지나치게 긍정적인 기업 이미지는 형성하는 것 |
| Walker and Wan (2012) | 기업의 상징적 행동과 실질적 행동의 차이. 즉 기업의 지속가능성 주장이 실제 기업활동과 상이함을 의미함. 말한 것을 실행하지 않는 기업 관행을 뜻함 |
| The Oxford Dictionary (2012) | 기업이나 조직이 대중 앞에서 환경친화적인 이미지를 보여주기 위해 유포하는 허위정보 |
| Bowen and Aragon-Correa (2014) | 기업의 변화가 '단순히 상징적 '인 동시에 의도 성이 있는 상징적인 기업의 환경주의 |
| Marquis et al., (2016) | 호의적인 대중 이미지를 만들기 위해 기업의 환경적 행위에 대해 오해를 불러일으키는 메시지를 사용하는 기업의 기만적인 전략 |
| Seele and Gatti (2017) | 그린워싱은 오해의 소지가 있는 그린 메시지를 제시하는 것과 관련하여 기업에 대한 외부적 비난이 함께 존재하는 것 |

※ 저자 정리

## 그린워싱 히드라

비영리 금융 싱크탱크 플래닛트래커(Planet Tracker)는 2023년 초 '그린워싱 히드라' 보고서를 통해 그린워싱의 6가지 형태를 발표했다[29]. 이는 그린라이팅, 그린라벨링, 그린크라우딩, 그린린싱, 그린허싱, 그린시프팅을 포함한다.

출처: Planet Tracker

1. 그린라이팅(greenlighting): 기업이 자사의 제품 운영에서 일부 친환경적인 기능을 강조해 다른 부분에서 발생하는 환경 영향을 가리는 행위
2. 그린라벨링(greenlabelling): 마케팅에서 관행적으로 사용되는 '친환경', '탄소상쇄', '에코', 등의 용어가 실제로는 근거가 없거나 사실과 다르거나 부분적으로 오해의 소지가 있는 경우
3. 그린크라우딩(greencrowding): 개별 기업이 이니셔티브, 연합 등 친환경 그룹에 숨어서 지속가능한 정책을 느리게 실천하는 것을 정당화
4. 그린린싱(greenrinsing): 기업이 ESG 목표를 발표한 뒤, 달성하기 전에 목표를 정기적으로 변경하는 행위

5. 그린허싱(greenhushing): 친환경을 뜻하는 그린에 '침묵, 조용히 시키다'란 뜻의 허싱(hushing)이 더해진 말로, 기업이 투자자의 감시, 당국의 조사 등을 피하기 위해 의도적으로 친환경, ESG, 지속가능성에 대한 목표, 성과를 과소 보고하거나 숨기는 것
6. 그린시프팅(greenshifting): 기업이 기후변화, 환경파괴의 책임을 소비자의 잘못으로 전가하려는 전략

기업의 기만적인 그린워싱 행위를 NGO나 미디어가 알지 못할 경우, 그린워싱으로 파악되거나 간주되기 어렵다. 따라서, 그린워싱으로 간주되기 위해서는 **그린 메시지가 허위이거나(정보 관련 요소), 정보를 오도한다는 '비난(외부 왜곡 요소)'이 함께 존재해야 한다**[2]. 기업의 의도적인 허위 그린 마케팅에 대해서 외부적인 비난이 결국에는 기업의 정당성 및 명성에 해를 끼치고, 그린워싱으로 간주되게 되는 것이다.

## 그린워싱의 판단기준과 종류

### 1. 대리 그린워싱(Vicarious Greenwashing)

<표 2>에서 볼 수 있듯이, 그린워싱은 다양하게 구분되고 있다. 최근 Pizzetti et al.(2021)은 새로운 개념인 **'대리 그린워싱(Vicarious Greenwashing)'**을 제시하며, 그린워싱이 3가지 서로 다른 차원에서 발생 가능하다고 주장하였다[9].

첫째는 **기업 차원에서 발생하는 '직접 그린워싱(Direct Greenwashing)'**을 말하는데, 이는 지속가능성에 대한 기업의 말과 실제 행동 사이에 불일치가 기업 내부에 존재하는 것을 말한다. 이는 기업 차원 그린워싱

(Firm-level Greenwashing)과 유사한 개념으로, 이 경우 기업의 잘못된 행동이 지속가능성에 대한 기업의 주장과 상이하므로 커뮤니케이션 및 잘못된 행동에 대한 책임은 기업에 있다고 볼 수 있다[11,12].

둘째는 **공급자 차원에서 발생하는 '간접 그린워싱(Indirect Greenwashing)'**이 있는데, 이는 기업의 말과 행동 간의 불일치가 완전히 회사 외부에 존재하는 것을 뜻한다. 여기서 공급업체가 지속가능성에 대한 커뮤니케이션과 잘못된 행동 모두에 관여한다.

마지막으로 이 2차원 중간에 위치하는, **기업과 공급자의 중간 지점 발생하는 불일치를 유형화하여 '대리 그린워싱(Vicarious Greenwashing)'**이라는 개념을 제시되었다. 이는 지속가능성에 전념한다고 선언한 기업이 지속가능 표준을 충족하지 않는 공급업체로부터 원자재나 서비스를 구매하여 그린워싱에 대한 비난을 받게 되는 경우를 말한다. 기업이 직접적으로 그린워싱 행위를 하지는 않았지만 공급자 때문에 대리로 그린워싱을 겪기 때문에 붙여진 개념이다. 기업의 CSR 행위를 위반하는 공급업체의 행위를 감시하거나 제재하지 않은 것도 기업의 책임에 포함된다고 보는 것이나[9]. 이와 같은 정의는 기업이 책임질 수 없는 시장의 비현실적인 기대나 잘못된 커뮤니케이션에 의해 기업의 그린워싱에 대한 비난이 발생할 수도 있음을 좀 더 구체적으로 보여주는 사례라 할 수 있다[2].

## 2. 그린워싱의 7가지 죄악

캐나다의 친환경 컨설팅사인 테라 초이스는 2010년 '그린워싱의 7가지 죄악(Seven Sins of Greenwashing)'이라는 제목의 보고서에서 그린워싱을 판단하는 7가지 판단기준을 제시하였다.

1) **상충 효과 감추기(Hidden Trade-Off)**는 작은 친환경적 속성을 강

조하여 환경 친화적이라고 라벨링 하는 것을 말하며, 2) **증거 불충분(No Proof)**은 라벨 또는 제품 웹사이트에 소비자 접근이 용이하게끔 친환경 관련 증거를 제시하지 않으면서 환경적이라고 주장하는 것이다. 3) **애매모호한 주장(Vagueness)**은 너무 광범위하거나 제대로 이해할 수 없는 용어를 사용하는 경우를 말하며, 4) **관련성 없는 주장(Irrelevance)**은 기술적으로는 사실을 표기했지만 관련성 없는 내용을 연결해 진실을 왜곡하는 것을 말한다. 5) **유해 상품 정당화(Lesser of Two Evils)**는 제품이나 서비스가 속한 범주가 전체적으로 환경적이지 않을 때, 자사 제품이 그 범주에 있는 다른 제품보다 더 환경적이라고 주장하는 것이고, 6) **거짓말(Fibbing)**은 미취득, 미인증 환경 인증마크를 도용하는 행위를 말하고, 제품의 환경 관련 정보를 거짓으로 조작해 광고하는 행위도 포함한다. 7) **허위 라벨 부착(Worshiping False Labels)**: 허위 인증 라벨을 사용해 마치 공적으로 환경 인증받은 것처럼 위장하는 것을 의미한다.

### 3. 중국 소비자 시장의 10가지 그린워싱

중국 광저우시 기반 주간지인 난팡저우모는 중국 소비자 시장에서 나타나는 그린워싱을 10가지 종류로 구분하였다[10]. 이는 1) 노골적인 속임수(blatant deception), 2) 고의적인 은폐(deliberate concealment), 3) 이중잣대(double standards), 4) 립 서비스(lip service), 5) 앞에서는 죄이고 뒤에서는 느슨하게 하기(front tightening and back loosening), 6) 정책 방해(policy interference), 7) 순서 뒤집기(reversing the order), 8) 동쪽에서 속이고, 서쪽에서 공격하기(faking to the east but attacking in the west). 9) 시야 흐리기(blurring the horizon), 10) 비생산적(being counterproductive)으로 구분하고 있다.

## 그린워싱의 종류

| 저자 | 정의 |
|---|---|
| **Pizzetti et al. (2021)** | 1. 기업 차원에서 발생하는 직접 그린워싱(Direct Greenwashing)<br>2. 공급자 차원에서 발생하는 간접 그린워싱(Indirect Greenwashing)<br>3. 2차원 중간에 위치하는, 기업과 공급자의 중간 지점 발생하는 불일치를 유형화하여 대리 그린워싱(Vicarious Greenwashing)이라는 개념을 제시 |
| **그린워싱의 7가지 죄악 (캐나다의 친환경 컨설팅사인 테라초이스)** | 1. 상충효과 감추기(Hidden Trade-Off) : 작은 친환경적 속성을 강조하여 환경 친화적 이라고 라벨링하는 것<br>2. 증거 불충분(No Proof) : 라벨 또는 제품 웹사이트에 소비자 접근이 용이 하게끔 친환경 관련 증거를 제시하지 않으면서 환경적이라고 주장하는 것<br>3. 애매모호한 주장(Vagueness) : 너무 광범위하거나 제대로 이해할 수 없는 용어 사용하는 경우<br>4. 관련성 없는 주장(Irrelevance) : 기술적으로는 사실을 표기했지만 관련성 없는 내용을 연결해 진실을 왜곡하는 것<br>5. 유해 상품 정당화(Lesser of Two Evils) : 제품이나 서비스가 속한 범주가 전체적으로 환경적이지 않을 때, 자사 제품이 그 범주에 있는 다른 제품보다 더 환경적이라고 주장하는 것<br>6. 거짓말(Fibbing) : 미 취득, 미 인증 환경 인증마크를 도용하는 행위. 제품의 환경 관련 정보를 거짓으로 조작해 광고하는 행위도 포함<br>7. 허위 라벨 부착(Worshiping False Labels) : 허위 인증 라벨을 사용해 마치 공적으로 환경 인증 받은 것처럼 위장하는 것 |
| **중국 소비자 시장에서 나타나는 10가지 그린워싱 (Wang et al. 2020)** | 1. 노골적인 속임수(blatant deception),<br>2. 고의적인 은폐(deliberate concealment),<br>3. 이중잣대(double standards),<br>4. 립 서비스(lip service),<br>5. 앞에서는 죄이고 뒤에서는 느슨하게 하기(front tightening and back loosening),<br>6. 정책 방해(policy interference),<br>7. 순서 뒤집기(reversing the order),<br>8. 동쪽에서 속이고, 서쪽에서 공격하기(faking to the east but attacking in the west).<br>9. 시야 흐리기(blurring the horizon),<br>10. 비생산적(being counterproductive) |
| **Lyon and Montgomery (2015)** | 1. 선택적 공개(selective disclosure)<br>2. 공허한 친환경 주장과 정책(empty green claims and policies)<br>3. 선임된 NGO의 홍보나 파트너십(co-opted NGO endorsements / partnerships)<br>4. 모호한 인증과 레이블(dubious certifications and labels)<br>5. 비효율적인 대중봉사프로그램(public voluntary programs)<br>6. 오해의 소지가 있는 이야기와 담론(misleading narrative and discourse)<br>7. 오해의 소지가 있는 시각적 이미지(misleading visual imagery) |

| 저자 | 정의 |
|---|---|
| De Freitas Netto et al, 2020; Delmas and Burbano, 2011 | 1. 기업 수준에서 발생하는 그린워싱<br>2. 제품/서비스 수준에서 발생하는 그린워싱 |
| Seele and Gatti(2017) | 1. 거짓 그린워싱<br>2. 그린워싱<br>3. 잠재 그린워싱<br>4. 노 그린워싱 |

### 4. 7가지 그린워싱 사례

Lyon and Montgomery(2015)는 기존 실증 사례를 종합하여 그린워싱의 종류를 7가지로 구분했다. 1) 선택적 공개(selective disclosure), 2) 공허한 친환경 주장과 정책(empty green claims and policies), 3) 선임된 NGO의 홍보나 파트너십(co-opted NGO endorsements /partnerships), 4) 모호한 인증과 레이블(dubious certifications and labels), 5) 비효율적인 대중 봉사프로그램(public voluntary programs), 6) 오해의 소지가 있는 이야기와 담론(misleading narrative and discourse), 7) 오해의 소지가 있는 시각적 이미지(misleading visual imagery)로 나뉜다.

### 5. 기업 수준과 제품 수준의 그린워싱

또한, 그린워싱은 **기업 수준에서 발생하는 그린워싱**과 **제품/서비스 수준에서 발생하는 그린워싱**으로 구분할 수 있다[11,12]. 예를 들어, 2003년 GE가 환경을 뜻하는 에코(Eco)와 기존 GE의 슬로건인 'Imagination at work'를 결합해 '에코매지네이션(Ecomagination)'이라는 광고캠페인을 진행하면서 뒤에서는 대기 오염 규제를 피하기 위해 로비를 한 사례가 '기업 수준 그린워싱'에 해당된다.

기업 차원의 그린워싱은 기업이 판매를 늘리기 위해 특정 제품의 환경적 편익을 과장하거나 모호하게 표현하는 '제품 수준의 그린워싱'과는 구분된다[1].

'제품/서비스 수준의 그린워싱'은 **'클레임 그린워싱(claim greenwashing)'**과 **'실행 그린워싱(executional greenwashing)'**을 포함한다. 이 구분은 특히 기업 친환경 광고 메시지의 구분에서 유용하게 활용될 수 있다. '클레임 그린워싱'은 논쟁의 여지가 있는 용어를 사용하거나 사실과 다른 잘못된 주장을 하거나, 필요한 정보를 제외하는 등 광고 속 메시지를 조작하는 것을 말한다. '실행 그린워싱'은 색상, 소리 및 자연경관 등 자연적 이미지를 광고에 활용해 친환경 이미지를 형성하는 것을 의미한다.

실제 기업의 광고 메시지를 통해 일어나는 그린워싱은 모호한 주장(Vague claim), 거짓 주장(False claim)[13], 관련성 없는 주장(irrelevant claim)(Urbanski and Haque, 2020)을 포함하는 경우가 있다. 여기서 모호한 주장은 잘못된 인상을 주는 지나치게 광범위하거나 잘못 정의된 주장을 뜻하며(예: 모두 자연 성분이라고 주장하는 화장품 회사의 광고), 거짓 주장은 객관적 증거에 근거한 허위 주장(예: 무연 가스가 오염을 유발하지 않는다고 주장하는 석유회사의 광고)으로 정의된다[13]. 관련성 없는 주장은 사실인 것처럼 보이지만 실제 제품이 환경친화적인지 여부를 판단하는 데에는 유용하지 않은 주장(프레온가스가 없어 타제품보다 친환경적이라고 주장하는 기업)이다[14].

## 그린워싱의 4가지 커뮤니케이션 프레임워크

앞장에서 언급된 그린마케팅을 통해 기업은 친환경 경영 및 사회적 책임을 이행하는 활동을 소비자에게 전달하기 위해 많은 노력을 기울이지만, 시장에는 다양한 형태의 기업의 그린워싱 행위도 함께 존재하고 있어, 소비자들의 의심과 불신을 자아낸다. 기업이 친환경 공정 및 제품 생산에 대한 충분한 객관적 입증 없이 과다한 그린마케팅을 한다면, 오히려 소비자의 신뢰가 감소되는 것을 종종 볼 수 있다. 따라서 기업의 그린마케팅이나 CSR 활동이 소비자에게 전달되는 방식과 내용은 중요하다고 하겠다.

Seele and Gatti(2017)는 실제 사례에 기반하여 그린워싱을 1) 거짓 그린워싱, 2) 그린워싱, 3) 잠재 그린워싱, 4) 노-그린워싱 등 4가지의 그린워싱 시나리오를 제시한다[2].

**1) 거짓 그린워싱(false greenwashing)**은 기업의 CSR 커뮤니케이션이 허위나 오도하지 않고 일관성이 있음에도 불구하고, 외부 왜곡 요소로 인해 그린워싱으로 비난받는 것으로, 이 경우 실제 그린워싱을 행한 것과 같은 동일한 부정적 결과, 즉 기업의 정당성 감소 및 평판에 손상을 입는 부정적인 결과에 직면하게 된다.

**2) 그린워싱(greenwashing)**은 일반적으로 알려진 바와 같이 기업이 허위 또는 오해의 소지가 있는 친환경 주장을 내세우는 것이다.

**3) 잠재 그린워싱(potential greenwashing)**은 오해의 소지가 있는 친환경 정보를 전달하고 실용적인 정당성의 이점을 누리는 것이다. 이 경우 실제 그린워싱은 없고 잠재성만 존재한다.

**4) 노-그린워싱 (no greenwashing)**: 기업이 일관된 CSR 커뮤니케이션을 실행하고 외부 비난으로 인해 메시지를 바꾸지 않는다면 **그린워싱이 없는 것으로 간주된다**. 이 경우 기업의 정당성은 증가하고 기업은 CSR 커뮤니케이션을 통해 이익을 얻게 된다.

종합하면, 그린워싱은 광범위하고 다면적인 특성을 있는 현상이며, 의도적으로 소비자나 이해관계자를 기만, 오도하는 행위는 그린워싱의 다차원적 현상 중 일부분에 불과하다. 그리고 그린워싱의 정도에 대한 판단과 대응하는 태도는 이를 바라보는 사람의 가치와 상황에 달려있다[2]. 다음은 그린워싱으로 간주되는 기업 사례를 살펴보자.

## 그린워싱 사례

### 1. 올버즈(Allbirds)

미국의 올버즈(Allbirds)는 동물복지 인증을 받은 메리노 울과 유칼립투스 나무로 만든 섬유 등 자연에서 얻은 원료로 지속가능 신발을 만드는 브랜드로 알려져 있다. 실리콘 밸리와 헐리우드 배우들의 지지를 받으며 빠르게 브랜드 가치를 올렸으며, 설립 6년 만에 매출 2,590억 원을 달성한 성공적인 스타트업 지속가능 브랜드로 평가받는다. 2020년 3월 미국증권거래 위원회에서 세계 최초 지속가능상장(Sustainability Public Equity Offering) 기업으로 인정받아 나스닥에 상장하기도 했다[15].

그러나 최근 미국 동물권리보호단체인 페타(PETA: People for Ethical Treatment of Animals)는 올버즈의 그린워싱 행위를 공개적으로 지적했다. 올버즈 신발에 사용되는 울 생산 과정에서 인증된 동물복지 농장에서 동물 학대가 이루어지고 있으며, 올버즈 스키커즈에 부착된 카본 라벨이 의류 지속가능 지수인 '히그지수'(Higg Index)에 맞게 표기되지 않았음을 고발하여, 올버즈 브랜드의 명성과 가치에 타격을 주었다. 올버즈의 2022년 4분기 수익보고서에 의하면, 순손실 1억 140만 달러를 기록하면서 어려움을 겪고 있다[16]. 올버즈는 단기간 내에 소비자들의 호응을 얻어내는 데 성공했지만, 그린 제품에 대한 허위광고로 인해 소비자의 신뢰는 크게 낮아진 상태이며, 이를 회복하기 위해 탄소 배출량을 줄이는 새로운 형태의 스니커즈 개발에 총력을 기울이고 있다.

**미국의 올버즈(Allbirds)**

출처: 올버즈 (Allbirds) 공식 홈페이지

## 2. 이니스프리의 종이용기 불매운동

국내에서도 그린워싱의 사례를 들 수 있다. 2021년 4월 국내 소비자가 이니스프리의 공병을 분해한 사진을 SNS에 올려 이슈가 되었다. 이니스프리에서 2020년 한정판으로 출시했던 그린티 씨드 세럼의 종이 병 패키지에 적힌 문구가 문제가 된 것이다. 패키지에 'HELLO, I'M PAPER BOTTLE'(안녕, 나는 종이 용기야)라고 적혀 있었는데 용기를 분해해보니, 플라스틱 용기가 나왔던 것이다. 소비자들은 이 제품을 사기성이 짙은 제품으로 평가해, 인스타그램을 통한 그린워싱 불매운동을 벌였고, 부정적인 여론에 이니스프리는 공식적인 사과를 했다.

해당 제품은 기존 용기 제조방식보다 플라스틱이 50% 이상 저감 된 친환경적 패키지였으며, 용기 분리배출 방법을 사전 안내하였음에도 불구하고, 패키지에 표기된 '페이퍼 보틀'이라는 문구로 인해 소비자의 오해를 사고, 그린워싱으로 매도당했다. 이니스프리는 상품 제조에서 플라스틱 저감을 통한 친환경 제조를 했음에도 불구하고, 소비자와의 커뮤니케이션 및 그린마케팅 믹스 요인의 오류로 인해 브랜드 가치에 타격을 입었다.

이니스프리 패키지

출처: 이니스프리 공식 홈페이지

### 3. 네슬레(Nestle)의 지속가능성

글로벌 식품시장을 리드하는 기업으로 8,000개의 브랜드를 가지고 194개국에 447개의 공장을 운영하는 네슬레는 유럽에서는 여러 가지 지속가능 프로젝트를 협찬하고 6개의 Leadership in Energy and Environmental Design(LEED) 그린 발전 인증을 획득한 착한 글로벌 기업으로 인식되고 있으나, 지속가능성과 관련된 여러 가지 논란의 중심에 서 있다.

Break Free from Plastic Movement 환경단체의 네슬레 항의시위

출처: 그린피스(Greenpeace), 2019

네슬레는 2025년까지 플라스틱 중립(Plastic neutrality)을 목표로, 판매하는 생수 페트병을 100% 재활용 가능한 자원을 사용할 것을 공표하였으나, 판매하는 생수 플라스틱 폐기물의 대부분을 소각하여 관리하고 환

경에 해로운 유해물질과 오염을 일으키는 것으로 나타났다. 이에 대응하여, Break Free From Plastic Movement라는 환경단체는 다른 여러 환경단체들과 연합하여 네슬레사에 페트병 폐기물을 항의 서한과 함께 보내고, 소비자단체와 미디어를 통해 네슬레의 그린워싱에 대해 폭로하였으며, 이는 네슬레 브랜드 가치에도 크게 부정적인 영향을 끼치고 있다. 2021년 Break Free From Plastic 환경단체 보고서에 의하면 네슬레는 잘못된 환경관리 솔루션과 경영을 하는 6번째 최악의 기업으로 선정하였으며, 2021년 Global Brand Audit 보고서는 네슬레를 4번째로 가장 심하게 환경을 오염하는 식품기업으로 꼽았다[17].

또한 세계 생수 생산 1위를 차지하는 네슬레는 지속가능한 물 자원 관리나 환경을 고려하지 않고 최대한 대수층을 배수함으로 2015년 캘리포니아에 가뭄을 초래하고, 2018년에는 파키스탄의 작은 마을의 물 자원을 남용함으로 지역주민들의 생수 자원이 고갈되고 환경오염과 질병을 초래하는 그린워싱 행태를 보여준다. 이외에도 네슬레의 대표 제품인 '캡슐커피'는 알루미늄 용기(연간 8000톤, 이산화탄소 배출량 연간 8톤)의 환경오염을 초래하고 있지만, 정작 '지속가능한 알루미늄'을 위해 여러 재활용 정책을 펼치고 있다고 홍보하지만 현실과는 괴리가 크다[18]. 2022년 네슬레는 미국 시장에서 쿠키 반죽 상품에서 발견된 플라스틱 이물질로 인한 과실 치사로 제품 리콜 진행 중에 있으며, 식품안전 위반으로 범죄 수사가 진행되고 있어 논란을 일으키고 있다[19].

## 기업은 왜 그린워싱을 하는 걸까?

진정한 의미에서의 그린 경영을 하지 않고 그린 포지셔닝을 통한 이득을 얻고자 하는 기업은 늘어나고 있으며, 소비자들의 소비 선택에 적지 않은 영향을 미치고 있다. 기업은 그린워싱을 할 때 재정적 투자를 하지 않고도 쉽게 소비자들 기만하는데, 이를 통해 기업의 이미지를 향상시키고, 그린워싱으로 과장되거나 거짓으로 홍보된 제품들의 가치가 올라가 제품의 가격을 높일 수 있는 혜택이 있다. 그러나 소비자들이 기업의 그린워싱을 알게 될 때 기업의 명성이나 이미지에 가져올 부정적인 영향은 치명적이라 할 수 있다. 또한 그린워싱은 시장 내에 발전해가는 기업들의 친환경 및 ESG 움직임에 부정적인 영향을 줄 수 있다.

기업의 그린워싱 행위는 2가지 이론적 모델에 의해 설명될 수 있다. 첫째 **제도적 이론(Institutional Theory)**인데, 기업은 그린마케팅이나 CSR에 참여함으로써 조직 행위의 정당성(legitimacy)을 획득 하려한다[20]. 기업은 정당성을 획득함으로써 각종 자원에 접근하는 것이 용이해지고, 사업 파트너나 고급 인력과의 강력한 교환 관계를 구축할 수 있다. 정당성을 획득하는 과정에서 기업은 그린워싱의 오류를 범하여 이해관계자들과의 관계가 악화되는 사례가 발생한다.

둘째, **신호 이론(Signaling Theory)**에 따르면, 기업이 그린마케팅 활동을 하거나 그린 커뮤니케이션에 참여함으로써 친환경 규범을 순수하고자 하는 동기는 환경문제에 대한 기업의 가치를 외부 이해관계자에게 효과적으로 전달(signaling)할 수 있기 때문이다[26]. 하지만, 기업이 거짓이나 오해의 소지가 있는 정보 전달과 홍보로 인해 그린워싱을 하는 경우 기업의 가치를 잃게 된다.

## 그린 기업과 그린워싱 기업의 차이

Delmas & Burbano(2011)는 소통의 정도와 친환경 경영의 정도에 의해 기업을 네 가지 유형으로 나누어 진정한 의미에서의 그린 기업과 그린워싱을 하는 기업의 차이를 설명했다[21].

■ 그린기업과 그린워싱기업

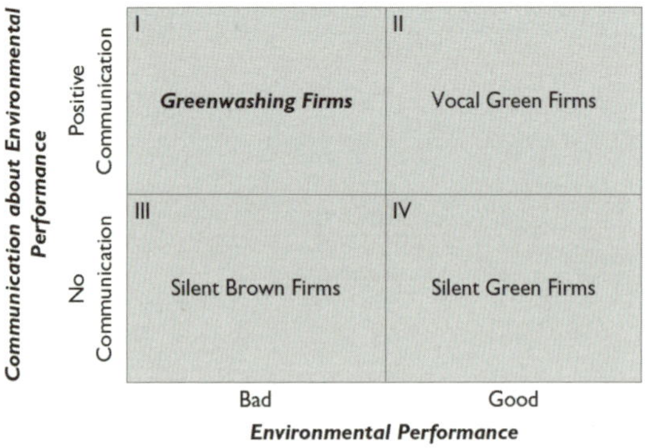


친환경 경영을 잘하는 기업과 그렇지 못한 기업을 그린 기업과 갈색 기업으로 칭하고, 친환경 경영활동에 대해 적극적으로 소비자와 소통하는 기업은 정보의 진정성에 의해 진정한 의미에서의 그린 기업이며(유형 II), 적극적으로 소비자와 소통하지만 거짓되거나 과장된 기업의 친환경 활동을 홍보하고 소통하는 기업은 그린워싱을 하는 기업(유형 I)으로 간주된다. 소통을 하지 않는 기업의 유형에는 환경에 해를 입히는 갈색 기업(유형 III)과 친환경 경영활동을 적극적으로 소통하지 않는 그린 기업(유형 IV)이 여기에 해당된다.

## 갈색 기업의 그린워싱에 미치는 요인들

기업의 그린워싱 행태에는 여러 가지 내/외부적인 요인들이 작용한다(아래 그림[21] 참조).

### 1. 정부의 환경 정책과 법규

그린워싱에 대한 정부의 정책적인 환경은 중요한 요소로 작용하는데, 국내

**갈색기업의 그린워싱에 미치는 요인들**

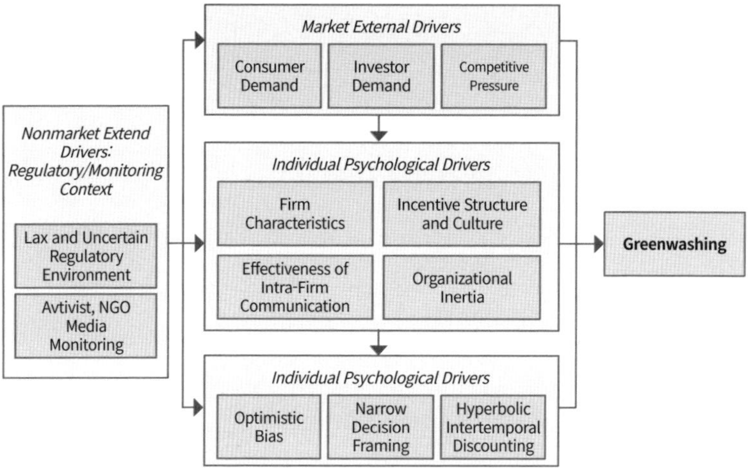


에는 아직 이에 대한 법규와 정책이 미비한 실정이다. SK루브리컨츠의 'SK ZIC 탄소 중립' 윤활유 제품을 표시, 광고법 위반으로 국내 환경단체 기후 솔루션이 2022년 10월 공정거래위원회에 신고하는 사례가 있었는데, 국내 소비자들의 높은 관심에 비해 그린워싱이나 표시 광고를 관리·감독하는 기관들의 인지나 적발에 대한 의지는 낮은 것으로 보고되고 있다[22].

**공정거래위원회의** '환경 관련 표시 광고에 관한 심사지침'에 따르면, 특정 표현(천연, 자연, 유기농, 생분해성, 오존층 보호 또는 재생자원 사용, 고효율, 에너지 절감 등)을 사용하는 경우 주성분이나 함량, 절감량이나 비율 등에 대한 구체적인 표시 없이 막연히 표현하면 기만적인 표시 광고에 해당하는 것으로 나와 있다. 그러나, 문제는 특정 기업의 그린워싱 제품보다 공정거래위원회의 소극적인 태도에 있는데, 공정거래위원회는 신고가 없는 경우 그린워싱 위반 여지가 있는 사안에 대해 소극적으로 단속과 행정조치를 하고 있는 실정이라고 기후 솔루션은 지적한다.

**환경부의 '환경 기술 및 환경산업 지원법** (환경기술산업법)'도 기업의 그린워싱과 관련된 정책으로 제재 대상은 '제조업자, 제조 판매업자 또는 판매자'로 '제품의 환경성과 관련하여 소비자를 속이거나 소비자로 하여금 잘못 알게 할 우려가 있는 행위'로 이 법규는 정의를 내리고 있다. 제조업자가 거짓 과정 표시 및 광고, 기만적인 표시, 광고 또는 부당하게 비교하는 표시 광고나 비방하는 광고는 환경 기술 산업법에 위배되는 것으로 간주되는데, 그린워싱의 정의와도 부합하는 내용을 가지고 있으며, 이 법규 위반으로 적발되는 기업은 매출액의 2%까지 과징금을 부담할 수 있지만, 2022년 보도자료에 의하면, 환경부의 행정조치는 시정 권고 및 계도 수준에 그친 사례가 대부분으로 소극적인 기조를 보이고 있다. 한국 소비자원의 2022년 보도자료에 의하면 '친환경 제품 광고 모니터링 결과 절반이 환경성 인증마크인 법정인증 마크를 사용'하고 있으나 이 중에는 친환경 제품 근거 확인이 어려운 15개의 사업자에게 '권고' 형식의 행정조치를 취한 것으로 나타났다.

이러한 국내의 그린워싱과 관련된 법규에 대한 소극적인 행정조치는 기업들로 하여금 쉽게 그린워싱을 행 할 수 있는 동기부여가 되고 있다. 국내에 공정거래위원회, 환경부의 적극적인 감독 관리를 뒷받침 할 수 있는 보다 강력하고 적절한 법적 체제 마련이 시급하다고 할 수 있다.

지속가능 발전의 역사가 긴 미국과 유럽에서는 기업의 그린워싱에 대한 엄격한 규제와 제도가 마련되어 있는데, 프랑스는 2021년 4월 유죄로 판정된 그린워싱에 대해 홍보 캠페인 비용의 80%까지 벌금을 부과하는 엄격한 법정 제재 초치를 취하였으며, 영국과 미국에서는 그린워싱 방지를 위한 친환경 마케팅 가이드 라인 및 제품 표시의 기준을 설립하여 관리하고 있다. 이는 해외 여러 시장에 진출하고 있는 국내 글로벌 기업들이 눈여겨보아야 할 부분이다. 미국은 Federal Trade Commission(FTC),

영국은 Advertising Standards Authority(ASA), 호주는 Competition and Consumer Commission(ACCC), 캐나다는 Canadian Standards Association(CSA)을 통해 그린워싱 제재가 이루어지고 있으며, 이러한 행정기관들은 국제 환경기준인 'ISO 14021'에 근거를 두고 있다. 프랑스, 노르웨이 등의 유럽국가들도 ISO 14021에 의거한 법적인 행정조치를 하고 있으나 국가별 기준과 법규에는 차이가 존재하며, 그린워싱의 케이스 별로 법적인 조치에는 차이를 보이고 있어, 이를 남용하는 기업들이 있을 수 있다.

### 2. NGO, 환경단체와 미디어

그린워싱과 관련한 뚜렷한 표준화 된 국제 기준의 부재로 인해 불확실성과 기업들의 기회주의적인 그린워싱은 여전히 존재하며, 최근 사회의 ESG와 지속가능성에 대한 뜨거운 관심으로 인해 그린마케팅을 하는 기업들은 빠르게 증가하고 있다. 여기에 **시민단체**와 **환경단체** 그리고 **미디어**는 그린워싱에 대한 정보를 공유함으로 **사회적 제재를 할 수 있는 중요한 역할**을 한다.

대표적인 국제 환경단체의 예로 **그린피그(Green Peace)**를 들 수 있는데, 1971년 캐나다 밴쿠버에서 설립된 환경단체로 55개 국가에 있는 26개의 단체를 대표하는 글로벌 네트워크로 발전해, 현재는 암스테르담 네덜란드에 본사를 두고 있다. 그린피스는 유엔 경제사회협회의 자문기관으로 글로벌 사회에 환경문제에 대한 경각심과 정보 및 지식을 알리고 공유하는데 앞장서고 있다. 핵실험 반대 운동, 유전자 조작, 고래 사업 반대 등 다양한 사회운동을 펼치고 있으며, 기후와 에너지, 해양 보호, 삼림 보호 및 독성물질 제거의 4가지 분야에 대한 환경 활동을 이어가고 있는데, 유전자 조작에 대한 반대 운동은 여론의 강력한 비판을 받고 사회적으로 논란을 일으키기도 했다.

국내의 환경단체로는 **'환경재단'**을 들 수 있는데 2002년에 설립돼 20년의 역사를 가진 국내에서 가장 오래된 최초의 환경단체로 그린 아시아, 그린 컬쳐, 그린 CSR, 그린 리더쉽, ESG 경영과 어린이 환경센터로 구성되어 있으며, 국내외 아시아의 환경단체와 협력하여 여러 환경 프로젝트를 진행한다.

환경단체들이 기업의 그린워싱 행태를 적극적으로 시민들과 공유하고 미디어에 노출시키는 활동은 **갈색 기업의 적극적인 그린마케팅 행보를 저해시키는 역할**을 하며, 소비자, 시민 그리고 투자자들의 경각심을 불러일으켜 환경에 대한 관심과 염려를 가지게 하는 영향력을 가진다. 그러나, 그린워싱에 대한 제한적인 법적인 제재로 인해, NGO와 미디어가 그린워싱을 행하는 기업에 주는 영향력은 제한적일 수 있다. 그린워싱 하는 기업의 적발이 엄격한 법적인 제재와 행정조치로 이어질 때, NGO와 미디어의 효과는 크게 확대될 수 있을 것으로 예상된다.

반대로, **소셜미디어**는 최근 들어 기업의 그린워싱을 위한 도구로 많이 사용되고 있는데, 2022년 그린피스(Greenpeace)의 조사에 의하면 2022년 6월과 7월 사이 자동차 브랜드 12개, 대형 항공사 5개, 화석연료 5개가 SNS(페이스북, 트위터, 인스타그램, 틱톡, 유튜브)에 올린 게시물 2325개를 검토한 결과 기업 22곳이 SNS에 올린 게시물 67%가 '친환경'을 강조하지만 기후 위기를 직접적으로 언급한 게시물은 6개(0.3%)에 불과했다.

화석연료 업체들의 게시글의 72%는 '태양열', '지속가능성', '청정에너지' 등을 언급하고, 24%만이 기존 사업내용을 언급하는 노골적인 그린워싱을 행하고 있었으며, 차량 제조업체는 게시물의 60%에 지속가능성, 전기 자동차를 강조하였으며, 기존 사업에 대한 글은 16%에 불과했다. 항공사의 경우 친환경 혁신과 기존 사업에 대한 게시글이 각각 60%와 49%로 다른 기업체들에 비해 상대적으로 낮은 형태의 그린워싱을 보였다. 기업들은 자연풍경이 담긴 사진을 활용하거나 기존에 비해 탄소배출을 감소하였다는 내용

등을 모호하게 보여줌으로 소비자들을 기만하는 행보를 보였으나, SNS에서 기업의 광고를 규제하는 것은 실질적으로는 쉽지 않은 일로 보인다[23].

### 3. 시장의 외부적 요인들: 소비자, 투자자, 경쟁업체들

소비자와 투자자의 요구와 기대 그리고 시장에서의 경쟁적 압력은 갈색 기업으로 하여금 그린워싱의 유혹에 빠지게 한다. 특히 법적인 제재나 그린워싱에 대한 엄격한 손해가 없는 경우 갈색 기업은 쉽게 그린워싱을 통해 소비자와 투자자들의 친환경적인 기업경영에 대한 요구를 충족시키고자 할 것이다. 또한 **시장의 환경**도 중요하게 작용하는데, 시장의 경쟁 구도와 경쟁기업의 그린 경영은 그린워싱의 방아쇠 역할을 하기도 한다.

최근 2~3년 사이에 국내에 ESG 경영 혁신의 트렌드가 부상하면서 기업들은 앞을 다투어 지속가능 경영부서를 설립하고, 그린 경영 전략을 기업 핵심 전략으로 내세우기 바쁘다. 그러나, 기업의 지속가능 발전과 ESG 경영은 하루아침에 이루어지는 것이 아닌 수년간의 경영 체질 개선과 전사적인 DNA 변화가 전제되어야 하는 결코 쉽지 않은 일이다. 기업의 지속가능성에 대한 과장된 홍보와 단편적인 ESG 도입은 오히려, 그린워싱으로 오해되기 쉬우며, 이는 소비자로 하여금 기업의 그린마케팅에 대한 냉소적인 견해를 키워 궁극적으로 시장 전체의 지속가능 발전을 저해시킬 수 있는 위험이 있다.

### 4. 소비자는 그린워싱에 어떻게 반응하는가?

일반적으로 **그린워싱은 소비자의 구매 욕구를 감소시키고, 회의주의(Skepticism)를 증가시키며 나아가 친환경 제품을 보이콧하는 소비행위로까지 이어질 수 있다**[27]. 인지 부화 이론(Cognitive Load Theory)에 의하면 그린워싱은 정보를 처리하는 소비자의 인지능력을 제한하여 소비자를 혼란스럽게 하고 친환경 제품에 대한 불신과 불확실한 태도를 형성하게 할 수 있다[28]. 그린워싱 제품에 대한 소비자의 혼란은 시장 전체에 대한 불신과 잘못된 해석으로까지 발전할 수도 있으며, 소비자로 하여금 친환경 소비 행동에 대해 회의적인 태도를 가지게 할 수도 있다.

ABC(Attitude Behavioral Context) 이론에 의하면, 기업의 그린워싱 행위는 소비자의 그린 소비 행동에 부정적인 외적 요인으로 영향을 미치며, 소비자의 친환경 행동과 윤리 소비를 조장하거나 방해하게 된다. 사회심리학자 하이더가 제시한 인지 균형 이론(Cognitive Consistency Theory)에 의하면, 소비자는 이성적 동물로서 사회현실에 대한 모순적인 인지를 회피하려는 경향이 있으며, 따라서 소비자는 기업이 보여주는 그린워싱의 불일치한 정보를 불편한 심리적 상태로 보고 회피하는 행동(불매운동)을 통해 일치를 향해 움직이려는 성향을 가지고 있다. **그린워싱이 가져오는 부정적인 결과를 이해하기 위해서는 소비자의 가치체계 및 반응과 태도에 대한 고찰이 향후 필요**하다고 할 수 있다.

### 그린워싱에 대한 소비자행동이론

| | | |
|---|---|---|
| **Attribution theory** | 윤리적 귀인은 소비자의 감정, 태도 및 행동에 영향을 미침. 모호하지 않고 구체적이고 상세한 기업의 환경 관련 메시지는 더 많은 정보에 입각한 소비자 결정을 초래할 것임 | Gosselt et al. (2019); Guo et al. (2017); Nyilasy et al. (2014) |
| **Attitude-behaviour-context (ABC) theory** | 개인은 특정 행동에서 기대하는 이익에 따라 행동함. 따라서 고객의 친환경 행동을 조장하거나 방해할 수 있는 상황적, 맥락적 요인을 고려해야 함 | Zhang et al. (2018); Wang et al. (2019) |
| **Cognition-Affect-Behavior (CAB) Paradigm** | 개인의 인지를 통해 행동의 원인을 살펴보고 정서의 매개효과를 설명함. 즉 소비자의 그린워싱 인지에 영향을 미칠 수 있는 요인이 제품에 대한 부정적 판단과 구매의도 저하로 이어질 수 있음 | Nguyen et al. (2020) |

| Cognitive load theory | 그린워싱이 정보를 처리하는 소비자의 인지 능력을 제한하여 소비자를 혼란스럽게 하고 친환경 제품에 대해 불확실한 태도를 갖게 함 | Chen and Chang(2013); |
|---|---|---|
| Stimulus-organism-response (SOR) framework | 자극은 행동을 유발하거나 강화하는 것임. 그리고 자극과 행동 사이를 소비자의 인지적, 정서적 프로세스인 유기체가 매개함 | Ahmad& Zhang (2020) |

### 그린워싱 광고 메시지 처리 관점

| Affect-reason-involvement (ARI) Model | 태도 형성이 질적으로는 다르지만 동시에 발생하는 2종류의 설득 메커니즘(합리적 인지, 정서)으로부터 발생함. ARI 모델은 소비자의 관여도가 광고 메시지에 대한 소비자 반응의 깊이와 질을 조절하여 해당 광고메시지와 상호작용한다고 가정함 | Schmuck et al. (2018) |
|---|---|---|
| Cognitive consistency theory | 개인은 인지적 일관성을 극대화 시키려는 경향이 있어 자신이 가지고 있는 생각, 느낌, 행동 간 조화를 평가해 이러한 요소들이 일치되는 방향으로 동기부여됨. 기업이 주장하는 환경 메시지와 일치된 정보를 더 많이 요구할 것임 | 배세하 외 (2017) |
| Elaboration Likelihood Framework (ELM) | 메시지는 소비자의 동기와 정보처리 능력에 따라 2가지 경로(중심 경로, 주변경로)를 통해 처리됨. 핵심 전제는 정보에 대한 소비자 반응이 당면한 문제에 대한 지식 수준에 따라 달라진다는 것임 | Parguel et al. (2015) |

## 4. 조직의 내부적 요인들: 기업 특성 및 문화

기업의 크기, 산업체의 성격, 이익률, 기업의 역량과 자원 및 기업 제품의 수명주기 등에 따라 기업의 전반적인 전략은 영향을 받으며 그린워싱의 비용과 이익에 대한 여부가 다르게 판단된다. 그린워싱을 통해 기업은 그린 슈머와 투자자에게 쉽게 다가갈 수 있는 이득이 있어, 특히 소비자 제품을 판매하는 기업은 소비자를 대상으로 하는 그린마케팅에 그린워싱의 유혹을 가지게 되며, 상장기업들 또한 그린 투자자들은 상대로 그린워싱 시그널을 보내고자 하는 유혹을 가지게 된다. 그린워싱의 비용은 기업의 그린워싱이 발각됐을 때 겪게 되는 기업 이미지 손상, 보이콧 및 법적인 제재가 있다.

또한 기업문화도 그린워싱에 영향을 미친다. 윤리적인 분위기와 관련해서 세 가지 유형의 기업문화로 분류되는데, 이기적인 기업문화(Egotistic climate)에서는 개개인의 이기심이 회사 규범(norm)으로 잡혀 있고, 호의적인 기업문화(Benevolent climate)에서는 회사 전체의 웰빙, 원칙을 강조하는 기업문화(principled climate)에서는 외부적 법적 규제나 내부의 윤리 강령이 회사 규범으로 강조되는 문화로 분류되는데, 이기적인 기업문화에서 그린워싱이 자주 일어나는 것으로 보고된다[24].

호의적이고 원칙을 소중히 여기는 기업문화는 하루아침에 형성되는 것이 아닌 만큼, 기업의 임원진과 전체 직원들이 함께 공유할 수 있는 가치와 기업의 비전을 만들어 내고 시간적인 투자를 하는 것이 중요하다. 여기에 중요한 것은 기업 내의 부서 간의 열려 있는 소통의 채널 형성이 전제되는 것인데, 예를 들어 기업 내에 마케팅, 제품개발 및 포장이나 PR을 담당하는 부서는 제품의 친환경성에 대해 과대평가를 할 수 있는 확률이 다른 부서에 비해 높으며, 이를 막기 위해서는 부서 간의 오픈 된 소통 채널을 마련하여 함께 그린마케팅을 진행해야 한다. 바람직한 기업문화를 조성하고 전사적으로 ESG 경영에 대한 이해와 동조를 형성 나가는 것이 기업의 지속가능성을 발전시키는데 가장 중요하고 어려운 도전이라도 볼 수 있다.

# 03

PART

# 변화하는 소비자의 색채

Green, but How Green?

# 7.

# 기대와 현실 사이에 서 있는 밀레니얼 세대 : 한국과 일본

●●●

## 글로벌 밀레니얼 세대

**밀레니얼 세대**는 일반적으로 1980년에서 2000년 사이에 태어난 사람들을 지칭하는 용어이다[1]. 밀레니얼은 2019년에 세계 인구의 약 32%를 차지했으며[2], 전 세계에 약 18억 명, 한국에 약 1,098만 명이 있다. 밀레니얼 세대는 현존하는 가장 중요한 소비자 집단으로 새로운 소비문화를 창조하고 트렌드와 여론을 리드해가고 있다. 밀레니얼 세대의 연간 구매력이 2조 달러를 넘으면서 **역사상 가장 크고 강력한 소비자 집단으로 부상**했다. 특히 이들은 기존의 베이비부머 세대(1946년부터 1964년까지 태어난 세대)와 X세대(1968년 전후로 태어난 세대)와는 또 다른 소비 행동을 보이면서, 수많은 기업이 밀레니얼 소비자의 마음을 사로잡기 위해 새로운 제품을 만들어 내거나 SNS를 통한 온라인 마케팅 활동을 하고 있다.

그렇다면 **기존의 베이비부머 세대, X세대와 어떤 차이점**을 가지고 있을까?

실제로 다양한 학자들이 밀레니얼 세대에 대해 분석했는데 그 중 문화 분석가인 린 랭커스터와 데이비드 스틸먼은 글로벌 밀레니얼 세대의 특징을 크게 총 7가지로 분석했다.

**밀레니얼 세대 특징**

1. 자부심이 강하다.
2. 의미를 추구한다.
3. 기대감이 높다.
4. 속도에 집착한다.
5. 소셜 네트워킹에 능숙하다.
6. 협업에 익숙하다.
7. 부모에 의존한다.

랭커스터와 스틸먼은 글로벌 시각에서 대표적인 밀레니얼 세대의 특징을 보여주지만, 각 국가마다 존재하는 밀레니얼 세대를 동질적인 존재로 간주하여, **다양한 문화의 밀레니얼 세대가 가질 수 있는 차이**를 무시해서는 안된다. 예를 들어 우리나라에서 가장 근접한 국가인 일본의 밀레니얼 세대는 비슷하지만 한국과는 또 다른 특징을 보여주고 있으며, 이는 한국과 일본에서의 문화적, 역사적, 경제적 배경의 차이점에 따른 현상으로 볼 수 있다. 이 장에서는 **한국과 일본의 밀레니얼 세대 사이에 발생할 수 있는 차이점 및 유사점**에 대해 알아보고자 한다. 특히, 한일 밀레니얼 세대의 특징을 '성향과 삶의 가치관', '소셜미디어와 군중 문화', 그리고 '라이프스타일과 소비문화'의 관점에서 비교하여 의미 있는 시사점을 제시한다.

## 소비자 문화 이론(Consumer Cultural Theory)

**소비자 문화 이론**은 소비자에 대한 광범위한 학제 간 접근 방식을 통해 소비자의 성향, 문화, 시장 사이의 상호작용을 이해함으로써, 소비문화를 분석하는 이론 방식을 말하며[3], 크게는 4가지 분야의 연구로 나뉘어진다.

1. **소비자 성향**과 **시장의 상품** 간의 관계를 통한 소비 행태의 이해
2. 시장 문화, **문화**의 여러 가지 측면이 주는 영향 및 **소비 패턴**과 **문화** 사이의 관계
3. 사회 역사적 소비 패턴, 계급, 민족, 성별과 같은 **사회적 요인**이 소비에 미치는 영향
4. 대중문화와 시장, **상업적 미디어**의 메시지에 대한 소비자의 반응

한국과 일본의 밀레니얼 세대의 성향, 가치관 및 소비문화를 **소비자 문화 이론**(CCT)의 렌즈를 통해 설명할 수 있는데, 이를 위해서는 먼저 한국과 일본의 밀레니얼 세대가 경험한 사회 역사와 경제적 배경을 알아볼 필요가 있다.

## 한일 밀레니얼 세대의 역사적, 경제적 배경

한국과 일본은 세계적으로 **가장 빠른 고령화 사회**에 속해 있으며[4], 현재 젊은이들은 노인을 부양하기 위해 평생 일해야 할 수도 있다[5]. 한국과 일본의 밀레니얼 세대에 대한 다소 어두운 전반적인 전망은 **양국의 경제사**에 의해 더욱 부각되고 있다. 일본의 90년대는 버블 경제의 붕괴로 인해 장기간의 침체와 함께 일본에 파괴적인 변화가 진행되어 왔다. 급격한 산업 및 경제 발전 이후[5], 일본의 산업화 시대는 90년대에 종식되었다.

일본에서 오랫동안 **가족-기업 시스템**이 전통적으로 유지되어 왔으며, 이는 위계질서, 조화, 상호의존, 한 직업에 대한 평생 헌신을 숭배하는 전통적인 가치와 기대를 의미한다. 그러나 일본 산업화의 종식과 함께, 평생 고용 및 서열 기반 보상을 제공하던 가족-기업은 더 이상 샐러리맨의 삶에서 가장 중요한 역할을 하지 못하게 되었다[5]. 일본의 밀레니얼 세대는 이러한 경제 침체기에 태어났기 때문에 **'잃어버린 세대'**(Lost generation)라 불리우며, 버블 붕괴 영향을 받아 엄격한 취업난을 겪기도 해 **'빙하기 세대'**라고도 불리운다.

**비정규직**으로 일했던 일본인 근로자의 비율이 1984년에는 15%에 불과했으나, 2020년 2월에는 일본 전체 노동인구의 38%로 나타났으며, 15~24세의 53.8%가 비정규직 활동을 하고 있는 것이 현실이다[4]. 이는 일본 밀레니얼 세대가 부모보다 덜 안정적인 직업을 가지고 더 열심히 일해야 한다는 현실에 직면해 있다는 사실을 보여준다[6].

한국의 발전 속도는 일본보다 훨씬 더 빨랐다. 한국전쟁 이후 세계에서 절대적으로 가장 가난한 나라 중 하나였던 한국은 40년 만에 산업화된 첨단 기술 국가로 탈바꿈하는 **'한강의 기적'**을 이루어 냈다[4]. 한국과 일본의 경제 발전 속도는 다르지만 '국가 발전 모델'(국가가 경제 발전을 주도하고 장려하는데 적극적인 역할을 한다는 이론)에 의한 고성장 패턴을 보여준다[4]. 그러나 한국경제의 신자유화(neoliberalization) 과정은 90년대 후반 1997년 아시아 외환위기로 인해 재정립된다.

일본의 밀레니얼 세대와 마찬가지로 한국의 밀레니얼 세대는 **경제의 극적인 흥망성쇠 시대**에 태어났다. 이들은 새로운 근무 환경에서 경제적 안정을 위해 고군분투하며, **전통적인 가치와 기대가 상충되는 사회**에 적응해야 했다. 한국에서 성인이라는 개념은 직장을 가지고 결혼 전 집을 마련해야 되는 부담으로 연결되기도 한다.

경제적으로 불확실한 시기에 태어난 밀레니얼 세대는 사회의 전통적인 기대가 주는 압력에 대해 다양한 반응을 보인다. 한국과 일본의 밀레니얼 세대는 이처럼 저임금 비정규직, 재정적 불안정과 함께 사회의 높은 기대치에 대한 불안감을 가진다. 양국의 밀레니얼 세대는 이러한 환경에 절망하며 그들의 스트레스와 우울증은 **자아와 삶의 가치**와 같은 태도에 영향을 미친다.

## 밀레니얼 세대의 성향과 삶의 가치관 (Self-Orientation and Values of Life)

**일본의 밀레니얼 세대**는 **Y세대**(1970년대 후반-1980년대 중반)와 **유토리 세대**(Yutori Generation)(1987년대~2004년대)를 아우른다. 특히 유토리 세대는 독특한 성향을 가진 밀레니얼 20-30대 초반을 일컫는데, 이들은 초등학교 운동회에서 1등 상을 설정하지 않는 여유 있는 '유토리-교육'을 받고 자란 세대이다. 일본의 유토리 교육은 주입식 교육 및 입시 위주 교육의 문제점을 벗어나, '사고력', '표현력', '남에 대한 배려' 등을 배양하기 위해 2002년에 도입된 일본식 전인 교육정책을 뜻한다[7]. 유토리 정책은 초중학교 교과 내용 30%와 전체 수업시간 10%를 감소하고 대신 사고력을 기르는 학습에 무게를 두는 체험 중심 교육, 즉 '종합학습시간'을 통한 인재양성에 초점을 둔 파격적인 정책이었으나, 학습 능력 부진아 양산, 저학력 화, 교육격차 발생 등의 여러 가지 문제점으로 인해 2010년을 마지막으로 폐지되었다[8].

유토리 세대는 출세욕이나 야심이 없는데 이는 넘버원(number one)보다는 온리 원(only one)을 지향하고, 경쟁보다 개성을 중시하는 교육방식의 영향이라 볼 수 있다. 이들은 버블경제 붕괴로 인한 장기 불황 속에 태어나 평생직장의 퇴색을 목도한 세대로 회사에 충성하기보다는 개인의 자유와 사생활을 더 중요시한다. 유토리 세대는 야근도 기피하고, 회식 참가율도 저조하며, 공동목표 달성을 위한 조직 내의 상하 관계, 규율과 통제에 적응하지 못하는 것으로 평가되고 있다. 또한 유토리 세대는 스트레스에 민감하며 혼나는 일에 익숙하지 않아 회사 내에서의 일에 대한 부담감으로 직장에 적응하지 못하고 높은 이직률을 보인다. 심지어 일본 회사들이 유토리 세대의 높은 이직률에 대처하기 위해 사용하는 유토리 설명서, 유토리 세대 가이드 등이 책으로 나오기도 했다.

1990년대 초의 버블경제 붕괴, 1995년 한신 대지진, 2009년 미국의 금융위기(리먼 쇼크), 2011년 동일본 대지진 등의 사회경제적 재난과 취업난을 겪은 일본 밀레니얼 세대의 약 80%는 지속적인 불안을 느낀다고 알려져 있다[5]. 이들은 우울하고, 일에 만족하지 못하며 사회적 참여를 피하는 성향을 보인다[6]. 일본 밀레니얼 세대는 그들의 상황을 **'Ikizurasa'(삶의 고단함)** 라는 용어로 요약한다. 이들은 재정적 걱정과 동시에, 사회의 전통적인 가치와 혁신 및 독립이라는 개인적이고 세계 지향적인 가치 사이에서 갈등과 혼란을 겪는다. 이러한 고민으로 인해 이들은 사회에 설 자리가 없다는 느낌을 가지며, 자신에게 집중하고, 전통적인 사교 방식에서 후퇴하는 수동적인 방식으로 현실에 반응한다.

일본 사회는 이런 밀레니얼 세대의 비생산성으로 이어지는 우울증에 대해 상당히 부정적 인식을 가지고 있으며, 관용을 베풀지 않는 분위기가 있다. 일본의 취직 전문 사이트 마이나비에서는 20-30대 초반 세대인 유토리 세대의 대표적인 문제점으로 진취성과 자주성의 부족을 꼽았으며, 여유로운 교육 환경이 준 책임감의 부재로 인해, 책임감은 없고 권리만 누릴 줄 아는 세대로 전락했다고 평가하고 있다[8].

많은 일본 젊은이들이 대도시를 떠나 농촌으로 돌아가기를 꿈꾸는 새로운 추세를 보이며, 일본 밀레니얼 세대의 40%가 그러한 생각을 가지고 있는 것으로 나타났다[13]. 빡빡한 도시 생활에 지친 청년들은 자발적인 선택에 의해 시골로 귀농하여 다른 라이프스타일을 추구하려 한다[6]. 일본 밀레니얼 세대의 이런 태도는 장기 불황으로 인해 꿈이나 목표를 가져도 좋은 결과를 기대하기 어렵게 된 일본의 불황 시대의 산물이라고 사회학자 후루이치 노리토시는 말한다[9]. 또한, 일본 밀레니얼 세대는 경제적 어려움으로 인해 부모와 함께 사는 독신 성인이 증가하면서 **'기생충 독신'**이라는 용어가 생겼다[5]. 이런 현상은 사회의 전통적인 기대와 포스트 모던(postmodern) 경제적 현실이 충돌하면서 생기는 일본 사회의 부정적 단면을 보여준다.

일본 밀레니얼 세대는 스트레스, 불안, 우울증의 성향을 보이지만, 소비 선택권이 더 적은 열악한 환경에서 살아온 부모 세대와 비교해볼 때, 상대적으로 더 행복한 것으로 보인다[14]. 이들은 자동차나 명품에 흥미가 없고, 필요 이상의 돈을 벌려 하지 않으며, 외국 여행에도 큰 흥미를 느끼지 않는다. 태어나 자란 곳에 남기를 바라며, 연애에도 소극적이고 과정보다는 결과를 중시하는 성향을 지니고 있으며, 독서를 아주 좋아하는 특성을 가졌다. 이처럼 낭비할 줄 모르는 소극적인 소비 패턴을 가졌으며, 직장에서도 필요 이상의 승진을 하려 하지 않는다[9]. 또한, 일본의 밀레니얼 세대는 **정치에 대체로 무관심**하며 **보수적인 투표 패턴**을 보인다[13].

반면 한국 젊은이들은 2016년 박근혜 전 대통령에 대한 대규모 촛불시위를 벌이며 **정치적으로 적극적인 면모**를 보여 전 세계적인 주목을 받았다[4]. 한국의 밀레니얼 세대는 작은 이슈에도 목소리를 내고, 평소에도 각자의 소신을 그대로 표현한다. 기업을 비판하고, 새로운 제도와 정책을 만드는 과정에 적극적으로 참여해 사회를 바꾸고자 한다. 즉, 한국 밀레니얼 세대는 한국 사회의 도덕, 정의, 공정에 대한 기준이 높아지는 데 영향을 미치고 있다.

그러나, 한국의 밀레니얼 세대가 보여주는 **불안과 스트레스의 정도**는 일본에 비해 더 강하며, 사회에 대한 불만이 강하게 표출되는 것으로 나타난다[4]. 한국의 밀레니얼 세대 역시 불안에 시달리는 것으로 나타나지만, 자기 성향과 삶의 가치에 대한 고민의 정확한 초점은 한국과 일본 간에 차이가 있다. 일본 밀레니얼 세대는 상대적으로 **자기중심적이고 내성적인** 반면, 한국 밀레니얼은 **경쟁에 집중하며 지속적인 비교를 하는 성향**을 보이고 있다. 일본의 밀레니얼은 **개인의 노력 정도를 걱정**하는 경우가 대부분인 반면, 한국의 밀레니얼은 **자신의 지위에 대해 걱정하는 경우**가 압도적으로 많다고 한다[4].

한국의 밀레니얼 세대는 '경쟁'이라는 한국만의 독특한 환경 속에 자신의 상대적인 성공과 지위를 판단하고 자아를 정의하는 경향이 있다. 한국의 밀레니얼 세대는 끝없는 경쟁과 비교의 고리에 얽혀 있으며, 성공의 척도를 몇 안 되는 최고의 대학, 최고의 기업, 최고의 이웃에 두고 있으며, 끝없는 **'스펙' 쌓기 경쟁**을 한다. 이들은 상위 대학, 수많은 경쟁자들보다 더 나은 학점, 우수한 언어 능력, 더 많은 과외 활동, 더 뛰어난 해외 경험을 통해 스펙을 쌓기 위해 청춘을 바친다[4].

한국의 밀레니얼 세대가 인식하는 **높은 스트레스 비율**은 **자살률**에서도 나타난다. 한국은 OECD 국가 중 자살률이 가장 높으며[25], 20대 한국인 사망의 44.8%가 자살에 의한 사망이다. 사회의 기대와 경쟁에 부응하지 못한다는 인식과 실패가 한국 청년의 자살률과 높은 관계를 보인다[10]. 한국의 밀레니얼 세대는 가혹한 경쟁과 경제적 현실 속에, 한국 사회가 요구하는 성공의 기대치에 미치지 못함을 절망하며, 전통적 생활양식의 기대와 가치에 부응하기를 포기한다. 이들을 일컫는 용어도 시간과 함께 진화하고 있는데, 사랑, 결혼, 자녀를 포기하는**'삼포세대'** 와 연애, 결혼, 자녀, 집, 경력의 5가지를 포기하는 '오포세대'에 이어 건강/외모 및 인간관계/희망도 포기하는 'N

포세대'라는 용어가 등장했다. 이에 재정적 불안까지 합쳐져, 한국 밀레니얼 세대는 모든 것을 포기한다는 개념의 **'완포세대'**의 성향을 띠게 된다. **헬조선(Hellish Korea)**은 이러한 한국의 정서를 표현하는 또 다른 대중적인 속어이다[10].

소득 불평등지수를 나타내는 **지니계수(Gini Coefficient)**에 의하면, 한국과 일본 양국의 지수는 비슷하지만(2020년 기준, 일본: 0.30, 한국: 0.33), 한국 젊은이들이 느끼는 자국의 불평등은 더욱 높게 나타난다. 소위 **'금수저'**로 태어난 사람만이 행복하고 안락한 삶을 살 수 있다는 인식이 한국 젊은이들 사이에 퍼져있으며[10], 이러한 인식은 한국 밀레니얼 세대의 암울한 태도를 보여준다. 대조적으로 일본의 밀레니얼 세대는 농담처럼 모든 욕망과 희망을 포기하고 거의 평화로운 마음을 반영하는 **'계몽 세대'(enlightenment generation)**의 성향을 가지고 있어 이를 '사토리'세대라 부른다[4].

일본과 한국의 밀레니얼 세대의 성향과 가치 체계는 **재정적 걱정**과 **개인적이고 세계화된 가치와 (순종할 수 없는)전통적인 기대와 가치 간의 충돌**에 의해 크게 좌우된다. 일본 밀레니얼 세대는 자기중심적이고 희망 없는 태도로 반응하는 반면, 한국 밀레니얼 세대는 훨씬 더 많이 스트레스를 인식하면서, 경쟁에 전적으로 초점을 둔다. 이러한 차이는 두 그룹 소비자들의 라이프스타일과 소비 습관에도 큰 영향을 미친다.

## 소셜미디어와 군중 문화(Social Media & Crowd Culture)

한국 밀레니얼 세대의 84%가 소셜미디어를 적극적으로 사용하고[10], 일본 밀레니얼 세대의 96%가 스마트폰을 소유하고 있다[11]. 일본은 중국에 이어 두 번째로 큰 전자상거래 시장을 보유하고 있으며, 한국은 세 번째로 큰 시장이다[1]. 한국에서는 1,000만 명의 밀레니얼 세대가 인스타그램을 사용하고 있으며[12], 페이스북은 일본보다 한국에서 더 많이 사용된다[10,11]. 두 나라 모두 높은 소셜미디어 사용도를 보여주지만, 각 나라에서 소셜미디어를 통해 추구하는 사회관계는 다르게 나타난다. 양국 밀레니얼 세대의 소셜미디어 활동 동기를 자세히 살펴보면, 흥미로운 통찰력을 얻을 수 있다.

### 1. 친지들과의 네트워킹을 위한 일본 소셜미디어

일본의 밀레니얼 세대는 온라인을 통해서 **가장 개인적인 사회관계**를 하고 있는 것으로 나타나는데, 다소 자기중심적이고 내성적이며 소극적인 일본 밀레니얼 세대는 인터넷상의 소셜미디어를 통해 친구, 동료와 연결하는 사회적 접촉을 선호한다. 그러나 아이러니하게도 이 중 20%는 실생활에서 진정으로 신뢰할 수 있는 친구가 부족하다고 하며, 24%는 진심으로 존경할 수 있는 친구가 없다고 얘기한다[13]. 이는 디지털 사회 네트워크가 가지는 한계점을 보여주는 현상이라고 할 수 있다.

일본의 유토리 밀레니얼 세대는 Window95가 탑재된 PC를 성인이 되어서 접하게 되었고, Window 95 OS를 통한 인터넷 활동을 본격적으로 시작한 세대이다. 이들은 10대부터 스마트폰을 접하면서 SNS을 자연스럽게 사용하는 환경에서 자랐다. 일본의 밀레니얼 세대는 현실에서의 친구와 SNS를 이용하는 형태의 보이는 반면, 일본의 Z세대는 보다 다양한 SNS, 트위터나 인스타그램을 선호하며, 실제로 만난 적 없는 사람을 포함한 다양한 커뮤니케이션을 즐긴다.

### 2. 확장된 사회 네트워크 연결을 추구하는 한국 소셜미디어

반면, 한국의 밀레니얼 세대는 주로 소셜 네트워킹을 통해 **영향력 있는 사람**

**들과** 연결되고자 한다[12]. 실생활에서 동료와 접촉하고 경쟁하는 한국의 밀레니얼은 소셜미디어를 사용하여 친구와 동료 그룹의 경계를 넘는 **확장된 사회 연결을 구축**하고자 하는 성향이 있다. 한국 사회는 전통적으로 사람들 사이의 관계를 중요시하는데, 학연, 혈연, 지연이 존재하며, 특히 나이를 통해서 서열을 정하는 경향이 있다. 어릴 때부터 알고 지낸 친구라는 뜻을 나타내는 사자성어 **"죽마고우"**라는 말이 있는데, 한국에서 죽마고우는 소중한 인적 자산으로 여겨져 왔다. 하지만 현재 한국의 밀레니얼 세대는 기성세대들의 모습보다는 좀 더 자유롭게 다른 사람과의 관계를 맺고 있으며, 여기에 디지털 소셜 네트워크가 촉진제 역할을 하는 것으로 보인다. 예를 들어서, 나와 비슷한 취미, 가치관 등이 있다면 자연스럽게 만나고, 그러다가 자신과 맞지 않거나 관계가 소홀해지면 미련 없이 돌아설 수 있는 관계를 선호한다. 이런 관계를 선호하는 성향이 커지는 큰 원인 중 하나로 온라인 소셜 네트워크를 들 수 있다. 한국 밀레니얼 세대는 온라인을 통해서 다양한 친구들을 만나고 그중에 정말 본인과 잘 맞는 사람과는 오프라인으로 확대하여 만나며 관계를 이어 나가는 성향을 보인다.

'대학 내일 20대 연구소'에서는 한국 20, 30대의 특징을 다음의 5가지 신조어로 표현했다.

1. 다만추 세대 – 다양한 삶을 만나며 나의 가능성을 확장
2. 후렌드(Who + Friend) – 온라인에서 누구와도 서슴없이 친구가 됨
3. 선취력(먼저 선한 행동을 하는 행동) – 먼저 행동해서 선한 변화를 끌어냄
4. 판플레이(판 + Play) – 참여할 수 있는 '판'을 열고 놀기
5. 클라우드 소비 – 소유보다는 공유로 소비의 밸런스를 맞춤

## 라이프스타일과 소비문화 (Lifestyle and Consumer Culture)

한국과 일본 밀레니얼 세대는 자기 성향과 삶의 가치관에 있어서 세부적인 차이를 보이지만 여러 면에서는 유사한 점을 보이는 반면, 두 그룹의 라이프스타일과 소비 패턴은 상반되는 성향을 보여준다.

### 1. 보수적이고 검소한 일본 밀레니얼 세대

경제적인 불황과 불안정한 취업난을 경험한 일본의 밀레니얼 세대는 **물질주의에 대해 다소 회의적인 견해**를 가지고, **신중하고 선택적인 소비**를 한다[6,14]. 특히 유토리-밀레니얼 세대의 성향은 **물질적인 욕심이 없으**므로 표현된다. 이들은 '사토리 세대'로 불리기도 하는데, 사토리는 불교에서 '깨달음'을 뜻하는데, 깨달음을 통해 진리를 추구하며, 물질적인 것을 추구하지 않는 삶의 가치를 말한다. 이들은 미니멀 라이프를 선호하며, 소확행을 즐긴다.

그들의 지출 패턴은 다소 보수적이며[15], 고등학생 또는 20대 일본인의 60%는 돈을 잘 쓰는 사람보다 검소한 사람으로 보이기를 원한다[11]. 이들은 꼭 필요한 것만 구매하고 소비하는 성향을 가졌으며, 이들은 '남자는 밥벌이를 해야 한다'라거나 차를 지위의 상징으로 보는 오래된 이미지를 거부한다[6]. 일본 밀레니얼 소비자들은 브랜드에 대한 높은 충성도를 보이지만[11], 값비싼 브랜드 상품을 소유하는 대신 '코스파'(cospa-비용 대비 성능)라는 속어가 붙는 비용 효율적인 라이프스타일을 추구하며, 필요한 최저 조건을 만족시키는 것을 소비 목표로 삼는다. 따라서, **유니클로(Uniqlo)**와 같은 미니멀하고 저렴한 브랜드가 대중의 인기를 끌고, 중고거래 앱인 **머카리(Mercari)**가 활성화 되어있다[15]. 머카리를 통한 중고 사치품 거래는 2013년부터 인기를 끌고 있는데, 세계적으로 두 번째로 큰 사치품 시장을 보유한 일본에서, 젊은 일본 소비자들은 사치품 구매를 지위의 상징이 아니라 **품질이나 내구성**을 이유로 구매하는 경우가 많다[15]. 일본의 모든 사회 집단에 걸쳐 검소한 소비 패턴에 대한 긍정적인 견해를 보여주며, **중고 문화와 사치품 시장이 공존**할 수 있는 양면적인 모습을 가지고 있다.

일본 밀레니얼은 **'히키코모리'(소위 은둔형 외톨이)**라는 매우 독특한 라이프스타일 현상을 보여주는데, 히키코모리는 집에서 오래 지속적으로 완전히 자가 격리를 선택하는 젊은이들을 말한다. 이들은 직장 적응 실패, 구직 성공 실패, 학교 중퇴, 사람들과 어울리지 못하는 등의 이유로 자체적인 자가 격리를 한다. 공식적으로 6개월 이상 집을 떠나지 않은 경우 히키코모리로 분류되는데, 최대 541,000명의 일본 밀레니얼 세대에 적용되는 정의이며, 이 중 34%는 최소 7년 동안 집을 떠나지 않은 것으로 보고된다[5].

전반적으로 일본의 밀레니얼 세대는 경제적, 문화적 스트레스에 대응하기 위해, 다소 조용하고, 검소하며, 본인에 집중하는 생활을 하고 있으며, 히키코모리 현상이 보여주듯이, 상대적으로 많은 수의 일본 젊은이들이 매우 극단적이고 제한된 조치를 취하며 소극적인 삶을 선택한다. 아마도 이들은 밀레니얼 세대가 지닌 고민과 몸부림에 차가운 시선을 보내는 부모 세대의 전통적이고 보수적인 태도를 향한 무언의 반항을 표현하고 있는지도 모른다.

또한 혼자 사는 부유한 독신자를 일컫는**'독크신 키조쿠(Dokushin-Kizoku)'** 라이프스타일이 주류를 이루고 있는데[17], 이 라이프스타일은 일본의 전통적인 가치와 상충되지만, 이미 일본 사회의 중요한 소비자 집단으로 자리 잡고 있다. 일본 밀레니얼 세대 중 많은 이들이 결혼할 생각이 없다는 점을 공유하고 있어 이 집단에 잠정적으로 포함되어 있다. 전체 일본 남성의 23%는 미혼으로, 30대와 40대 독신의 수입은 외식, 취미, 주식 투자, 게임, 신체 단련 등에 사용된다. 전체 일본 여성의 14%는 미혼이며, 이들은 여자 친구를 만나거나, 패션, 미용실, 고급 레스토랑 방문 등을 통해 열심히 일한 자신에게 보상하는 데 돈을 쓴다[20].

일본 밀레니얼 세대는 전반적으로 환경과 사회적 책임에 대한 관심이 높으며, 물질주의에 대한 낮은 관심을 가지고 있다. 퓨처 워치(Future Watch)에 의하면, 특히 20대 일본 소비자는 윤리적 소비에 대해 가장 높은 교육을 받았으며, 30대와 40대 일본 여성 소비자들이 윤리적 소비에 가장 높은 관심을 보였다. 반면 30~40대 일본 남성 소비자들은 윤리적 삶에 상대적으로 가장 낮은 관심을 보였다[18].

### 2. 사회적 가치와 지위의식이 뚜렷한 한국 밀레니얼 세대

반면, 한국의 밀레니얼 세대는 소비에 더 많은 치중을 하고 있다. 한국의 밀레니얼 소비시장은 중국 다음으로 **아시아에서 두 번째로 큰 명품 시장**으로[1], 일본과 달리 한국 밀레니얼 소비자는 중고나 온라인이 아닌 전통적인 백화점이나 로드 샵을 통한 명품 구매를 신호하며, 가방이나 패션과 같이 **눈에 잘 띄는 고전적인 명품 제품**을 선호한다. 이들은 상품의 기능적 사용가치가 아닌 상품에 부여된 **사회적 가치와 의미**를 통해 타인과의 차별적인 소비를 하고 싶어한다.

한국 밀레니얼 세대에게 있어서, 명품을 사기 위해, 값싼 음식을 먹고 돈을 아끼는 일은 드문 일이 아니다[19]. 이러한 지출 패턴은 많은 한국 밀레니얼 세대가 어려움을 겪고 있는 어려운 재정 상황과 명백히 대조되지만, 한국 젊은이들이 처한 극도의 경쟁 환경과 지위에 대한 높은 의식은 실제로 명품을 통해 지위를 증명하려는 욕망과 관련이 있다고 볼 수 있다. 한국 밀레니얼 세대의 소비문화는 주변 지인들 사이에서 돋보이려는 욕구 및 사회적 측면에 의해 영향을 받는 것으로 보인다[18].

또한, 한국의 밀레니얼 세대는 비-사치 품목에 대해 과 소비주의 성향을 보여주는데, 스트레스 해소를 위해 충동적 소비를 하는, 소위 **'시발 비용'**을 사용하는 것으로 나타난다. 시발 비용은 비속어인 '시발'과 '비용'을 합친 신조어로, 작은 사치 누리기 등 소비의 재미를 통한 스트레스 해소의 행위를 뜻한다. 시발 비용은 한국 젊은 세대의 경제 재정상태에 대한 절망적인 태도와 소확행 성향을 간접적으로 보여주는데, 이는 일상의 스트레스와 암울한 재정적 장기전망에 대처하는 그들의 심리적 방어 메커니즘으로 간주된다[19].

최근 한국의 부동산 가격은 뉴욕시와 비슷한 수준으로 급격히 올라, 많은 한국 밀레니얼 세대는 집을 구입해서 독립적 삶을 추구하는 성인으로서의 전통적인 삶의 목표가 비현실적이고 불가능한 희망으로 보고, 대신 소확행을 통해 삶의 행복을 추구하는 태도를 보인다. 자기 집 마련하기보다 분위기 좋은 곳에서 식사, 개인만의 문화생활 즐기기, 혼자 또는 친구와 여행 등 각자만의 삶을 즐기는데 집중하는 현상을 보인다.

이전 세대인 베이비부머와 X세대는 사회에서, 회사에서 승진을 하기 위해 많은 시간과 노력을 투자했으며, 승진을 위한 야근, 주말 업무를 당연시해왔다. 반면 한국 밀레니얼 세대는 자신만의 취미생활을 할 수 있는 개인적인 시간을 중요시한다. 예전 기성세대들과는 다르게 일할 땐 일하고, 놀 땐 놀며 자신만의 시간을 소중히 여기는 **'워라벨'**을 중요하게 생각하는 것이다.

## 한국 밀레니얼 세대 소비자 트렌드

퓨처 워치(Future Watch)[20]는 한국 소비자 500명을 표본으로 조사해 한국 소비자 트렌드를 5가지로 구분했다.

- 신 쇼핑 문화(Shopping Reinvented)
- 외톨이 라이프스타일(Loner Lifestyle)

- 연결된 소비자(Connected Consumers)
- 윤리적 삶(Ethical Living)
- 건강한 삶(Healthy Living).

**신 쇼핑 문화(Shopping Reinvented) & 연결된 소비자(Connected Consumers):** 한국 밀레니얼 세대의 이 두 가지 특성의 기반은 디지털이다. 스마트폰과 인터넷이 일상인 이들에게 편의성과 빠른 배송은 소셜미디어에서 브랜드의 신뢰할 수 있는 평판만큼이나 중요하다[21]. 밀레니얼 세대의 94%는 일주일에 한 번 이상 온라인 배송을 이용하고 87%는 구매 전에 온라인 리뷰를 고려한다[20].

**외톨이 라이프스타일(Loner Lifestyle):** 혼족은 전통적으로 대가족중심의 한국 사회에서 급격히 증가하는 1인 가구를 나타내는 속어다. 2017년 기준 한국 전체 가구의 28.5%가 1인 가구이며, 2047년에는 37.3%로 증가할 것으로 예상된다. 밀레니얼 세대를 중심으로 성장하는 이 그룹은 '노력하면 성공한다'는 전통적 사고방식과 태도를 거부하고, 나 자신의 시간을 통해 자아실현과 행복을 추구하며, 여가, 의복, 통신, 여행 등에 지출하는 가처분 소득이 더 높은 경향이 있다. 산업계는 소규모 1인 가구를 위한 가구 및 1인 여행자를 위한 미니 삼각대, 편의점의 부상, 1인분용 음식 등 새로운 제품을 통해 이러한 새로운 소비 하위 문화에 대응하고 있다[20]. 이 현상은 이미 오래전에 시작된 일본의 히키코모리(은둔형 외토리)성향과 유사한 모습을 띠고 있으며, 한국 젊은이들 사이에서도 이러한 라이프스타일이 인기를 띠고 있다.

**윤리적 삶(Ethical Living) & 건강한 삶(Healthy Living):** 건강 지향적인 라이프스타일은 코로나 19 이후 소비자 전반에 걸쳐 중요한 가치로 인식되고 있는데, 특히 밀레니얼 세대의 관심이 뜨겁다. 이들은 정신적 웰빙과 건강한 정신력을 추구하며, 온라인을 통해 정보를 얻고 명상과 자가진단을 통한 자기관리에 관심이 열심이다. 밀레니얼 세대는 친환경, 유기농 제품에 대한 선호도를 보여주지만, 높은 관심도에 비해 여전히 저조한 그린 소비 행동을 보이고 있으며, 본인 자신의 신념과 태도가 아닌 사회적 분위기에 의해 그린소비에 관심을 보이는 것으로 나타났다[22].

하지만, 동물복지, 사회윤리 및 성 평등에 대한 미디어 노출과 공익광고, 교육 때문에 한국 밀레니얼 소비자들의 사회적 책임에 대한 의식은 변화하고 있어, 향후 시민 행동이나 녹색 활동 등의 실제적 행동을 통해 참여하는 한국 밀레니얼 소비자는 점점 더 증가할 것으로 예상된다. 따라서, 높아지는 밀레니얼 세대의 기대치에 부응하지 못하는 기업은 기피 대상이 되거나 보이콧되어 도태될 것으로 보인다.

## 일본 밀레니얼 세대 소비자 트렌드

유로 모니터(Euromonitor)[24]는 일본 소비자를 5개의 그룹으로 분리했다.

- 보수적 집순이/집돌이(Conservative Homebody)
- 균형 잡힌 낙관주의자(Balanced Optimist)
- 영감을 받은 모험가(Inspired Adventurer)
- 안정적인 전통주의자(Secure Traditionalist)
- 불굴의 투사(Undaunted Striver)

**보수적 집순이/집돌이(Conservative Homebody):** 가장 큰 비중을 차지하는 소비자 그룹이며(27%), 자신의 이미지에 대해 그다지 의식하지 않고 개인 소유물, 정신력, 가족과 삶의 가치를 중요시하는 집단이다.

**균형 잡힌 낙관주의자(Balanced Optimist):** 돈, 건강, 웰빙 및 소비재의 품질에 중요성을 부여하는 집단으로(24%) 두 번째로 큰 분포도를 가지고 있다.

**영감을 받은 모험가(Inspired Adventurer):** 일반적으로 지출이 높고 새로운 상품을 소비하고자 하며, 해외에서 살거나 자영업자가 되기를 원하는 그룹이다(20%).

**안전한 전통주의자(Secure Traditionalist):** 지출보다는 저축, 값비싼 브랜드나 과소비를 기피하는 그룹이다(16%).

**불굴의 투사(Undaunted Striver):** 이들은 새로운 경험을 시도하는 것을 즐기며, 기술 친화적이고 이미지에 민감한 소비 집단이다(12%).

추가적으로, 다른 사람에게 어필하기보다는 여행이나 여름 별장과 같은 개인적인 경험을 위해 사치품을 구매하는 일본 밀레니얼 슈퍼 리치가 최근 등장했는데, 이 새로운 밀레니얼 그룹을 **'이키나리치'**(Ikina Rich)라 일컫는다[23]. 앞서 말한 바와 같이, 일본의 밀레니얼은 전반적으로 지위의 상징을 위한 물질적 사치를 추구하지 않는다. 위에서 설명한 **'이키나리치'**라고 불리는 일본의 차세대 슈퍼 리치 그룹 역시 부를 과시하지 않고, 중고 명품 구매를 선호하며, 여행과 같은 **경험 기반 사치품 구매**에 가치를 둔다. 이키나리치조차 다른 밀레니얼 소비자들과 다름없이 검소한 태도를 가지고 있으며, 이들은 호화롭지만 눈에 띄지 않는 형태의 소비 행태를 가지고 있다.

## 시사점

한국과 일본 두 나라 모두 빠른 경제 발전, 여러 경제 위기, 사회 구조와 계급의 급격한 변화 등의 포스트 모던 사회 역사적 배경을 가졌지만, **소비자**

**문화 이론**의 렌즈를 통해 생각해볼 때, 한국과 일본의 밀레니얼 소비자들은 자신들의 라이프스타일과 소비문화 및 가치관을 차별적으로 정립해가는 형태를 보인다. 한국의 과소비, 일본의 소극적인 소비, 및 은둔형 외톨이 라이프스타일의 등극을 통해 자신들의 정체성을 표현하고 있으며, 이는 전통주의, 자본주의, 국제화의 무게 속에 자신들만의 문화를 표출하는 모습으로 해석할 수 있다.

종합적으로 보면, 한국과 일본의 밀레니얼 세대 모두 빠른 경제 발전 후 생긴 많은 급격한 문화적, 사회적 및 비즈니스 구조 변화를 경험하고 있다. 두 나라의 밀레니얼 세대는 주어진 사회경제적 높은 기대와 불안정한 취업난의 상반되는 요구 사항에 대해 걱정과 불안으로 반응하는 공통점이 있지만, 한국의 젊은이들이 더 많은 스트레스를 가지고, 끊임없는 경쟁 속에 산다고 볼 수 있다. 일본 밀레니얼 세대는 수동적이고, 때때로 도전을 회피하는 은둔형 접근 방식을 보인다.

두 그룹 모두 소셜미디어를 적극적으로 수용하는데, 일본 밀레니얼 세대는 온라인을 통해 친구들과의 부족한 사회적 접촉을 보상하는 경향이 있는 반면, 한국 밀레니얼 세대는 현재 가지고 있는 친구들과의 경계를 벗어나 보다 새로운 인연, 더 영향력 있는 사람과 연결을 하려는 욕구를 보인다. 일본 밀레니얼 세대의 소비 패턴과 생활 방식은 소극적이고 신중하며 비싼 명품 브랜드보다 중고품에 더 많은 관심을 보이며, 검소한 소비를 선호하는 반면, 한국 밀레니얼은 과소비로 스트레스와 부정적인 장기전망을 보상받고자 하며, 명품 소비를 통해 친구들 사이에 돋보이고자 하는 욕구를 가졌다.

# 8.

# 한국과 미국 그린슈머의 색채 (Shade of Green)

## 소비자의 그린 니즈는 어디에서 오는가?

자원과 환경의 문제가 심화됨에 따라 소비자들의 자원 절약과 환경보호에 대한 의식이 강해지고, 자원과 환경의 압력을 완화시켜 사회, 경제의 지속가능한 발전을 촉진할 수 있는 '**지속가능 소비**'에 대한 관심도 높아지고 있다. 지속가능 소비란 서비스 및 관련 제품의 소비를 통해 인류의 기본적인 욕구를 충족시키고 삶의 질을 향상시킴과 동시에, 자연자원과 독성 재료의 사용량을 최소화하여 서비스나 제품의 생애 주기 중 발생하는 노폐물과 오염물질을 최소화함으로써 차세대의 삶의 질을 훼손하지 않는 것으로 정의된다(UN, SDGs12).

전 세계 소비자들의 환경에 대한 관심도와 인식 수준이 빠르게 변하고 있으며, 소비자 시장 전반에 큰 영향을 미치고 있다[1,2]. 대한상공회의소에서 실시한 설문 조사에 따르면 10명 중 4명(40.4%)이 코로나 이전과 비교하여 상품 구매 시 품질과 가격 이외에 소비 행위가 다른 사람이나 사회, 환경에 미치는 영향을 고려하고 있다고 밝혔다. 특히 코로나 19로 인해 사회와 환경에 대한 소비자의 관심이 빠르게 증가하고, 기업의 사회적 책임을 중시하는 윤리적 소비가 대세적인 소비 트렌트로 자리 잡고 있다[3]. 녹색 제품 종합정보망(2022)에 따르면 녹색 제품에 대한 구매실적이 2017년 90.994억 원에서 2021년 108,749억 원으로 점차 증가하고 있다.

글로벌 기업들은 소비시장의 현 흐름에 맞추어 친환경 캠페인에 적극 참여하고[4], 친환경 흐름을 빠르게 수용하여 소비자의 그린 소비 트렌드에 맞는 효과적인 전략을 발전시켜 선제적으로 대응해야 할 과제를 안고 있다. 성공적인 그린마케팅 전략 개발을 위해서 먼저 소비자의 그린 니즈의 바탕이 되는 **내적인 동기 요인**에 대한 이해가 필요하다고 할 수 있다. 소비자들의 환경에 대한 관심과 인식, 소비자들의 내적인 성향과 특성은 그린 소비 행동에 중요한 역할을 하는데, 특히 자기 정체성과 내적 환경 통제가 대표적인 내적 요인으로 간주된다.

### 1. 자기 정체성(Self-Identity)

자기 정체성은 소비자들의 녹색 소비 행동을 설명하는 가장 중요한 내적 요인 중의 하나로 볼 수 있다. 자기 정체성이란 소비자가 특정 행동을 자신의 중요한 부분으로 정의 내리고 이에 부합하기 위해 의식적으로 행동함으로써 행동에 주체적으로 제약을 받게 되는 것을 뜻한다[5]. 이는 소비자가 자신의 자아개념을 지속적으로 지지하기 위한 행동들로 표출하는 것을 말하며[7], 소비자는 이런 행동을 통해 타인에게 자신의 정체성을 알리고자 한다. 따라서, 소비자의 행동은 일정 부분 사회적 관점에서 자기 정체성을 바탕으로 형성된다고 볼 수 있으며[8], 이 개념은 소비자의 그린 니즈를 이해하는데 중요한 요소로 알려져 왔다.

사회와 환경을 중요시하는 소비자는 그린 소비를 통해 타인에게 특정 인상을 창조하고 자신의 정체성을 얻게 된다. 다시 말해 소비자들은 환경을 보호하는 것을 도덕적 의무로 생각하고 자신의 이미지를 만족시키기 위해 친환경적인 행동을 하며 친환경 의류, 친환경 자동차와 같은 제품을 소비함으로써 가치 소비를 표출하는데, 또한 이런 행동을 통해 자신이 환경을 생각하는 사람이라고 인식할 때 자기 정체성이 확립된다[9,10].

환경연구 분야에서 자아 정체성의 개념은 **환경적 자기 정체성**[11]과 **녹색 자기 정체성**[12]으로 구체화되기도 한다. 소비자는 자기 존중과 도덕적 책임을 동기로 그린 소비를 실행하는데, 이런 행동은 '친환경적 활동에 참여하려는 의지'의 표출이라 할 수 있다[13]. 여기서 소비자가 친환경적인 방식으로 사고하고 행동함으로써 친환경적인 사람으로 인식되고자 노력하는 자각적인 의지를 환경적 자기 정체성이라 하는데[11], 이는 자신과 관련된 정의를 친환경적으로 정하고 행동을 하는 지침서 같은 역할을 한다고 할 수 있다[7]. 소비자가 환경적 자기 정체성을 강하게 가질수록 친환경적인 행동을 하며 다른 사람에게 모범을 보이는 것으로 나타났다[7].

## 2. 내적 환경 통제 (Internal Environmental Locus of Control)

내적 환경 통제 소재란 **소비자의 차별적인 성격**을 설명하는 개념으로 소비자의 그린 니즈를 설명하는 또 하나의 중요한 요소로 알려져 있다. 로터 Rotter(1960)의 사회학습이론에 의하면[15], 보상에 대해 인지되는 기대치가 사람마다 개인차를 나타내고 있으며 이는 개인의 성격 차이에서 나온다. 인간의 차별적인 성격을 설명하는 개념으로 개인의 **통제 소재**(Locus of Control)를 들 수 있는데, LOC개념은 개인의 통제 소재를 내부(Internal locus of control)와 외부(External locus of control)로 분류하여, 개인의 내적 요인과 행동 사이의 관계가 사람에 따라 차이를 보일 수 있음을 시사한다. 이 개념에 의하면, 내부 통제 소재를 지닌 사람은 성공이나 실패가 자기 노력의 결과라고 생각하고 외부 통제 소재를 지닌 사람은 성공이나 실패가 운명이나 운 또는 다른 사람의 의지에 의해 결정된다고 생각한다.

내적 환경 통제 소재 성향을 가진 소비자는 소비자의 그린 행동에 중요한 영향을 미치는 것으로 보고되고 있으며, 이들은 본인의 행동이 환경 상태의 개선에 긍정적인 영향을 미친다는 신념을 가진 것으로 나타났다[16,17,18].

이 개념은 앞장에서 언급된 소비자 효율성과 유사성(PCE)을 지니는데, 두 개념 모두 소비자의 자발적인 그린 행동이 미치는 영향에 대한 소비자의 긍정적인 성향을 설명하는 개념이지만, 내적 환경 통제 소재는 소비자의 성격을 구체적으로 설명하고 있다.

국내에서 이러한 성향을 가진 소비자들은 공식적인 환경정책이나 시스템에 의지하기보다는 개인의 내부 환경 통제적인 성향과 동기로 인한 행동이 지속가능성에 기여한다는 믿음을 가진 것으로 나타난다. 이처럼 소비자들의 내적인 동기 요인 두 가지 – 자기 정체성과 내적 환경 통제 소재는 소비자의 그린 행동에 의미 있는 동기부여를 하는 것으로 확인되고 있다[18].

## 홉스테드Hofstede가 제시한 소비자의 문화적 다양성

코로나 팬데믹, 전쟁, 에너지 문제, 인플레이션 그리고 경제침체 등 세계 사회 경제의 불확실성은 소비자의 심리에 부정적인 영향을 끼치고 이에 대처하는 소비자의 반응 또한 다양한 형태로 나오고 있다. 특히 각 나라의 문화적인 배경은 소비문화와 높은 연관성을 가지고 있으며, 문화적 차이에 의해 글로벌 소비시장은 다양한 형태로 진화되고 있다.

홉스테드 Hofstead의 문화 차원 이론(Cultural dimension theory)

은 문화와 사회 구성원의 가치관 사이의 연관성을 강조하는 이론으로, 여러 분야의 학문에 적용되는 개념이다. 이 이론에 의하면 각 나라의 문화는 소비자들의 가치관에 직/간접적인 영향을 미치고, 궁극적으로 소비성향과 시장에 영향을 끼치므로, 해외시장 진출 전략을 개발할 경우, 문화를 고려한 현지화의 중요성을 인지해야 한다. 홉스테드는 비즈니스 환경에서 나타날 수 있는 문화적 차이의 기준을 총 6가지 차원으로 구분하여 제시하였는데, 이를 **홉스테드 인덱스**Hofstead Index라 한다. 홉스테드 인덱스는 권력 격차(power distance), 개인주의와 집단주의(individualism-collectivism), 남성주의와 여성주의(masculinity-femininity), 불확실성 회피(uncertainty avoidance), 장기 지향성(long-term orientation), 쾌락 추구-절제(indulgence versus self-restraint)의 6가지 차원으로 구분되는데, 이 중에서 **개인주의-집단주의**는 서로 다른 사회 구성원의 지각, 사고, 인식, 행동의 차이를 설명하는데 사용되는 대표적인 차원으로 간주된다[19,20].

## 1. 개인주의와 집단주의 문화

개인주의는 '나'의 정체성, 개인의 권리, 개인의 욕구가 강조되고 집단주의는 '우리'의 정체성, 집단의 의무, 집단의 중요성이 강조되는 개념으로, 개인주의 문화는 개성, 독립, 운명, 자유를 우선순위로 두며 집단주의 문화는 가족, 커뮤니티 및 소속 그룹을 우선순위에 둔다[22]. <표1>에 의하면 개인주의 문화에 속한 소비자는 개인의 목표와 신념을 중요하게 생각하고 개인의 만족을 추구하며 집단의 결속에 대한 낮은 관심과 정서적 거리감을 갖는다[23,24,25,26]. 또한 자신과 다른 사람과의 구별이 명확하며, 다른 사람들로부터 독립적이며 독특한 특성을 표출해야 한다는 사회 규범적 의식을 가지고 있다.

이와 반대로 집단주의 문화에 속한 소비자는 공동체에 관심을 보이며 걱정하고, 자신을 집단의 일부로 파악하는 특성이 강하게 나타나, 사회의 조화(Social Harmony), 집단의 일체감, 정서적 지지, 상호의존성, 건전한 대인관계, 그리고 연장자에 대한 존경을 중요시한다[24]. 또한 집단 간의 유사성을 강조하고 관계 지향성을 우선시하며 자신을 사회의 일부분으로 보며 자신의 행동이 다른 사람의 느낌, 생각, 행동 등에 의해 영향받고 있다고 인식한다[27].

### 표1 개인주의, 집단주의 비교

| 개인주의 | 집단주의 |
|---|---|
| 1. 개인의 인식이 강하다. | 1. 우리라는 인식이 강하다. |
| 2. "나" 라는 단어를 자주 사용한다. - 자율성, 독립성, 개인의 목표와 신념을 중시한다. | 2. "나" 라는 단어를 자주 사용하지않는다. - 집단과의 일체감, 정서적 지지 등 공동체 중심이다. |
| 3. 규범을 어기면 죄책감이 생긴다. | 3. 규범의 위반은 수치심이 생긴다. |
| 4. 일이 관계보다 우선이다. | 4. 관계가 일보다 우선이다. |
| 5. 개인으로 분류한다. | 5. 그룹, 그룹 내 그룹으로 분류한다. |

* 출처: Hofstede(2011) Dimensionalizing Cultures: The Hofstede Model in Context, Online Readings in Psychology and Culture

<표2>를 보면 미국, 캐나다, 호주와 같은 서구 국가는 개인주의적인 성향이 짙은 반면, 중국, 일본, 인도, 한국과 같은 동양 국가는 집단주의 성향이 짙다[25]. 각 국가별 개인주의 지수는 100점 기준에 미국이 91, 호주 90, 영국 89순이며, 중국 20, 싱가포르 20, 대한민국 18으로, 미국과 한국은 상반되는 문화적인 성향을 가진 것으로 보인다.

### 표2 국가별 개인주의 지수

| 국가명 | IDV | 국가명 | IDV |
|---|---|---|---|
| **미국** | 91 | **오스트리아** | 55 |
| **호주** | 90 | **스페인** | 51 |

| 국가명 | IDV | 국가명 | IDV |
|---|---|---|---|
| 영국 | 89 | 인도 | 48 |
| 네덜란드 | 80 | 일본 | 46 |
| 캐나다 | 80 | 이란 | 41 |
| 뉴질랜드 | 79 | 러시아 | 39 |
| 이탈리아 | 76 | 브라질 | 38 |
| 벨기에 | 75 | 터키 | 37 |
| 덴마크 | 74 | 말레이시아 | 26 |
| 프랑스 | 71 | 홍콩 | 25 |
| 스웨덴 | 71 | 베트남 | 20 |
| 노르웨이 | 69 | 중국 | 20 |
| 스위스 | 68 | 싱가포르 | 20 |
| 독일 | 67 | 한국 | 18 |

* 출처: geert-hofstede.com(2022)

## 2. 한국과 미국의 문화적 차이

홉스테드 Hofstede 인덱스의 6가지 차원에 의해 좀 더 자세히 들여다 보면 한국과 미국의 문화적 차이를 현저하게 볼 수 있다.

**표3 한국과 미국의 문화 점수**

| 구분 | 권력거리 | 개인주의 | 남성성 | 불확실성 회피 | 장기 지향성 | 자율성 |
|---|---|---|---|---|---|---|
| 한국 | 60 | 18 | 39 | 85 | 100 | 29 |
| 미국 | 40 | 91 | 62 | 46 | 26 | 68 |

종합하면 한국은 다소 위계적이며 집단주의 사회이며, 여성성과 불확실성 회피 정도가 높으며, 장기 지향적이고 비교적 통제된 문화를 가지고 있다.

반면 미국은 권력 거리가 적고 개인주의 사회이며, 남성성과 자율성이 높은 반면 불확실성 회피 정도는 비교적 낮으며, 단기 지향적 문화를 가지고 있다.

이처럼 한국과 미국은 서로 상반되는 문화권에 속하는 국가로서, 특히 '개인주의(Individualism)-집단주의(Collectivism)' 척도에서 가장 큰 차이를 보이는 것을 알 수 있다. 집단주의 성향이 높은 한국 소비자들은 주위 사람들의 의견과 관행을 중요시 여기는 성향이 높아서, 사회적 규범이 소비자들의 행동에 미치는 영향 역시 높을 것으로 보이며, 이런 문화적 환경에서 친환경 소비는 사회적 가치가 높은 소비 행동으로 인식된다. 따라서, 환경보호 및 친환경 소비에 대한 사회적 여론이 강조될수록 한국의 소비자들에게 적지 않은 영향을 미칠 것으로 보인다.

## 한국과 미국 소비자의 성향과 그린 소비 실증분석 2

문화적으로 현저하게 다른 한국과 미국 소비자들의 그린 소비행태를 비교하고자 두 가지 소비자 성향(자기 정체성과 내적 환경 통제 소재)과 그린 소비의 관계를 살펴보았다.

그린 소비 행동과 밀접한 관계가 있는 소비자 성향 두 가지가 미치는 영향을 실증적으로 분석하기 위해, 소비자 행동 이론Theory of Planned Behavior(TPB)에 바탕을 두고, 다음과 같은 모형을 분석하였다. 한국과 미국의 소비자를 대상으로 2022년 2월 온라인 설문 조사를 실시하였으며, 총 537명(한국 249명, 미국 288명)의 유효한 응답을 분석에 활용하였다. 소비자들의 제품 관여도 및 가격의 영향을 고려하여 저 관여 제품(친환경 생활용품-세제)과 고관여 제품(친환경 자동차)에 대한 구매 의도를 차별적으로 설문 조사하였다.

선행 요인: **자기 정체성** 및 **내적 환경 통제 소재**

중간 역할을 하는 매개 요인: **태도, 사회 주관적 규범, 지각된 행동 통제**

결과 요인: 소비자의 **그린 소비 의도**

**소비자 행동 모형**

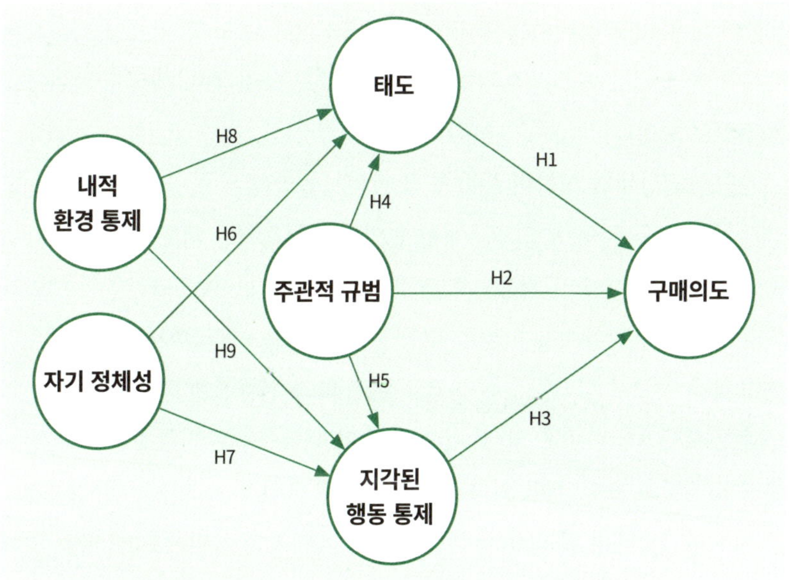


위의 모형은 두 가지 선행 요인이 소비자의 태도, 타인과의 관계 및 영향을 나타내는 주관적 규범, 그리고 주체적으로 지각된 행동 통제의 세 가지 인지적 요인을 거쳐 행동으로 나타남을 보여준다. 여기서 근원적인 동기부여를 하는 환경과 관련된 두 가지 요인 – 자기 정체성과 내적 환경 통제가 자극(stimuli)으로 작용하여 행동으로 이어짐을 시사한다.

## 개인주의 소비자의 높은 자기 정체성이 만드는 그린 소비

한국과 미국 소비자들은 개인주의-집단주의 차원에서 현저한 차이를 보이며, 이로 인해 차별적인 소비자 성향을 가지며, 따라서 자기 정체성의 영향도 반대되는 결과를 보여준다.

자기 정체성 요인은 미국 소비자들의 그린 소비 행동에만 의미 있는 영향을 미치는 것으로 나타났다. 개인의 목표와 신념을 중시하는 개인주의적 성향이 높은 미국 소비자들은 자기 정체성이 크게 내적 동기 요인으로 작용하여 친환경 태도와 주관적 규범에 영향을 주고 그린 소비 행동으로 연결되는 것으로 보인다.

반면, 집단주의 성향이 높은 한국 소비자들의 경우 집단과의 일체감, 정서적 지지 등 공동체 지향적인 성향에 의해 친환경적인 태도와 주관적 규범을 형성하고 그린 소비 행동으로 연결되는 것으로 보인다. 집단주의 성향과 도덕적 규범이 강할수록 친환경 행동을 사회적 공익 관점에서 바라보는 경향이 높은 것으로 나타나[28], 문화적 차이에 따라 친환경에 대한 소비자의 접근과 동기부여가 다름을 알 수 있다. 다수의 선행연구는 친환경적 자기 정체성이 소비자의 그린 소비 의사결정과 행동에 긍정적인 영향을 미치는 것으로 보고하였으나[29], 현 실증 분석은 문화와 지역적인 차별에 의해 자기 정체성이 다르게 작용할 수 있음을 시사한다.

앞서 언급된 두 가지 내적인 동기 요인-자기 정체성과 내적 환경 통제의 형성은 문화나 환경에 따라 달라질 수 있으며 개개인이 느끼는 감정과 인식에 따라 여러 차원으로 나눌 수 있다. 문화권에 따라 친환경 태도와 행동에 대한 개인의 동기를 확인해보면 개인주의 문화의 경우 친환경 행동의 실행 여부가 개인의 **자기 정체성과 편의적 관점**으로 보는 반면, 집단주의 문화의 경우에는 친환경 행동이 **사회적 공익 관점**에서 바라보는 경향이 강함을 알 수 있다[21]. 하지만 같은 문화권이라 하더라도 소비자의 구매 의사결정에서 개인차, 개인 상황에 따라 태도가 변수가 되어 영향력이 달라질 수 있다[30].

## 소비자는 과연 그린 소비를 위해 가격을 지불할 의향이 있는가?

한국과 미국 소비자집단은 그린 소비에 있어서 유사한 가격 민감도 반응을 보였다. 저가 제품(친환경 세제)의 경우 내적 환경 통제 요인의 영향이 있는 반면, 고가 제품(친환경 자동차)의 경우 영향을 미치지 않는 것으로 나타났다. 다시 말해, 친환경 세제와 같은 저가 제품 구매 시에는 개개인의 행동을 통해 환경개선에 도움을 주고자 하는 의지를 내적 환경 통제를 통해 보여주지만, 친환경 자동차와 같은 높은 가격의 제품 구매 시에는 내적 환경 통제보다 경제적인 실리가 더 크게 작용하는 것으로 보인다. 이는 소비자들이 그린 소비의 올바른 가치를 인정함에도 불구하고 개인적인 경제적 희생을 담보로 하지 않으려는 의지를 나타내는 있음을 시사한다[31,33]. 한국과 미국 소비자들은 모두 가격 공정성에 대한 지각이 높은 소비자집단으로 간주되며[32], 고가/고관여 그린 제품 구매의 상황에서 가격과 경제성이 환경에 대한 가치, 신념보다 더 큰 영향을 미치는 것으로 나타났다.

전 세계 25개국, 2만 6,000명의 소비자를 대상으로 한 2022년 딜로이트 '자동차 소비 트렌드 보고서'에 의하면, 소비자들이 친환경 자동차 구매를 고려하는 비율이 상당히 높았는데, 독일, 중국, 인도의 경우 구매 결정요인으로 '기후 변화 우려 및 탄소배출 감축'이 1위를 차지한 반면, 한국과 미국의 경우 구매 결정 주요 요인 중 '연료비 절감'이 1위를 차지하였으며, '기후 변화 우려 및 탄소배출 감축'이 그 뒤를 따랐다. 이 보고서에 의하면 한국과 미국 소비자들은 친환경 자동차 구매의 가장 큰 동기를 경제적 혜택으로 밝혀, 위의 결과를 뒷받침하는 것으로 나타났다.

종합적으로 보면, 소비자들의 그린 소비 행동에 영향을 미치는 소비자 성향(내적인 동기 요인)은 문화 및 상품의 가격 등 여러 가지 외적인 요인에 의해 소비자의 그린 행동에 차별적인 영향을 미치는 것으로 나타났다. 특히 가격과 관련하여 고가/고관여 제품 구매 의사를 결정할 때, 소비자들은 제품의 가격, 혜택, 특성, 성능 등 제품의 본질적인 면을 중시하는 경향이 있으며, 저가/저 관여 제품 구매 상황에서는 광고모델, 브랜드, 사회 환경적 혜택과 같은 비본질적이고 감정적인 면에 의해 상대적으로 더 영향을 받을 수 있는 것으로 나타났다[34,35,36].

## 먼저 지속가능성을 중시하는 문화 조성이 필요하다.

집단주의 성향이 강한 한국 소비자들은 사회적인 규범과 여론에 크게 영향을 받는 경향이 있는 것으로 보여 진다. 따라서, 국내 소비자의 그린 소비를 활성화시키고 사회에 지속가능성을 중시하는 문화를 조성하기 위해서는 소비자들 사이에 형성되는 사회적인 규범의 자연스러운 발전이 있어야 함을 보여준다. 사회적 규범은 사회 구성원 간의 약속이며, 공감대 형성을 말하며 이를 촉진하기 위해 정부는 지속가능성과 관련된 캠페인, 교육 및 소비자 눈높이에 맞춘 지원 정책을 발전시켜야 할 것이다. 또한 기업과 미디어는 지속가능성 발전에 대한 사회적인 책임과 리더십을 가지고 모범적인 활동을 이어 나가야 할 것이다.

여기에 주의해야 할 점은 정부의 캠페인과 교육, 홍보에 책임과 도덕성만을 강조하기보다는 소비자들이 친환경적 자기 정체성을 수립할 수 동기를 부여하는 것이 중요하다. 특히 MZ 세대는 다른 세대 소비자들에 비해 개인주의 성향이 상대적으로 강하고, 뚜렷한 신념, 가치 및 의사를 표현하는 경향이 있어, 이들이 친환경적인 자기 정체성을 가지게 되면 적극적인 사회적 연대를 형성하고 공감을 일으켜, 대한민국 사회의 지속가능한 발전의 큰 원동력이 될 수 있음을 기대할 수 있다.

마지막으로 소비자 경제학의 기본 원리의 중요성을 간과해서는 안 된다. 아무리 사회적으로 가치 있고 공익을 위해 필요한 소비라고 할지라도 개개인의 소비자들이 부담할 수 있는 경제적 희생(Trade off)에는 한계가 있음을 인지해야 현실적인 그린 상품과 서비스가 시장화될 수 있다. 이러한 한계점을 개선하기 위해서 기업과 정책입안자들은 협업하여 소비자들이 현실적으로 선택할 수 있는 제품의 가격이 제시되어야 할 것이다. 가장 좋은 예로 전기차 보조금을 들 수 있는데, 최근 미국이 인플레이션 감축의 일환으로 한국에서 수입되는 전기차에 대한 보조금 지급을 중단하기로 하여 국내 자동차 업계에 큰 타격을 주고 있다. 국내에서 생산 수출되는 전기차는 향후 미국의 7500달러(약 1000만 원) 전기차 보조금 지급을 받지 못해 미국 시장 내 가격 경쟁력 면에서 크게 떨어 질 것으로 예상된다[37]. 가격 공정성 지각이 높은 미국 소비자들은 이 정책에 민감하게 반응할 것으로 보여 한국 정부와 기업들의 빠른 대응이 시급하다. 이처럼 기업과 정부의 지속가능성에 대한 노력이 그린 소비로 이어지기까지, 소비자의 성향, 국가 간의 문화적 차이, 글로벌 경제의 이해관계 및 무역정책 등 여러 가지 측면에서의 요인들이 작용하고 있어 우리 사회가 지속가능한 발전으로 가는 길은 쉽지 않음을 보여준다.

소비자들은 대조되는 문화에 따라 다양한 지각, 사고 인식을 가지며 이는 소비자의 행동에 차별적 영향을 미치기 때문에, 다양한 문화권의 소비자와 접하는 글로벌 기업 입장에서는 이런 차별적인 외적 요인에 민감하게 대응함으로써 효과적인 전략 계획을 수립해야 할 필요가 있다. 글로벌 시대에 맞춰 여러 국가를 타깃으로 맞춤형 그린마케팅을 수립하기 위해서는 문화

차이, 국가별 축제나 명절 프로모션 기간, 법제도, 로컬 트렌드 등 해당 국가에 대한 배경 지식이 뒷받침되어야 하며 소비자의 니즈에 맞춰 상품기획부터 마케팅까지 진행되어야 할 것이다.

# 9.

# MZ 세대의 그린 소비

## 소셜 미디어(SNS)의 존재감

DMC미디어의 '2021 소셜 미디어 시장 및 현황 분석' 보고서에 따르면, 전 세계에서 한국의 SNS 이용률은 89.3%로 세계 평균인 53.6%보다 약 1.7배가 높은 것으로 나타났다[1]. 자세한 SNS 순위를 보면, 유튜브가 3,766만 명으로 가장 높은 순위를 기록했고(이용률, 1인 평균 월 이용시간 기준), 그다음으로 네이버 밴드(1,965만 명), 인스타그램(1,885만 명), 페이스북(1,371만 명) 등으로 이어졌다. 특히 MZ 세대 소비자들이 이러한 성장의 큰 부분을 차지한다[2].

MZ 세대는 밀레니얼 세대와 Z세대를 통칭하여 부르는 말로, 세대 구분의 명확한 출생 시기 기준은 없으나, 통상적으로 1980년대 초반부터 2000년대 초반에 출생한 자들이 이에 해당한다. 이들은 디지털 기반 트렌드에 민감하며, 새롭고 다양한 경험을 추구하는 특징을 가진다[3,4].

폭발적인 SNS 사용량의 증가와 함께 소셜 미디어에 투입된 글로벌 광고비는 검색 광고에 이어 두 번째로 큰 시장으로 파악되고 있어, SNS 미디어가 소비시장에 미치는 영향의 증가세를 보이고 있다. SNS 마케팅은 소비자들의 자발적인 참여를 촉진시키고, 소비자들 간의 유대감 형성에 용이하여 이를 통한 기업의 홍보 및 마케팅 활동에 효과적인 대세 플랫폼으로 이미 자리 잡고 있다. 또한 SNS 마케팅은 MZ 세대들과의 커뮤니케이션 및 새로운 소비자들과의 접점 확보를 가능케 하는 역량을 가지고 있어, 국내 많은 대기업과 중견기업들이 **SNS 인플루언서**를 통해 MZ 세대를 포함한 소비자들에게 다가가는 마케팅을 하고 있다. 또한 인공지능과 가상의 인플루언서 개발을 통한 새로운 형태의 미디어 환경으로 넘어가는 단계에 있다.

반면, 중국에서는 여러 SNS 매체 중 특히 틱톡(Tiktok)과 콰이서우(Kwai)와 같은 **짧은 동영상 미디어**가 높은 성장추세를 보여주고 있으며[5], 중국 소비자들의 소비 트렌드에 큰 영향을 끼치고 있다. 중국 정부의 5G 서비스의 전략산업인 AI 인공지능 사업 확장에 의해 2021년 6월까지 중국 5G 단말기 가입자의 보급 성장률이 2.8억 가입자로 전년 대비 16.5% 증가했고 이는 미국을 넘은 세계 1위를 차지하고 있다. 이처럼 혁신적인 디지털 미디어 인프라의 확장 및 5G 서비스 시장의 급성장은 중국 정부와 기업의 미디어를 통한 효율적인 제품 프로모션과 홍보 등을 가능하게 한다[6]. 또한 중국에서는 최근 1인 미디어를 이용하는 인플루언서들이 늘어나고 있는 추세로[7], 이는 최근 증가하고 있는 1인 가구 증가의 추세와 관련이 있는 것으로 나타나고 있으며, 1인 미디어와 소비자 간의 상호작용성과 오락성이 소비 트렌드에 영향을 미치는 것으로 보고되고 있다[8].

## SNS 미디어는 MZ 소비자의 가치 소비 촉진제

최근 한국에서 ESG 경영이 주요 이슈로 떠오르는 등 기업의 사회적, 환경적 책임 이행을 요구하는 목소리가 높아지고 있으며, 소비자들은 사회와 환경에 부정적인 영향을 미치지 않는 제품과 서비스를 소비하는 착한 소비에 대한 관심을 높이고 있다[9].

한국 MZ 세대 소비자들은 소비 행위를 통해 개인의 정치적 사회적 신념이나 가치관, 취향, 성향, 주장 등을 표출하고자 하는 소위 **'미닝 아웃'** 소비 성향을 보이는데[10], 미닝 아웃은 신념을 뜻하는 미닝(Meaning)과 정체를 드러낸다는 뜻의 커밍아웃(Coming Out)이 결합된 신조어로서 자신의 가치관과 정치적 혹은 사회적인 신념을 소비라는 행위를 바탕으로 적극적으로 드러내는 것을 의미한다[11,12].

2020년 트렌드 모니터에서 조사한 '2020년 착한 소비 활동 및 SNS 기부 캠페인 관련 조사'에 따르면, 약 1,000명 중 63.4%가 개인이 이런 행동을 함으로써 누군가에게 도움이 되는 소비가 될 수 있다고 응답했으며, 50.9%가 작게나마 이웃을 도울 수 있다고 했고, 49.8%의 응답자들이 다른 방법들과 달리 비교적 쉬운 방법으로 다른 사람들을 도울 수 있기 때문이기에 한다고 이유를 밝혔다[13].

MZ 세대 380명을 대상으로 실시한 'MZ 세대가 바라보는 ESG 경영과 기업의 역할' 조사결과, 응답자의 60%는 ESG를 실천하는 착한 기업의 제품이 더 비싸더라도 구매할 의사가 있는 것으로 나타났다[9]. 인터넷 기반 광고 플랫폼 기업 크레테오의 '2019년 세대별 소비 의사 및 브랜드 소비행태'(한국 1,041명 대상 설문 조사)에 의하면, 자신의 가치나 신념에 부합하는 브랜드나 상품이라면 친환경 브랜드와 제품을 구입할 의사가 있다고 답한 세대는 밀레니얼 세대(55%)가 가장 높았다[14].

SNS 미디어는 미닝 아웃의 대표적인 수단으로 사용되고 있는데, MZ 세대 소비자들은 SNS 해시태그를 통해 즉각적이고 간편하게 자신의 입장, 주장을 표현하고, 다른 이들과 공유하려는 특성을 보인다[15]. MZ 세대의 이러한 적극적인 미닝 아웃 소비는 SNS를 통해 사람들과 소통하고 공유하는 활동을 통해 더욱 촉진되고 있는 것으로 나타났다[11].

MZ 세대들은 SNS를 인적 네트워크 형성의 목적을 넘어, 상품을 구매하거나, 정보와 엔터테인먼트 콘텐츠를 소비하는 방식으로 행동이 크게 변하고 있으며, 이러한 소비자의 지속적인 SNS 활동은 하나의 습관으로 자리 잡을 가능성이 높다. 어려서부터 디지털 환경에 익숙한 MZ 세대 소비자들은 틱톡(TikTok)과 인스타그램(Instagram)과 같은 SNS를 통해 쉽고 빠르게 아이디어를 얻은 다음, 유튜브(YouTube) 동영상을 통해 자세한 튜토리얼을 시청하는 방법으로 새로운 아이디어, 기술을 배우고 정보력을 기르고 있다. 이처럼 SNS 미디어는 소셜 네트워킹의 범위를 넘어 **MZ 세대의 소비 트렌드**에도 큰 영향을 주고 있다.

이러한 MZ 세대의 소비 트렌드의 발전에 힘입어 기업은 SNS 미디어를 통한 광고 콘텐츠 및 마케팅 활동을 확대해 나가고 있으며, 최근 국내에서 미닝 아웃에 초점을 맞춘 다양한 기업의 SNS 마케팅 활동이 이어지고 있다. 미닝 아웃과 관련하여 많이 강조되는 개념으로 **친환경(Eco-friendly)**을 들 수 있는데, '**제로 웨이스트 챌린지**'가 대표적인 예로 꼽힐 수 있다. 이는 기업이나 많은 소비자들이 천연 제품을 구매하거나 일회용품 대신 장바구니, 텀블러 등을 적극적으로 소비 패턴에 적용하자는 트렌드이다. 코로나 19 이후 급증한 일회용품 사용량으로 인한 쓰레기 배출이 환경에 주는 오염에 대한 문제가 지속적으로 제기되고 있다. 환경부에 따르면, 2020년 상반기 플라스틱 폐기 물량은 하루 평균 848t으로 전년 동기 대비 15.6%, 비닐 폐기물의 발생량은 951t으로 11.1% 증가하는 등 쓰레기 감축의 중요성이 커지고 있다. 이에 대응하기 위해, 일상에서 일회용품 사용을 줄이는 생활문화의 확산을 통해 환경을 보호하는 '제로 웨이스트 챌린지' 캠페인이 정부와 기업 차원에서 다각적으로 시행되고 있다.

이처럼 최근 많은 기업은 친환경을 포함한 ESG 경영을 선언하면서 환경문제를 극복하기 위한 전략을 내세우고 있으며, 소비자들도 친환경 제품에 대한 관심이 높아지면서 이제 친환경은 많은 기업의 경쟁력에 빼놓을 수 없는 중요한 콘텐츠로 떠올랐다. 소비자들은 SNS를 통해서 본인들의 소비 패턴을 홍보하고, 그것이 다른 소비자들에게 영향을 미치면서, 이것이 **친환경 소비 운동**의 하나로 나타나고 있다[38]. 여기서 SNS는 소비자들의 자발적인 캠페인 참여를 공유할 수 있는 중요한 매체로 활용되고 있다.

한국 미닝 아웃 소비의 또 다른 대표적인 예로 **'돈쭐내기'**를 들 수 있다. 이 용어는 돈과 혼쭐 내다의 합성어로, 선한 영향력을 행사하는 기업이나 소상공인 등의 사람들의 제품을 팔아 주자는 기부 개념이 포함된 의미이다. 이 용어를 주제로 TV 예능 프로그램이 만들어질 정도로 현재 유행하고 있는 단어이며[17], 돈쭐내기 성공사례 역시 SNS 미디어를 통해 해당 기업이나 소상공인 등의 사례가 소비자에게 효과적으로 소개되어 소비 행동으로 이어지는 현상이라 볼 수 있다.

이처럼 소비자들의 자발적인 그린 소비가 한국 소비 트렌드에 대세로 자리 잡아가고 있는 상황이지만, 환경정책 차원에서 그린 소비는 주로 공공부문에 초점을 두거나 인프라 마련 에만 중점을 두고 있어[18,19], 소비자 관점에 초점을 둔 그린 소비 촉진을 위한 보다 다양한 캠페인과 홍보 및 정책이 필요하다고 볼 수 있다.

## 소비자의 가치 소비 동기는 어디에서 나오는가?

### 1. 지각된 소비자 효율성(Perceived Consumer Effectiveness)

**지각된 소비자 효율성**(PCE)은 키니어Kinnear가 1974년에 제시한 개념으로, 소비자가 자신의 행동을 통해 환경문제 해결에 차이를 만들 수 있다고 생각하는 정도를 뜻한다[20]. PCE는 소비자의 가치 소비 행동에 영향을 미치는 대표적인 내적 요인 중의 하나로 간주되고 있는 중요한 소비자 특성이다[21].

평소에 환경친화적인 행동을 하는 것이 환경에 긍정적으로 영향을 미칠 것이라고 믿는 소비자들은 유기농 제품 구매에 긍정적 태도를 보이며[22], 또한 친환경에 대해 생각하는 소비자들은 불필요한 과대포장을 최소화하거나 재활용 및 재생 가능한 부품을 사용하는 친환경 디자인에 대해 긍정적인 반응을 보인다. 따라서 PCE는 기업의 그린마케팅 및 친환경 전략의 효과와 성과에 중요한 영향을 미칠 수 있는 요소로 볼 수 있다.

벨기에와 같은 북유럽 국가는 소비자들의 PCE가 상대적으로 높은 것으로 나타나는데, 북유럽 소비자들은 개개인의 친환경 소비 행동이 환경에 긍정적 영향을 줄 수 있다는 높은 믿음을 가지고, 친환경 제품 구매를 일상화하고 있다[21]. 따라서, PCE가 높은 소비자를 대상으로 하는 기업은 소비자가 인식하고 있는 친환경을 고려해서 생산과 마케팅을 할 필요가 있다.

#### 한국과 중국 MZ 세대의 PCE

미닝 아웃에 적극적인 태도를 보이는 MZ 세대 소비자는 기존 다른 세대들보다 전반적으로 높은 PCE 성향을 보이고 있지만, 한국과 중국 MZ 세대 소비자를 세분화해서 보면, 차별적인 PCE를 보이고 있다. 한국 MZ 세대 소비자들은 중국에 비해 상대적으로 높은 PCE를 가지고 있는 것으로 나타났는데, 아래 세 가지 문항에 대해 한국은 4.2점(5점 만점), 중국 3.6점(5점 만점)으로 측정되었다. 한국의 MZ 세대는 중국에 비해 좀 더 적극적으로 환경 이슈에 대처하려는 자세를 가지고 있어, 향후 우리나라의 지속 가능한 발전에 긍정적인 영향을 줄 것으로 보인다.

| 지각된 소비자 효율성 측정 문항 |
| --- |
| 1. 각 개인이 환경을 장려하는 청원에 서명함으로써 사회에 긍정적인 영향을 미칠 수 있다. |
| 2. 나는 물과 에너지를 절약함으로써 천연자원 문제를 해결하는 것을 도울 수 있을 것 같다. |
| 3. 나는 환경 문제를 해결하는 데 도움을 줄 수 있다고 느낀다. |

### 2. 내/외부적 환경 태도(Inward/Outward Environmental Attitude)

**소비자 환경 태도**는 소비자들이 환경을 보호하고, 환경문제를 방지하고자 하는 신념과 감정을 뜻하며, 이는 정도에 따라 긍정적 또는 부정적인 심리적 성향으로 나누어진다. 이를 좀 더 세부적으로 보면, 내부적, 외부적 환경 태도로 나눌 수 있는데, **내부적 환경 태도**는 환경보호를 위한 개개인의 노력에 대한 필요성의 인식을 뜻하며, **외부적 환경 태도**는 환경보호를 위한 사회적, 정치적 및 법적 변화에 대한 인식된 필요성을 말한다. 코로나 19로 인해 환경문제가 크게 부각되면서 소비자들의 내부적인 환경에 대한 생각, 가치관과 태도는 해를 거듭할수록 변화하고 있으며, 이와 함께 친환경 생활 실천 조성 분위기 확산과 친환경 국민 실천 운동으로 전파되어 외부적 환경 태도 역시 변화하고 있다[23].

## 한국과 중국 MZ 세대 소비자의 그린 소비: 실증분석 3

한국과 중국의 MZ 세대 소비자들의 그린 소비에 영향을 미치는 핵심 요인의 영향을 파악하고자 **SNS 미디어**와 소비자의 **세 가지 내적 성향**(지각된 소비자 효율성 및 내/외적인 환경 태도)과 그린 소비와의 관계를 살펴보았다.

외적인 요인인 SNS 미디어, 소비자들의 내적인 요인 PCE와 내/외부적 환경 태도가 그린 소비 행동에 미치는 영향을 실증적으로 분석하기 위해, 다음과 같은 모형을 분석하였다. 한국과 중국의 MZ 세대(1980년부터 2004년 출생자) 소비자를 대상으로 2021년 10월 양국에서 온라인 설문 조사를 실시하였으며, 총 535명(한국 273명, 중국 262명)의 유효한 응답을 모형 분석에 활용하였다.

외부적인 선행 요인: **SNS 미디어의 영향(MI)**,
내부적인 선행 요인: **지각된 소비자 효율성(PCE)**,
중간 역할을 하는 매개 요인: **내/외부적 소비자의 환경에 대한 태도(IEA, OEA)**
결과 요인: 소비자의 **그린 소비 의도**

### SNS 미디어는 MZ 세대의 소비 가치를 변화시킨다.

먼저, **SNS 미디어**는 **소비자의 내/외부적 환경 태도에 긍정적 영향**을 미치는 것으로 나타났다. 한국과 중국 MZ 소비자는 SNS 미디어를 통해서 친환경에 대한 지식과 정보를 얻으며, 주체적으로 환경개선에 대한 개인적인 노력과 의지를 가지고(내부적 환경 태도), 사회적, 법적, 정치적 변화를 통한 환경개선에 대한 필요성을 인지(외부적 환경 태도)하게 됨을 시사한다.

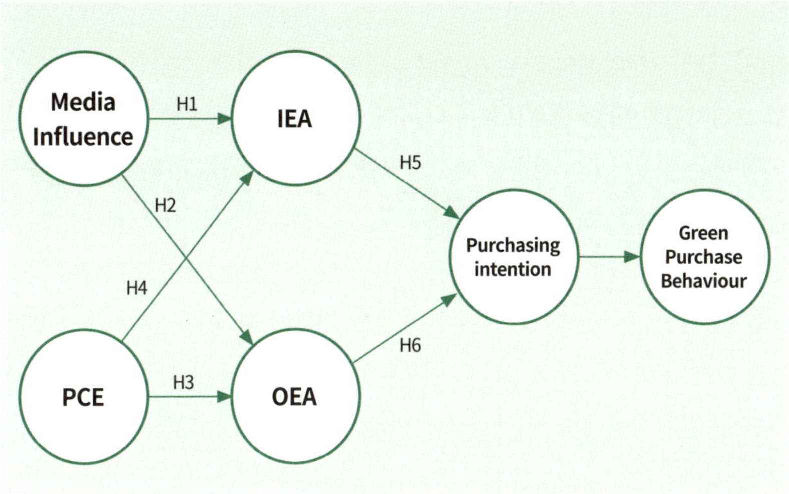


MZ 세대의 성장은 **소비자들의 내부적 환경 태도**의 영향력과도 관련이 있다고 볼 수 있는데, MZ 세대는 스마트폰을 통해서 새로운 소비층으로 급부상하면서 영향력이 커졌고, 다른 세대와는 다르게 건강, 환경, 에너지 등의 다양한 주제를 주목하면서 자연스럽게 기업의 ESG에도 관심을 기울이고 있는 세대라고 설명할 수 있다[17]. MZ 세대 소비자들의 환경에 초점을 맞춘 가치관과 신념이 내적인 환경적 태도로 이어지면서 미닝 아웃의 소비행태로 나타나고 있는 것이다[23]. MZ 소비자는 기업의 **SNS 미디어를 통한 그린 마케팅 및 친환경 활동 정보**를 얻고 구매 의사를 결정한다.

2022년 대한상공회의소가 실시한 MZ 세대 소비 설문 조사결과, 한국 MZ 소비자는 가격이 비싸더라도 그 제품이 ESG 실천 기업이라면 64.5%가 구매하겠다고 답했다[9]. 이는 MZ 세대의 내적인 환경 태도가 그린 소비행태로 이어지는 현상을 보여주는 통계로 볼 수 있다.

현재 한국의 많은 기업이 ESG 경영을 선제적으로 발전시키고 SNS 미디어를 통해 친환경 제품과 다양한 캠페인, 마케팅 활동을 하고 있다. 예를 들어, 국내 식품업계의 경우 2022년 4월 지구의 날에 친환경 캠페인을 통해서 소비자들과 함께 환경보호에 나서며 기업 이미지 향상과 제품 마케팅을 모두 잡는 일석이조의 전략을 추구하였다[24]. 롯데제과는 2019년부터 서울시 마포구에 위치한 노을공원에서 나무를 심는 캠페인을 진행하였으며, 2022년에는 나뚜루 아이스크림 컵 용기에 흙을 담고 씨앗을 심어서 새싹이 돋는 모습을 SNS를 통해 인증하면 추첨을 통해 친환경 식기 등을 선물하는 이벤트를 진행하였다[25]. 이 외에도 도미노피자의 보온백 증정 캠페인, 오비맥주의 친환경 쿠킹클래스 등 다양한 기업들의 SNS를 통한 그린마케팅 활동을 들 수 있다[24].

유통업계의 활동을 살펴보면, 롯데백화점은 2022년 6월 5일 세계 환경의 달을 맞아 6월을 한 달간 ESG 캠페인을 진행하였으며, SSG닷컴 역시 친환경 인식개선 캠페인 '제로 웨이스트'를 진행하면서 다양한 친환경 제품을 선보이고 있다. 현대백화점과 아울렛은 종이 영수증 Zero화 캠페인을 시작하여 전자영수증으로 대체하는 정책을 시행한바 있다[26].

한국 정부는 기업과 공공기관 평가에 최근 ESG 요소를 고려한 경영 공시 의무 항목을 점차 늘리고 있어 ESG 경영은 기업 평가의 중요한 부분으로 부상되고 있으며, 정부는 '지속가능 성장 위원회' 신설을 검토하는 중으로, 기업의 ESG 관련 사업에 향후 5년간 6조 원 이상을 투자한다는 방침이 논의되고 있다[27]. 국내 많은 공기업과 사기업들은 이를 반영하는 ESG 경영을 여러 각도에서 적극적으로 추진 중에 있다.

이처럼 정부를 비롯한 기업이 ESG 경영 및 친환경 활동에 적극적으로 나서는 이유는 그만큼 소비자들의 환경에 대한 관심이 높기 때문이다. 2021년 대한상공회의소에서 실시한 'ESG 경영과 기업의 역할에 대한 인식 설문 조사' 결과 응답자의 63%가 기업의 ESG 활동이 제품 구매에 영향을 준다고 했고, 70.3%가 ESG 활동에 부정적인 기업 제품은 의도적으로 구매하지 않은 경험이 있다고 했다[24].

중국의 경우, 미디어 시장의 규모를 통해 미디어가 중국 소비자에 미치는 영향력을 가늠할 수 있는데, 2021년에 CNNIC가 발표한 '제48차 중국 인터넷망 발전 상황 통계 보고서'에 따르면, 중국 네티즌 규모는 10억 1,100만 명으로 인터넷 보급률은 71.6%에 달한다고 발표됐다. 이는 거대한 중국 소비자 시장이 빠른 속도로 디지털화되어가고 있음을 보여주며, 중국 기업들의 다양한 SNS 미디어 활용도 이와 함께 빠르게 증가하고 있다[28].

기업들의 그린마케팅 활동은 중국 역시 한국과 비슷한 현상을 보이고 있는데, 코로나 19로 인해 SNS를 포함한 온라인을 통해 그린 제품 및 마케팅 활동을 늘려가고 있다. 중국 무역협회에 따르면, 중국의 오프라인 시스템은 코로나 19와 MZ 세대의 등장으로, 복잡한 구조를 포함해 여러 문제가 발생하면서 붕괴가 가속화하고 있으며, 기업들은 이를 대체하는 SNS, 1인 방송, 숏클립 동영상 등의 새로운 온라인 미디어를 통해 **'타깃+지역+플랫폼' 전략**으로 중국 시장을 개척하고 있다. 특히 중국 기업의 SNS 미디어를 통한 그린마케팅 전략은 친환경 제품에 대한 프로모션과 정보를 가격대와 연령대, 제품의 특성을 잘 고려해서 각 지역마다 차별화하고 있다[28].

대표적인 예로 '중국의 친환경 신선식품 소비 트렌드'를 들 수 있는데, 중국 소비자들의 친환경 관심도 증가의 대표적인 현상이 신선식품에 대한 선호도 증가이다. 과거 중국의 쓰레기 식용유, 염색 만두 등의 여러 식품안전 사건들로 인해 중국 소비자들의 식품안전에 대한 관심과 염려는 높아지고 있었는데, 코로나 19로 인해 건강의 중요성에 대한 재인식과 함께 신선식품에 대한 관심도가 더욱 높아지고 있는 실정이다. 이에 맞춰 중국 유명 온라인 쇼핑몰인 텐마오, 이하오덴, 아마존 등은 친환경 신선식품 전문 코너를 따로 마련했고, 중국 유명 택배업체 순펑도 2013년 5월부터 친환경 신선식품 전문쇼핑몰을 런칭하면서 소비자들의 이목을 주목시키기 위해서 다양한 전략들을 수립하고 있다[29].

알리바바 그룹은 최근 미국 뉴욕 기반 리서치 기업 코어사이트와 함께 친환경 소비에 대해서 토론회를 개최했는데, 여기서 미디어를 통한 소비자 교육과 플랫폼 이용자에게 다양한 인프라 서비스, 친환경 프로젝트 후원 등의 비즈니스 옵션, 글로벌 파트너 협력 등을 통해 캠페인을 통해 중국의 친환경 소비 환경 조성을 위한 활발한 그린 활동을 발표하였[30]. 중국 기업들의 친환경 그린마케팅 활동은 SNS 미디어를 통해 다양하게 세분화된 차별적 전략을 통해 진행되고 있으며, 이는 중국 소비자들의 내/외적 환경 태도에 적지 않은 영향을 미치고 있는 것으로 보인다.

## 개개인의 행동이 환경을 개선할 수 있다는 믿음(PCE)

한국과 중국에서 MZ 소비자의 **지각된 소비자 효율성(PCE)이 내/외부적 환경 태도에 긍정적으로 영향을 미치는 것으로 나타났다.** 이는 MZ 소비자들이 본인들의 자발적인 행동이 환경개선에 효과적인 영향을 준다는 믿음을 가지고 있으며, 환경개선을 위해서 어떠한 행동을 해야 하고, 본인의 노력이 얼마만큼 필요한지에 대해 충분히 잘 인지하고 있는 것을 뜻한다. 결과적으로 이런 점이 내/외부적 환경 태도로 잘 이어지면서 자연스럽게 친환경을 위한 긍정적인 태도로 이어진다고 볼 수 있다.

세부적으로 보면, 중국 MZ 소비자들의 PCE가 한국에 비해 내/외부적 환경 태도에 더 큰 영향을 미치는 것으로 나타났다. 이는 중국 소비자들이 인지하고 있는 개인적인 친환경 행동의 중요성이 소비자의 환경 태도에 더 큰 영향을 미치는 것을 말하며, 따라서 중국 소비자들의 주체적인 의지와 신념이 한국 소비자에 비해 환경 태도에 상대적으로 큰 영향을 미치는 것을 의미한다.

중국은 지난 30년 동안 엄청난 경제 성장을 이루었는데, 이와 함께 심각한 환경 오염을 겪고 있다. 중국 정부가 앞장서서 국민의 생명과 안전을 위협하는 오염 문제를 해결하기 위해 대대적인 노력을 기울이고 있으며, 이런 정부의 노력과 점점 심각해지는 환경 오염은 중국 소비자들의 인식과 소비 패턴을 변화시키고 있다. 내셔널 지오그래픽(National Geographic)조사에 따르면, 중국 소비자들의 76%가 환경 오염이 나에게 악영향을 미친다고 생각하고 있고, 이를 극복하기 위해 67%는 환경 오염을 줄이기 위해 노력하고 있다고 응답하였다. 이처럼 지난 30년에 걸쳐 환경 오염의 빠른 증가를 경험한 중국 소비자들의 지각된 소비 효율성은 그들의 환경 태도에 크게 영향을 미치는 것으로 보인다[31].

중국 소비자들은 2010년대부터 안전, 편리, 친환경과 관련된 제품들을 추구하면서 환경에 대한 태도를 형성하기 시작하였는데, 이 중 친환경 기능성 정수기, 인버터 세탁기, LED 조명, 친환경 벽지와 페인트 등의 인테리어 제품 등이 초창기 큰 인기를 끌었으며, 2010년 초부터 이런 기조가 시작되어 '항 오염 소비 트렌드'가 대세를 이루었다. 여기서 **'항(抗) 오염 소비'**란 환경 오염 피해를 방지하기 위해 중국 소비자가 제품 구매과정에서 안전 및 친환경 특성을 고려하는 것을 의미하며, 한국의 친환경에 대한 '미닝 아웃' 소비의 개념과 유사한 성격을 가지고 있다.

현재 중국 내에서 항 오염 소비는 2011년과 2015년을 비교하면 무려 10배 가까이 소비액이 늘어났고 친환경 소비자 수도 15배 이상 증가하였다[31]. 최근의 중국 소비시장 키워드는 예전과 다른 부분이 있는데, 한국무역협회

상하이지부에서 발표한 '2022년 중국 소비시장을 읽는 5가지 키워드, 5C'에 따르면 2022년 중국 소비시장의 키워드에는 친환경과 관련된 탄소 중립(Carbon Neutral)이 들어간다. 중국 정부는 2020년 9월 '2030년 탄소 피크, 2060년 탄소 중립' 목표를 선언하고 지금까지 녹색 저 탄소 전환에 속도를 내고 있으며, 이런 정책에 맞추어서 친환경 에너지 차 생산과 친환경 브랜드와 재활용 소비, 녹색 식품 등의 시장화가 활발히 진행되고 있다[32].

중국 기업들은 친환경 제품과 경영활동에 대해 소비자들과 활발히 소통을 하고 있는데, 특히 중국 MZ 세대의 중요한 역할을 눈여겨볼 필요가 있다. 중국의 MZ 세대는 스스로 친환경 소비, 저 탄소 소비의 실천을 자처할 정도로 적극적이며, 기후 변화와 지속가능 발전에 대한 높은 관심을 보이며, 가격이 상대적으로 높은 친환경 제품과 포장을 지불할 의사를 보인다. 최근에 친환경 에너지 자동차나 하이브리드차를 구매하려는 중국 MZ 세대 소비자의 시장점유율은 49.3%로 다른 연령대에 비해 월등히 높았다. 중국의 항오염 소비 트렌드와 MZ 세대의 적극적인 활약은 중국 소비자들의 내부 환경적 태도의 표출로 나와 친환경 소비 행동으로 이어지고 있다.

## 환경보호를 위한 정책과 시스템에 대한 한중 MZ 소비자의 온도차

한편, 한국과 중국 소비자의 외부적 환경 태도가 친환경 제품 구매 의도에 미치는 영향은 다르게 나타났다. 한국의 경우, 외부적 환경 태도는 친환경 제품 구매 의도에 큰 영향을 미치지 않았지만, 중국의 경우 외부적 환경 태도가 친환경 제품 구매 의도에 의미 있는 긍정적 영향을 미치는 것으로 나타났다. 환경보호를 위한 사회적, 정치적, 법적 변화의 필요성에 대한 인식을 표명하는 외부적 환경 태도가 중국에서 의미심장한 영향을 지닌 것을 예견할 수 있는 부분이다.

중국 소비자들은 중국 정부에 대해 높은 신뢰도가 보이는데, '2022년 에델만 신뢰 지수 보고서'에 따르면 28개국 정부의 신뢰도 지수 평균이 100점 만점에 52점으로 집계되었다. 중국의 경우는 91점으로 **정부에 대한 신뢰도가 가장 높은 국가**로 선정되었는데, 이는 2020년 보고서보다 9점이 상승된 결과이다[33]. 또한 4년마다 세계 30여 개국을 대상으로 진행되는 세계가치조사(The World Values Survey)에 따르면, 중국은 한국, 미국, 독일 등의 민주주의 국가보다 중앙정부, 지방정부, 입법부(의회), 사법부(법원) 군대, 경찰에 대한 신뢰도가 높게 나타났고, 꾸준히 높은 수준을 유지되고 있는 것으로 보고된 바 있다.

이처럼 중국 정부에 대한 중국의 국민의 높은 신뢰도의 가장 큰 이유 중의 하나로는 급격한 경제 성장을 들 수 있다. 코로나 19로 인해 중국의 경제성장률은 감소했으나, 지난 수년간 6%가 넘는 경제성장률을 기록했다. 1978년 개혁개방 이후 보여준 중국 정부의 높은 경제성장률을 체험한 중국 소비자들은 중국 정부에 무한한 신뢰를 보내는 계기가 되었다.

또한 중국 국민들은 중국의 정당인 공산당에 대한 신뢰와 긍정적인 태도를 보여주고 있는데, 중국의 공산당은 1921년 창당돼서 지금까지 중국의 과거와 현재를 이끌어가는 중요한 요체로 존재한다. 중국 정부는 풍요로운 물질생활을 근간으로 전 인민이 평등하고 자유로운 문화를 영유할 수 있는 대동 사회를 2050년까지 달성한다는 목표를 가지고 '공동번영 정책'을 추진 중에 있으며, 중국 국민들은 대다수가 이 정책에 대해 긍정적으로 생각하고 있는 것으로 나타났다[32].

중국 소비자들의 정부 정책에 대한 신뢰는 친환경 정책으로도 연결되는데, 중국 정부의 친환경 정책에 대한 긍정적인 인식이 중국 소비자들의 외부적인 환경 태도를 형성하고, 이는 중국 소비자의 그린 소비행태에도 큰 영향을 미치는 것으로 나타난다. 품질과 가격이 핵심 요인으로 작용했던 종전의 소비행태에서 벗어나 환경, 건강, 사회에 대한 가치를 소비요건으로 인식하는 중국 소비자들의 소비문화가 확대되면서, 중국 기업들의 다양한 그린 활동이 활발히 전개되고 있는 상황이다[33].

아이러니하게도 한국의 경우, '2022년 에델만 신뢰 지수 보고서'에 의하면 중국과 반대로 **세계 최하위 수준의 정부에 대한 신뢰도**를 보여준다. 최근 들어 한국 소비자의 미디어, 정부, 사회 지도층에 대한 불신이 더욱 심화하였고, 코로나 19 및 사회 전반의 기술 발전으로 인한 실직의 두려움이 정부에 대한 불신으로 나타나고 있다. 특히 사회 분열을 초래하는 기관으로 미디어(58%)와 정부(49%)로 인지되는 것으로 가장 높게 나타났다[34]. 또한 시장조사 전문기업 엠브레인 트렌드모니터의 2020년 조사결과에 따르면, 유통채널에 대한 한국 소비자의 신뢰도도 상당히 낮은 것으로 나타났으며, 오프라인보다는 온라인 채널에서 불신이 더 큰 것으로 보인다[35].

2022년의 정부에 대한 한국 소비자의 신뢰도는 2015년 대비 변화가 없는 것으로 보고되었으며, 미디어를 통해 전달되는 한국 정부의 정보에 대해 진위 여부를 의심하는 소비자들이 점점 더 많아지고 있다. 2022년 에델만 보고서에 따르면 응답자의 절반 이상이 미디어를 통한 정보를 의심한다고 응답했는데, 연령대별로 비교해봤을 때 MZ 세대인 20대가 가장 많은 의심을 많이 가지는 성향을 보였다. 또한, 한국 소비자들은 기업의 친환경 활동 및 가격에 대해서 의심을 가지는 소비자가 전년에 비해 증가하였으며, MZ 세대인 20대와 30대가 가장 높은 의심을 가지고 있는 것으로 보고되었다.

한국 소비자의 이러한 특성에 대해 도묘연 (2022)은 다음과 같이 설명하고 있다[36]. 낮은 연령과 상대적으로 낮은 소득을 가진 MZ 세대 소비자의 경우 인터넷, SNS 등의 뉴미디어를 통해서 다양한 정보를 얻는 과정에서 그대로 받기 들이기보다는 해당 정보에 대한 정치적, 경제적, 사회적 특성들을 다양한 측면에서 고려하면서, 정보를 받아들이는 특성을 지닌다고 설명한다. 이러한 MZ 세대 소비자의 특성으로 인해 친환경에 대한 정보가 다양한 측면에서 해석됨에 따라 구매 의도까지 효과적으로 전달이 되지 않는 것으로 해석하고 있다.

이숙정 외(2022)는 코로나 19로 인해 대면 또는 집단으로 이루어지는 친환경 행동이 효율적으로 진행될 수 없었던 점을 한국 MZ 세대의 불신과 부정적인 외부적 환경 태도의 원인으로 들었다[37]. 코로나 19 발생 이후, 정부와 기업의 친환경 활동은 필요에 따라 비대면, 소수로 진행되긴 하였으나, 축소된 규모로 진행되거나 생략되면서 외부적으로 한국 소비자들에게 친환경에 대해 알릴 수 있는 기회가 적어지면서 자연스럽게 긍정적인 구매 의도까지 이어지지 못하는 경우를 설명한다.

## 진정성 있는 그린 정책과 마케팅의 소통이 시급한 현실

한국과 중국 소비자 경우 모두 미디어의 영향이 내/외부적 환경 태도에 긍정적인 영향을 미치는 것으로 나타났으며, 이는 소비자들이 내/외부적 환경에 대한 태도를 형성함에 있어서 국적에 상관없이 SNS 미디어를 통해 얻는 많은 정보와 지식이 영향을 미친다는 점을 시사한다. 기업은 SNS로 인해 가능한 기업과 소비자 간의 쌍방향 소통을 통해 보다 효율적이고 자발적인 그린 마케팅과 캠페인의 역량을 극대화할 수 있는 방안을 고민해야 할 것이다.

또한, 소비자의 친환경에 대한 지각된 소비자 효율성(PCE)은 소비자가 가지는 내적인 특성으로, 소비자 개개인 자신의 행동이 환경개선에 영향을 준다는 믿음의 정도가 환경 태도 형성에 큰 영향을 미치는 것으로 나타났다. MZ 세대의 그린 행동을 이해하기 위해서는 외적인 요소인 미디어와 더불어 소비자들의 환경문제에 대한 주체적인 인식이나 신념 또한 함께 고려해야 함을 보여주고 있다.

마지막으로, 정치 경제적으로 다른 시스템을 가진 한국과 중국의 소비자들은 외부적인 요인에 대해 현저히 다른 태도를 보이며, 특히 중국 소비자들은 정치, 경제, 사회적인 접근을 통한 환경문제 해결에 큰 의미를 두고 있음을 보여준다. 중국 소비자들의 정부에 대한 높은 신뢰도는 중국 정부와 기업의 그린 정책 및 마케팅 활동에 긍정적인 효과를 줄 수 있다. 반면 미디어, 정부 및 기업에 대해 한국의 MZ 소비자들은 상대적으로 낮은 신뢰도를 보이고 있으며, 주체적인 환경문제 해결에 더욱 의미를 두고 있는 것으로 나타났다. 따라서, 한국 정부와 기업은 미디어를 통한 그린마케팅 및 정책 활동을 함에 있어서 좀 더 신중하게 접근할 필요가 있어 보이며, 한국 MZ 세대 소비자들의 신뢰 형성을 전제로 한 소통이 가능할 때 소비자들의 그린 소비 활동을 이끌러 낼 수 있음을 간과해서는 안 된다. 또한 정부와 기업은 최근 코로나 19로 인해 저조해진 소비자와의 소통이 신속하게 효과적인 방법으로 재건 확장되어야 할 필요성 역시 시사하고 있다.

04

PART

# 웰빙과 지속가능 먹거리

# 10.

# 엔데믹 시대의 소비자 웰빙과 Mindfulness(마음챙김)

## 우리는 행복한가?

### 1. OECD Better Life Index(행복지수)

OECD는 회원국들의 삶의 질과 관련된 11가지 측정 종목을 통계화 시켜 각국의 삶의 척도를 비교하는 OECD Better Life Index(행복지수)를 매년 발표한다. 11가지 종목은 주거환경, 수입, 일자리, 사회적 관계, 교육, 환경, 시민의 정치적 참여, 신체/정신적 건강, 삶의 만족도, 안전, 워라벨을 포함한다. 이 지수는 접근 방식, 측정 방법 또는 데이터의 정확성 때문에 유효성에 대해 여전히 많은 논의가 있지만, OECD 회원국의 상대적인 삶의 질과 웰빙을 비교하는 데 도움이 된다.

OECD 행복지수의 11가지 종목 중 한국이 상위권을 보여주는 영역은 **주거환경**, **시민 참여**, **교육** 및 **기술**이다. 한국에서 교육과 기술은 좋은 직업을 갖는데 중요한 요건으로, 25세에서 64세 사이의 성인 중 88.7%가 고등교육을 이수하고(남성 90%, 여성 85%), 50%가 고등 교육을 이수한다. 이는 OECD 평균인 78%에 비해 높은 편이다. 한국의 높은 교육열을 고려할 때,

이는 당연하다고 볼 수 있다.

그러나, 2021년 OECD BLI 보고서에 의하면 한국은 OCED 평균치인 6.5 점보다 낮은 5.9점을 받았다. 우리나라는 38개 국가 중 30위를 차지하고 있으며, 저 출산율, 노인빈곤율과 노인 자살률은 OECD 국가 중 1위를 차지한다. 한국인의 행복지수는 전체 149개국 중 59위로 하위권에 있다. 세계 경제 규모 10위안에 드는 선진국에 사는 한국인들이 그다지 행복하지 않은 이유는 무엇일까?

한국은 워라벨, 환경의 질, 사회적 관계, 건강 상태, **주관적 웰빙**에서 OECD 평균 이하의 성과를 보였다. 최근 OECD 보고서에서 의하면, 한국 1인당 소득 평균은 연간 21,882달러로 OECD 평균인 33,604달러보다 낮았으며, 인구의 상위 20% 소득이 하위 20%에 비해 5배 이상으로, 빈부격차가 상대적으로 크다. 이는 소비자들에게 **상대적 빈곤**을 느끼게 해, **삶의 만족도**에도 부정적인 영향을 미친다. 삶의 만족도에 있어서도 한국의 응답자는 12%를 표시하였는데, 이는 OECD 평균인 7%보다 낮은 것으로 나타났다.

또한, 일과 삶의 균형(워라벨)은 오랫동안 소비자 웰빙의 가장 높이 평가되는 구성 요소 중 하나로 간주되어 왔는데, 연간 총 근로시간을 연간 평균 취업자 수로 나누어 분석한 결과, 2019년 한국인 1인당 연간 근로시간은 1,967시간으로 일본보다 323시간 많았다. 문재인 정부에서 도입된 워라벨 향상을 위한 주 52시간 근무제의 실행에도 불구하고 한국의 평균 근로시간은 OECD 모든 회원국 중 2위를 차지하며, 매우 높은 수치를 보여준다. 최근 들어 69시간 집중 근무 시간제 개편 제도가 논의되고 있는 과정에서 MZ 세대는 공격적인 반대입장을 보여주고 있어, 근로시간의 유연화를 고려한 개편이 필요한 것으로 보인다.

건강에 관해서는 OECD 평균에 비해 기대수명이 높지만 우리나라는 **실**

외 **대기오염 지표**와 **수질 지표**에서 평균 이하의 성과를 내고 있다. 한국의 미래 웰빙을 위한 필수 자원을 살펴보면, 1인당 온실가스 배출량과 자연 자본 지표의 멸종위기종의 적색 목록 지수가 최하위를 보이며, 어느 것도 점진적인 개선의 조짐을 보이지 않고 있다. 이처럼 한국의 **환경의 질**은 심각한 수준에 머물고 있어 강력하고 효과적인 환경 정책과 이해관계자들의 자발적인 노력을 통한 환경 개선이 시급하다고 할 수 있다.

사회적 관계와 관련하여 한국 응답자의 19%가 도움이 필요할 때 의지할 친구나 가족이 없다고 응답하였으며, 이는 OECD 평균인 9%에 비해 상당히 높은 수치다. 수많은 사회적 관계 속에 얽히어 사는 한국인들의 삶을 생각해 볼 때, 상당히 많은 이들이 의외로 **사회적으로 외로움**을 느끼고 있음을 시사한다.

고용과 관련하여 15세에서 64세 사이의 사람 중 65.7%(남성 76%, 여성 57%)가 유급 직업을 갖고 있으며, 특히 남녀 임금 격차가 OECD 국가 중 가장 높으며(32.5%), 이는 한국 여성의 직장 생활과 경제적인 불평등의 어려움을 반영한다. 직업과 관련해서 남녀 대응방식과 관리능력 또한 다르게 나타났는데, 한국 남성 직장인은 고용률, 직장의 안정성, 건강, 근무 시간, 휴가 면에서 잘 관리하고 있는 반면, 여성 직장인은 삶의 만족도, 기대수명, 사회적 상호 작용, 직업 스트레스 및 자살, 알코올, 약물로 인한 사망에 관해서 더 잘 대처하고 있는 것으로 보인다.

**세대 간의 의견차와 불평등 인식** 또한 한국 사회에 현저히 존재하는데, 중년(25/30~45/50)은 고용률, 소득, 투표율 및 직업 스트레스 면에서 잘하고 있으나, MZ 세대(15-24/29)는 사회적 지원에 적극적이며 정부에 의사표명을 확실히 하는 등 다른 면모를 보여준다. 또한 2021년 측정된 국가별 삶의 질 지수에서 한국은 세계 42위, 아시아 10위, 건강 관리 지수는 2위를 했지만, 기후 지수에서는 85개국 중 65위를 차지하는 최악의 성과를 기록했다. OECD

2020년 총체적 보고서에서 한국은 포함된 40개국 중 30위의 낮은 점수를 보여주는데, 이는 일부 지표의 많은 개선과 결과에도 불구하고 지속적인 개선을 보여야 할 몇 가지 중요한 요소가 여전히 산재해 있음을 보여준다. 한국 소비자들의 환경 및 사회 문제에 긍정적인 영향을 미칠 여러 이니셔티브의 도입을 통해, 한국국민의 삶의 질과 웰빙을 개선할 수 있는 노력이 시급해 보인다.

## 2. 엔데믹 시대의 소비자 일상

웰빙이라는 용어는 광범위한 개념을 포함하는데, 재정적, 건강 및 환경적 요인의 광범위한 조합으로도 간주하며, 개개인의 가능한 최고의 삶의 경험에 대한 접근 또는 가용성으로 정의된다. 웰빙을 고려할 때 소비자는 좋은 생활 수준, 원만한 대인 관계, 커뮤니티 및 여가 활동에 대한 접근성과 같은 핵심 요소를 생각하게 되는데, 여기에는 개개인이 가지는 **자신의 삶에 대한 개인의 평가**가 중요한 역할을 한다. 따라서, 웰빙을 평가하거나 측정할 수 있는 광대한 범위

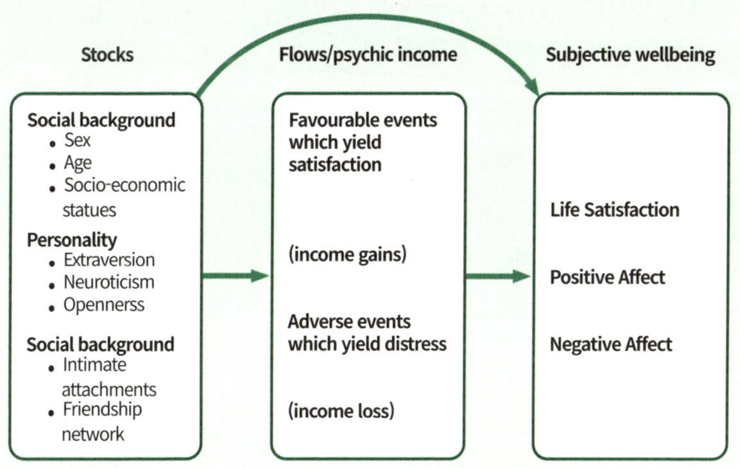

를 감안할 때, 웰빙 매개변수의 주관적인 특성을 고려하는 것이 중요하다.

위의 그림에서 볼 수 있듯이 사회적 배경과 네트워크는 외부적인 요인으로 작용하며, 개개인의 내적인 성향과 맞물려 각자의 삶에 대한 주관적인 인지와 평가를 통해 개인의 웰빙 상태를 평가하게 된다. 따라서 소비자의 현재 웰빙을 이해하기 위해서는 물리적 및 심리적 요인 모두에 대한 다면적인 접근 방식을 통해 바라볼 필요가 있다. 따라서 **소비자들의 웰빙 상태는 국가마다 차별적 성향을 띠는 소비자들의 내적인 요인과 외부적인 요인에 의해 다르게 나타날 수 있다**.

웰빙이라는 개념은 오래전부터 사용되어 왔지만, 특히 코로나 19 이후 지난 3년 동안 웰빙에 대한 개인의 관심은 최대치를 달한다. 코로나-19는 소비자에 대한 사회적 물리적인 제한으로 인해 소비자의 주관적 웰빙에 중대한 변화를 일으킬 수 있는 엄청난 잠재력을 지닌 부정적인 영향으로 간주되고 있다. 6개국의 약 7,500명의 소비자를 대상으로 한 2021 McKinsey 설문조사에서 응답자의 79%가 건강이 중요하다고 답했으며 42%는 이를 최우선 과제로 생각했다. 코로나 19 팬데믹의 불확실성 속에 소비자들은 **자기 관리**를 개인의 건강과 웰빙을 통제하는 핵심 대응 방안으로 간주한 것으로 나타난다. 코로나 19를 경험하면서 소비자들은 **신체적 및 질병 예방**에 대한 우려 외에도, **정신적, 정서적 건강**의 중요성을 인식하고, Mindfulness(마음지킴)에 대한 필요성을 깨닫게 되어, 안전, 편안함 및 심리적 건강에 대한 경험과 서비스를 중요시하는 모습을 보이고 있다.

### 3. 한국 소비자의 웰빙

소비자들의 일상은 팬데믹 기간 동안 행해진 사회적 거리 두기로 인해 획일적인 변화를 겪었는데, 이마저도 세대 간의 차이를 보였다. 디지털에 능숙한

MZ 소비자들은 FaceTime 및 Zoom과 같은 화상 통화 플랫폼에 의존하여 친구 및 가족과 연락하고 학습 및 재택근무로 일상생활을 이어갔지만, 디지털에 미숙한 실버 세대들은 장기간의 외로움에 직면해야 하는 어려움을 겪으며 세대별 코로나 19로 인한 삶의 질과 웰빙 및 마음 지킴에도 큰 차이를 보여주었다. 팬데믹 기간 동안 소비의 중심은 오프라인에서 온라인으로 급격히 변화하였지만, 엔데믹과 함께 실버 세대 소비자들은 전통적인 오프라인 유통시장으로 빠르게 귀환하였는데, 여기에 사회적 단절과 외로움으로부터 해방이 큰 이유로 꼽혔다.

엔데믹으로 인해 소비자들의 일상은 예전으로 귀환하는 과정에 있으나, 폐쇄된 사회 전반적인 시스템을 체험한 소비자들의 사회적 소통은 다른 형태로 진화하는 것으로 나타난다. 혼자 있는 것에 익숙해진 소비자들은 이유 없이 이웃과 수다나 덕담을 해온 관행적 소통을 더 이상 하지 않으며, 대규모 형태의 회사 회식이나 사교 모임들도 소규모로 변화하는 등 새로운 형태의 사회적 관계를 형성하는 모습을 보인다. 또한 코로나 19로 인해 직업 환경에 대한 소비자들의 불만과 불행은 증가한 것으로 나타나고 있으며, 여기에 **직업 불확실성**과 함께 최근 급증하는 **인플레이션으로 인한 소비력의 감소**로 인해 삶의 질이 크게 낮아지는 것으로 인식하는 소비자가 늘고 있다. 급변하는 글로벌 경제의 불확실성 속에 소비자들의 생활 경제 지수는 점차적으로 낮아지고 있어 소비자의 주관적인 웰빙과 정서에도 부정적인 영향을 미치고 있다.

## 일본 소비자의 웰빙

91.8%의 일본인은 도시개발 지역에 거주하며, 1인당 GDP는 43,235.72달러로 세계 28위로 높은 구매력을 가지고 있으며, 전체인구의 중간 나이는 48.4세이다. 이 중 28%가 65세 이상으로 전 세계에서 가장 고령화가 높은 국가이

기도 하다. 밀레니얼 세대(25~34세)의 62%가 고등 학위를 가지고 있다. 일본 소비자들은 전통적으로 브랜드에 충성하고, 양보다는 질을 중요시하며, 쇼핑의 체험에 관심을 가지고 있다. 일본 소비자들은 대형 할인매장보다 차별화된 소형 동네 마트를 선호하며, 필수품 구매에 40% 이상의 지출이 된다.

코로나 19로 인해, 2020년 2분기 일본 GDP는 연간 비율 28.8%의 사상 최대 감소하여, 열악한 경제 상황과 함께 소비자 가격이 상승되어 일본 소비자들의 구매력 또한 이와 함께 감소했다. 코로나 19로 인한 소비자 심리가 약해졌음에도 불구하고, 일본 소비자들의 삶의 질과 웰빙에 대한 관심은 여전히 높다. 건강한 삶에 대한 선호도는 더욱 증가하고 있으며, 이와 함께 **디지털 자아에 의존하는 생활패턴**을 보인다.

일본 소비자들의 **현금 거래 선호**는 여전히 강해, 현금은 일본의 주요 지불방식으로 남아있지만, 일본 정부는 2025년까지 무 현금 결제 비중을 40%까지 늘리기 위해, 현재 무 현금 결제 서비스에 대한 인센티브를 제공하고 있다. 코로나 19로 인해 감염위험을 줄이기 위한, 현금 없는 결제 비중이 급격히 증가하고, 온라인 쇼핑이 급격히 증가했다. 예를 들어, 온라인 페이를 통한 결제 건수는 2019년에 비해 2020년 8.6배로 증가했다.

### 1. 일본의 MZ 세대 vs 실버 세대

일본의 세대 범주는 구체적이고 시대에 따른 거시경제의 추세와 연결되어 있다. 일반적으로 밀레니얼 세대는 1981년~1996년생, Z 세대를 1997년~2012년으로 지칭하는 반면, 일본에서는 같은 기간에 태어난 세대를 '80s 세대','신진루이 주니어 세대' 와 '유토리 세대'로 추가 구분해서 범주를 나눈다. 다시 말해 일본의 Z세대는 유토리 세대라 일컫는다. 이들은 겸손하고 소박한 삶의 자세를 가지고 있으며, 25세 미만의 43.8%가 아르바이트를 하고,

부모의 수입에 의존한다[1].

현재 연금 시스템에 대한 강한 불신을 갖고 있는 일본의 밀레니얼 세대는 미래를 위한 저축에 관심을 갖고 가성비를 고려하는 스마트 소비를 한다. 전체 인구의 17%를 차지하는 이들은 윤리 의식이 높고, 소셜에서 영감을 받으며, 미디어를 통한 일반 소비재 구매를 거침없이 한다. 한편, 패션과 라이프 스타일과 관련된 상품을 구매할 때는 체험을 중요시해, 매장에서 눈으로 확인하고, 이를 통한 자기 합리화가 필요하다. 패션 트렌드에 관심을 가지지만, 개개인의 스타일을 중요시해, 자신만의 취향이 고려된 소비를 한다. 이는 일본 교육 시스템에 도입된 개성을 중요시하는 교육개혁으로 인해, 일본의 밀레니얼 세대는 이전 세대와 다른 개인적인 취향과 선호를 보이는 것으로 나타난다.

반면, 전체인구의 29%를 차지하는 일본의 실버 세대는 높은 구매력을 가진 일본에서 가장 큰 파워 소비자 집단이다. 이들은 높은 가치의 금융 자산을 소유하고 있으며, 물질적 부 보다는 체험에 더 많은 관심을 가진다. 이들에게 여행과 여가는 중요한 삶의 축이며, 고품질 제품을 선호하고 다른 연령대보다 경제적인 할인 제품을 구매할 가능성이 작다. 일본의 실버 세대는 밀레니얼 세대에 비해 외출 및 사교 활동에 더 많은 시간을 소비하며, TV, 라디오, 신문 매체와 같은 전통적 미디어와 함께 인터넷을 통한 정보 사용에도 능하다. 온라인 제품구매를 거침없이 하며, 스타일리시하고 젊어 보이기 위한 소비에 지출을 아끼지 않는 소비자 집단이다[2].

## 2. 일본의 독신 소비자 'dokushin-kizoku'

일본어로 도쿠신키조쿠(풍족한 독신자)로 일컫는 독신 소비자 집단은 일본 사회에 오랜 시간 존재해 왔다. 자신만의 취미활동에 시간과 돈을 쓰며 자유를 누리는 독신 소비자 집단에 대한 일본 사회의 인식은 긍정적이다. 독신 소비자는 혼자만의 시간을 즐기며, 자신만의 행복을 위한 활동에 시간과 돈을 아낌없이 투자하고, 기혼자에 비해 상대적으로 높은 구매력을 지니고 있다. 독신 소비자들이 지속적으로 증가하면서, 다양한 라이프스타일이 수긍되어 일본 사회에서 결혼에 대한 부담은 점점 줄어들고 있다. 이제 일본의 20대와 30대들은 결혼을 필수로 여기지 않으며, 일본 남성의 23%가 결혼 경험이 없다. 독신 소비자 집단의 증가로 인해 많은 제품과 서비스가 싱글을 위해 맞춤화되고 있으며, 특히 스타일, 가구/홈 인테리어 용품에 이러한 트렌드가 많이 반영된다. 이는 독신 소비자들은 자기만의 시간과 공간을 중요시하는 경향이 있어, 자기만의 취향으로 집을 꾸미고 사적인 공간을 즐기기 때문이다.

독신 소비자들은 성별 차별적 성향을 보인다. 30~40대 싱글 남성은 대부분 집에서 혼밥 보다 외식을 하는데 지출하며, 주식에 투자하거나 게임 및 전자기기, 운동 등의 취미활동을 하는 반면, 같은 연령의 싱글 여성은 친구와의 사교 활동, 고급식당에서 외식을 하거나 자신을 가꾸는데 지출을 하며, 새로운 기술이나 지식을 배우는데 시간과 돈을 투자한다. 이런 싱글 소비자들을 대상으로 한 온라인 플랫폼이 한창 인기를 끌고 있다. 대표적인 예로 알로하(Aloha)를 들 수 있다. 알로하는 1인 소비자를 대상으로 하는 강의 검색 사이트로 다양한 수업(스포츠, 어학, 요리, 음악, 사진, 비즈니스, IT/웹, 예술, 뷰티 등)을 제공하고 이를 통해 사교를 할 수 있다.

### 3. 일본 정부의 Cool Choice 정책

일본은 근본적으로 자원이 극히 부족하고 수입에 크게 의존하는 나라로, 1990년 거품경제가 붕괴된 후 일본 정부는 저 탄소 경제와 순환 경제의 중요성을 중요하게 인식하여 **지속가능 발전 정책**을 이미 오래전부터 점차적으로 확대해 왔다. 섬으로 구성된 지리학적인 특성으로 인해 부족한 폐기물 매립지 문제를 해결하기 위해 쓰레기 발생량을 줄이는 관리체제를 발전시키고, 자연자원의 소모를 합리적으로 컨트롤하고 환경 부담을 경감하기 위해, 순환 사회 법률체계를 구축하였으며, 3R 개념(폐기물 배출 절감 및 관리, 자원의 재활용)을 정착시켜 자원 순환 이용과 녹색 소비 정책을 정부 차원에서 추진해 왔다. 또한 최근 사회적 지속가능성을 강조하는 **'COOL CHOICE'(지구 온난화 대책)** 등 다양한 정책을 발전시켜 일본 소비자들의 지속가능 소비를 촉진하고 있다. 이러한 일본 정부의 적극적인 리더십과 정책과 함께 일본 소비자의 환경 지식은 높은 수준을 보여주고 있어, 소비자들의 지속가능 소비 행동에도 영향을 미친다.

또한, 일본 정부는 정부 연금 투자 펀드(GPIF)를 통해 ESG에 강력한 초점을 맞추고, 책임 투자에 대한 원칙을 2015년부터 시행하였다. 그 결과 지속 가능한 일본 자산 투자는 2016년~2018년간 4배 증가하였으며, 일본을 세 번째로 가장 큰 지속 가능 투자 국가로 이끌고 있다. 최근 일본에서는 지속가능성에 대한 소비자 교육 또한 활발히 이루어져, **에티컬 랩'ethical lab' 에티컬 코시엔 'ethical Koshien'**과 같은 이니셔티브는 효과적으로 일본 소비문화에 영향을 미치고 있다.

## 4. 윤리적 삶이 대세인 일본 라이프 스타일

일본 소비자들은 최근 심각한 피해를 준 여러 자연재해로 경험하면서, 환경오염이 주는 심각성에 대해 인식하여, 환경보호를 소비 활동과 연결하기 시작했다. 일본 소비자들은 전통적으로 직업을 통해 자아실현과 행복을 찾았으나, 자연재해와 코로나 19로 인해 삶의 의미에 대한 인식이 바뀌고 있다. 최근 일본 소비자들은 일과 삶의 균형, 사회적 책임 있는 소비 행동 및 의미 있는 구매 등을 통해 자아실현과 행복을 찾고 있다. 특히 일본 여성 소비자들에게 있어 **윤리적인 삶**은 **패셔너블 하고 이상적인 자아로 인식**되어, 여성들이 추구하는 윤리적 소비와 라이프스타일이 소셜미디어에 소개되고 있다. 이로 인해 윤리적 삶은 하나의 유행처럼 번지고 있으며, SDGs가 인기 여성잡지에 주된 테마로 소개되는 등 지속가능 소비의 가속화가 일어나고 있다.

연령별로 다른 형태의 윤리 소비 동기와 행태를 보이는 데 **50대 소비**자 **그룹**이 가장 윤리적 소비에 많은 관심을 가지고 실행하고 있다. 이들은 후세들에 대한 책임감을 느껴 윤리 소비를 하고자 하는 동기를 가졌으며, 윤리적으로 생산된 제품을 구매하는데 추가되는 비용을 낼 의사를 보였다. 반면 삼사십 대 소비자들은 성별 큰 차이를 보여주는데, 특히 남성 소비자들이 가장 낮은 관심을 보였다. 삼사십 대 소비자들은 환경보호를 위한 윤리적 제품에 관심을 보였으나, 이를 위해 추가비용을 지출할 의사는 없었으며, 그럼에도 불구하고 윤리적 제품들이 가지 스토리텔링에는 관심을 보였다.

20대 일본 소비자들은 윤리적 소비에 대한 교육을 가장 많아 받고 있었지만, 상대적으로 구매 경험이 가장 적었다. 20대 소비자들은 지역경제 지원 및 활성화를 위해 가치 소비를 의식적으로 하고자 한다. 자신의 가치와 동일한 메시지를 주는 지역기업의 상품을 구매하는 데 관심을 가지며, 소비자들은 지역 생산망과 연결된 **로컬 브랜드 소비**를 통해 윤리 소비를 하고자 한다. 환경과 지역경제를 생각하는 20대들은 관심은 많지만, 상대적으로 낮은 경제력으로 인해 윤리적 제품구매를 위한 추가비용에 제한된 지출 의사를 보였다.

전반적으로 일본 소비자들은 지속가능 라벨을 고려하지만 윤리적 제품을 구매하는 추세는 아직 초기 단계로 보인다. 일본 소비자들은 본인들의 일상적 소비 행동이 환경적 책임과 연결되어 있다는 것을 인식하지 못하는듯하며, 환경을 위해 어떤 구체적인 소비 행동을 취해야 하는지에 대한 확신이 약하다. 윤리적 소비를 활성화 하기 위해서는 소비자의 동기부여가 필요한데,

이를 위해서는 윤리적 또는 친환경적인 제품의 정보가 정확히 전달되어야 할 필요가 있다. 소비자들은 친환경 인증과 라벨, 차별화된 포장 등을 통해 윤리적 메시지가 효과적으로 인식하고, 구매하며, 본인들의 참여를 소셜미디어에 공유할 것이다. 일본은 친환경 브랜드가 주류를 이루는 시장 형성의 초기 단계에 있다고 볼 수 있는데, 2020년부터 정부 차원의 비닐봉지 유상화 정책으로 인해 일본 소비자의 SDGs 조류 체감이 증가할 것으로 보인다.

최근 일본에 출시된 **액트코인(Actcoin)**이라는 앱은 소비자의 윤리적 활동과 정보공유에 코인을 부여하고 소비자들은 코인을 기부한다. 이 앱은 소비자들의 윤리적 활동을 시각화하고 정량화함으로 동기부여를 하고 윤리적 소비와 삶으로 이끈다. http://actcoin.jp/ 일본인은 상품의 독특함에 지갑을 열고, 스토리와 브랜드 철학이 있는 상품에 관심을 가지는 성향이 있어, 향후 윤리적 소비를 활성화하는데, 스토리텔링은 필연적으로 동반되어야 하는 부분이다.

## 중국 소비자의 웰빙

건강과 웰빙은 만국의 보편적 개념이지만 많은 중국 소비자들에게 웰빙이나 웰니스 'wellness' 또는 마음 지킴 'Mindfulness'는 여전히 추상적이고 낯 설은 개념이다. 중국에는 '웰니스'에 해당하는 문화적 표현이 없으며 정확한 번역도 없다. 정신 건강 문제에 대한 공개 토론을 약점의 표시로 여겨왔으며 이런 문화는 오랜 기간 동안 중국에 존재해 왔다.

그러나, 코로나 대유행이 중국 소비자에게 한 가지 교훈을 주었다면, 육체적 정신적 건강이 앞으로도 수백만 명의 우선순위로 남을 것이라는 것이다(Dawson, 2021). 이전에 일 중심의 바쁜 라이프스타일을 지향하던 중국의 도시 거주자들은 팬데믹 이후에 불안, 정신적 고통, 불면증 등의 새로운 경험을 하고 있으며, 웰니스/마인풀니스 관리 부족으로 인한 기타 영향에 눈을 뜨게 되었다[3]. 중국 소셜미디어에는 현재 웰빙 관련 콘텐츠는 부족하지만 **자기 관리 루틴**에 대한 콘텐츠는 풍부하다.

## Mindfulness에 눈뜬 중국 소비자들

중국의 소비자들은 명품소비에는 익숙하며, 많은 젊은 중국 소비자들은 보편적으로 명품과 패션 아이템을 구입하는 것에 집중적으로 관심을 가지고, 소비를 즐겨왔다. 그러나, 중국 소비자들은 코로나 19 이후 처음으로 피부 관리 또는 집에서 하는 다이어트 요법, 식생활의 업그레이드 또는 홈트 운동 및 몸과 정신 건강을 풍요롭게 하는 경험에 대한 소비(**마음 지**킴)로 관심이 이동하고 있다. 중국 소비자들은 코로나 19 이전에 건강에 초점을 둔 식생활을 질병 예방의 원천으로 여겼으나, 이제 이들은 웰빙 식생활을 개개인의 컨디션의 최적화를 위한 수단으로 여긴다.

대유행으로 인해 최근 중국에서 가장 두드러진 새로운 트렌드 중 하나는 소위 "미용 간식"(Beauty snacking) 요법이다. 화장품과 식품은 피부와 안색을 개선하는 데 도움을 주는 것으로 간주되며, 이 두 개념을 적용시켜 피부를 위해 고안된 스낵 음료가 시장에 출시되고 인기를 끌고 있다(Jing Daily, 2021). 이 새로운 제품 카테고리는 영양 보충제, 스낵 및 전문 스킨케어 사이의 경계를 허물고 있다.

바쁜 현대 도시의 라이프 스타일로 인한 운동 부족과 스트레스 등의 이유로 중국 소비자들은 영양, 체중 관리 및 웰빙에 관한 관심은 더욱 높아지고 있다. 따라서, 중국의 건강식품과 웰빙 산업은 소비자들의 관심과 함께 빠르게 성장하고 있다. 예를 들어, 향후 5년간(2025년까지) 중국 시장의 영양 보충제의 판매율은 200%, 체중 관리 관련 제품의 판매율은 115% 증가할 것으로 예상된다[4].

최근 소비자의 웰빙에 대한 지출은 중국 시장이 선두를 달리고 있다. 중국 소비자는 온라인 웰빙 지출 비중이 가장 높았고 일본이 그 뒤를 이었다. 중국의 웰빙 및 웰빙 시장은 제품 중심뿐만 아니라 원격 온라인 의료 서비스를 포함한다. 중국은 현재 의료 시스템의 빠른 구조조정을 통해 상하이에서 멀리 떨어진 지방에 이르기까지 사람들의 웰빙을 개선하고 있다[5].

웰빙 산업의 성장과 함께, 전자 상거래는 여러 범주에 걸쳐 중국 소비자의 웰빙에 대한 관심을 촉진하고 있다. 온라인 플랫폼, 특히 소셜미디어는 신제품 출시, 쿠폰 전달 및 효과적인 마케팅 캠페인을 수행할 수 있는 편리하고 쉬운 수단이 되었다. 티몰(Tmall)과 같은 대형 온라인 플랫폼은 주요 소매업체와 협력하여 마케팅 노출 및 판매를 극대화하고 있다. 일례로 2019년 인터넷 기반의 식사 대체 브랜드인 스밀(Smeal)과 원더랩(WonderLab)이 모두 티몰에 입점했다.

디지털 마케팅의 물결에 따라 이러한 신흥 브랜드들은 레드북(Red Book)과 같은 인기 소셜미디어 플랫폼과도 활발히 협업하고 있다. 이들은 웨이보(Weibo) 및 틱톡(TikTok), 라이브 스트리밍 및 짧은 비디오 업로드(릴)를 사용하여 특히 Z 세대 및 밀레니얼 세대의 젊은 소비자를 대상으로 웰빙과 관련된 신제품을 소개하고 브랜드 인지도를 높인다. 보스톤 컨설팅(Boston Consulting) 그룹의 보고서에 따르면 중국의 건강 및 웰빙 시장은 약 700억 달러의 가치가 있으며, 현지 및 글로벌 브랜드는 중국 웰빙 성장 시장 기회에 주의 깊은 관심을 가질 필요가 있다[6].

코로나 19를 겪으면서 가족의 안전, 전반적인 공중 보건 및 개인 건강이 중국 소비자의 상위 10대 관심사 중 하나로 나타났다. 소비자 설문에 의하면, 응답자의 65%는 제품 안전에 예전보다 더 신경을 쓰며, 응답자의 42%

는 구매할 매장을 선택할 때 위생을 가장 중요한 요소로 생각한다. 응답자의 31%는 운동과 건강한 식생활을 통해 면역 체계를 개선하는 데 집중하고 있으며, 29%는 신선 식품에 더 많은 지출을 한다고 응답했다[4]. 엔데믹과 함께 중국 소비자는 **건강과 품질**에 대한 의식이 더욱더 높아졌으며 전반적인 건강과 감염 퇴치 능력을 개선하기 위해 노력하고 있는 것으로 보인다.

## 중국의 다양한 소비자들

지난 20년간 중국은 대내 개혁과 대외개방을 통해 뛰어난 경제발전을 이루었고, 중국경제의 급속한 성장과 함께 중국 국민의 삶의 질이 향상되면서 중국 소비자의 성향도 이와 함께 변했다. 중국이 개발도상국에서 선진국 경제로 나아가는 과정에서 가속화된 중산층 규모의 전례 없는 증가를 볼 수 있는데, 이와 함께 중국 소비자들의 소비 패턴과 라이프스타일이 급격한 **다변화 현상**을 보여주고 있다. 다음은 신 수요 창출을 이끄는 중국의 주요 소비계층의 다양한 면모를 알아보자.

iimedia(2022) 보고서[7]에 의하면 중국의 주요 소비계층을 6가지 분류로 나눌 수 있는데, 여성 경제, 실버 경제, Z 세대, 신 중산층, 독신(1인) 경제, 귀치니즘을 포함한다[2]. 이중 **독신 1인경제**가 가장 큰 규모로 15억3천만 위안의 시장규모를 가지고 있으며, 독신 소비자들은 개인의 만족을 위한 자기 계발 소비 경향이 높고, 품질 위주, 편의성, 미니멀리즘을 지향한다. 이들은 주로 1, 2선 대도시에 거주하고 있으며, 대체적으로 젊고 고학력을 가지고 자기 계발 투자나 웰빙에 관심이 높다. 이 소비계층과 관련된 유망시장으로는 반려동물, 첨단 IT 가전 및 웰빙과 관련된 식품산업을 들 수 있다.

두 번째로 큰 규모를 가진 소비계층은 **여성 경제**를 들 수 있는데, 10조 위안의 시장규모와 함께 뷰티 미용, 건강, 패션 및 유아용품, 홈 코노미(가사)와 관련된 업종이 유망시장으로 뽑힌다. 여성 경제 집단은 중국 사회 내 여성 지위와 영향력의 상승으로 새롭게 부상한 소비경제 계층을 일컫는데, 주로 엔터테인먼트, 생활 방면에서 온라인 쇼핑 의존도가 높으며, 숏클립 동영상을 통한 쇼핑을 최대로 하는 소비자들을 포함한다.

세 번째로 부상하고 있는 소비 계층은 **실버 경제** 소비자들로 5조4000만 위안의 시장규모를 가지고 있으며, 관련된 산업은 의료보건, 건강식품, 연금 자산시장이 있다. 2016~2020년 기간 동안 실버 경제 시장규모는 매년 두 자릿수의 폭발적인 성장률을 기록하였으며, 2020년에는 전년 동기 대비 25.6% 성장을 기록하는 등 향후 중요한 소비시장으로 자리매김할 것으로 기대되고 있다. 이 뒤를 잇는 소비계층은 **Z 세대**로 3억2천만 명을 포함하고 있으며, 이들은 1995년~2000년 사이에 출생한 소비자들로 인터넷, SNS, 스마트폰과 같은 디지털 제품에 가장 큰 영향을 받는 소비 군으로, 2035년에는 소비 규모가 16조 위안으로 성장할 것으로 예상되어 중국의 가장 중요한 미래 소비 성장 동력으로 주목받고 있다. Z 세대가 관심 있는 소비재는 뷰티 미용, 방송 게임, 엔터테인먼트 등의 서비스 산업 품목이다

젊은 중국 소비자들은 최근 들어 **신중한 재무관리** 행태를 보인다. 알리바바 금융 플랫폼의 데이터에 따르면, 코로나 이전에 소비자의 50% 미만이 의식적으로 퇴직금을 저축해 두었으나, 코로나 19 이후 젊은 세대가 일과 삶에 대한 장기 계획에 대해 다시금 생각해 보고, 저축, 대출, 투자, 소비 행태를 바꾸고 있으며, 젊은 소비자의 60% 이상이 소비를 계획하고 충동 소비를 줄이려고 노력하는 것으로 보고된다. 중국은 현재 세계 최고 수준의 가계 저축률(36%)을 보여주는데, 소비자 설문 조사에 의하면, 코로나 19 이후 응답자의 약 41%가 자산 관리, 투자 및 뮤추얼 펀드를 통해 수입원을 늘릴 계획이며, 약 27%는 자신과 가족을 위해 건강 보험에 가입할 것을 계획하는 것으로 나타났다[8].

**신 중산층** 소비 군은 2억 명을 포함하고 있는데, 중국의 경제성장, 소득, 소비 수준의 향상으로 등장한 새로운 소비계층으로 분류되며, 이들은 비용 효율적이고 높은 품질에 대한 선호도가 높은 것으로 나타나며 주로 웰빙과 마음 지킴(Mindfulness)과 관련된 피트니스, 금융투자, 인테리어, 임대, 자동차, 문화 레저 등에 관심이 많은 것으로 보인다. 마지막으로 **귀찮아하**는 버릇 **경제** 소비 군은 1천억 위안의 시장규모를 가지고 있으며, 소위 '집돌이, 집순이'로 표현되는 란런경제(懒人: 게으른 사람들의 소비)를 일컫는다. 이 소비계층은 온라인 소비의존도가 높으며, 약 40% 이상이 배달 음식을 선호하는 것으로 나타났으며, 관련된 유망 산업은 간편식, 배달 케이터링, 첨단 IT 가전 및 대행서비스를 들 수 있다[9].

세계에서 두 번째로 큰 소비시장이자 다양한 소비계층을 보유한 중국은 특히 웰빙과 관련된 화장품, 식품 등 필수 소비재와 반도체 디스플레이 장비 및 신 에너지 차 등 한국의 강점 품목에 대한 수요가 증가하고 있으며, 위에서 보여준 6가지 소비계층 모두 개개인의 웰빙 및 마음 지킴과 관련된 소비재에 높은 관심을 보여주고 이와 관련된 한국 기업에 기회를 제공한다. 웰빙과 관련되어 떠오르는 유망시장에 성공적으로 진출하기 위해서는, 소비계층별 세부화된 특징과 성향에 적합한 맞춤형 공략이 필요하며, 진화하는 중국 소비자들의 성향을 면밀히 파악하고 소비재 유통구조에 대한 선행적인 이해가 필수라 할 수 있다.

# 11.

# 건강하고 안전한 먹거리를 통한 웰빙

인구 고령화, 디지털화, 환경위기 및 구조적 조정 단계에 들어선 글로벌 경제상황으로 인해 세계는 다각적으로 급변하고 있으며, 코로나 19는 변화의 속도에 기폭제 역할을 했다. 이로 인해 미래에 대한 불확실성은 더욱 증가하였으며, 소비자들은 삶의 질과 웰빙을 더욱 중요시하게 되었다. 정신적, 신체적, 사회적으로 건강한 삶을 의미하는 웰빙을 낭언시하던 소비자들은 코로나 19로 인해 웰빙의 소중함을 새삼 깨달았으며, **건강과 행복**의 중요성은 소비자가 가지는 핵심 가치관의 일환으로 이는 소비자의 행동에 더 큰 영향을 미치고 있다. 소비자들은 건강, 먹거리, 긍정적인 감정, 평온함, 삶에 대한 만족을 웰빙과 연관 지어 인식하고, 특히 식 소비 패턴의 큰 변화는 이런 소비자들의 의식적인 노력을 보여준다.

## 한국의 식 소비 트렌드

최근 웰빙 관련 마이크로 트렌드는 급격히 가속화되어, 특정 사회경제적, 행동적 및 소비 우선순위에도 변화를 가져오고 있는데, 한국인의 식 소비에 웰빙과 관련한 변화가 주목할 만하다. 전통적으로 한국 소비자들은 식품이 건강을 향상시킨다는 인식을 가지고 있으며, 특히, 유기농 천연식품 및 건강 기능이 있는 식품 섭취를 통해 질병 예방을 하는 식 문화를 가지고 있다. 이러한 한국 특유의 음식에 대한 개념은 웰빙 트렌드와 부합하면서, 보다 안전하고 건강한 식품을 구매하고자 하는 소비자들의 니즈가 어느 때보다 높아지고 있다.

한국 소비자들은 영양, 건강 및 식품 안전에 대해 상대적으로 높은 수준의 관심과 이해를 가지고 있으며, 영양에 최우선 순위를 두고 스마트한 식품 소비를 통해 웰빙을 추구하고자 한다. 이러한 움직임의 일환으로 채식주의와 **육류 대체품의 소비**가 크게 증가했다. 유로모니터에 의하면 2022년 한국 대체육 시장은 212억 원 규모로 코로나 19를 통해 더 가파른 성장세를 보여주고 있으며, 이는 선택적인 채식을 선호하는 소비자 인구의 증가를 나타낸다. 또한 한국 소비자들은 **건강식품**이나 비타민, 건강보조제를 구매함으로써 웰빙을 추구하고자 하는 행동을 보이기도 하며, 칼로리가 낮은 식음료의 소비도 한국에서 가장 빠른 성장률을 보였다. 가격이나 맛보다 건강한 라이프스타일을 우선시하는 소비자들을 대상으로, 건강 및 웰빙을 강조한 식음료는 향후 국내에서 지속적인 성장을 할 것으로 예상된다. 반면에, 한국은 국가별 알코올 중독 순위에서 세계 4위(남성 알코올 중독만 고려하면 2위)로 건강과 웰빙에 상반되는 식 소비 특징을 보여주기도 한다.

2022년 한국농촌경제연구원은 한국 소비자의 식 소비 트렌드 7가지 키워드를 발표했는데, 1) 알뜰 소비를 위한 못난이 농산물 구매, 2) 편리를 위한 소포장 상품, 무 포장/낱개 상품 및 간편식/밀키트 소비, 3) 제로 칼로리 제품 선호, 4) 재미를 중요시하는 펀슈머(Fun+Consumer)를 위한 식품 콜라보 제품의 인기, 5) 비건, 채식주의, 6) 뉴트로/복고풍 식품과 간식, 7) 체험을 강조한 팝업스토어가 핵심 트렌드로 소개되었다.

## 중국의 식 소비 트렌드

2021년 10월 알리바바 산하 허마프레쉬 보고서는 다음과 같이 중국의 식 소비 트렌드 10가지 키워드를 소개했다[1].

첫째, 건강과 웰빙의 재정의다. 중국 소비자들에게 건강한 삶은 과거부터 이미 중요시되어온 가치이지만, 코로나 19의 영향으로 건강에 대한 소비자의 관심은 커지고, 먹거리 선택에 건강은 핵심가치로 떠오르고 있다. 코로나 19는 건강과 웰빙의 중요성을 전 세계 소비자들에게 재확인시켰으며, 중국 소비자들의 건강을 고려한 식품 구매가 급속히 늘고 있다. 중국의 경제발전은 개인소득의 증가와 소비 수준 향상을 이어지고, 건강에 대한 높은 관심과 맞물려 중국 소비자의 식 소비 패턴이 양에서 질 중심으로 빠르게 이동 중이다.

건강을 챙기는 중국 소비자 중 **채식주의**를 실천하는 소비자가 늘고 있으며, 특히, 유기농 채소와 식물성 단백질의 수요가 뚜렷한 증가 추세를 보인다. 식물성 원재료를 활용하여 만든 대체육 가공기술의 발달로, 기존 육류 식품의 대체품이 시장에 출시되고, 미래형 단백질 공급원으로 중국 소비자들의 관심을 모으고 있다.

중국의 경우, 대체육의 소비는 특히 젊은 세대를 중심으로 확산되고 있으며, 중국 식물성 대체육 시장규모는 2023년에 130억 달러(한화 14조 4천억 원)에 이를 것으로 예측된다[19]. 그러나, 대체육 제품의 명칭, 표기 문제 등의 식품 관련 규제 정책의 부재로 인해 대체육 관련 정책 설립이 시급해 보이며, 정부, 생산업체 및 경쟁 산업 간의 협의와 협력이 확대되어야 할 부분으로 꼽힌다.

둘째, **친환경** 개념이 중국 식품산업에 빠르게 도입되고 있다. 채식주의는 기존에는 종교적, 환경적, 사회, 문화적 이유로 채식을 소비하는 경우가 많았으나, 최근 들어서 더욱 부각된 건강의 중요성과 함께 육식 문화에 대한 부정적 의견이 증가하고, 지속가능 소비의 개념에서의 채식주의가 중국에서 증가하고 있다. 또한 동물 복지와 환경보호 등의 윤리적인 가치에 초점을 둔 채식 소비도 증가하고 있으며, 코로나 19 이후 이러한 트렌드는 더욱 강화되고 있는 실정이다.

셋째, 중국 소비자들은 이제 **경험**을 중요시한다. 코로나 19 기간 동안 해외여행이 어려워지면서, 자국 내 지역 특유의 음식을 찾고 즐기는 소비자가 늘어났다. 이와 함께, 외국 음식과 식 문화에 관심을 가지는 중국 소비자도 늘었다. SNS나 인터넷을 통해 쉽게 타국의 식 문화에 대한 정보를 얻을 수 있어, 중국 내에서의 외국 음식에 대한 수요도 늘어나고 있다.

넷째, **신선 식품**이 대세다. 중국 소비자들은 이제 맛뿐만 아니라 건강, 안전까지 다 갖춘 신선 식품을 원한다. 허마셴성은 중국의 대표적인 신선 식품 대형슈퍼마켓 체인으로, QR 코드 인증시스템을 통해 식품 안전 추적 정보를 제공한다. 중국 소비자는 식품 QR 코드를 통해 식품의 원산지, 생산지 및 유통과정에 대한 정보를 쉽게 접할 수 있으며, 투명하고 효율적인 식품 안전 인증제는 중국 소비자의 신뢰와 충성을 끌어내는 역할을 하고 있다.

### 1. 신선 식품 전자 상거래

코로나 19로 인해 중국 소비자는 건강하고 신선한 식품을 온라인으로 구매하기 시작했으며, 코로나 19 전염병에 의해 가속화된 주문형 소비 중 신선 식품 구매는 일일 소비의 70%를 차지하는 주문형 배달의 가장 큰 부분이 되었다[2]. 중국의 신선 식품 유통은 전자 상거래 및 라이브 스트리밍 판매로 진화하고 있으며, 중국 소비자는 온라인 비디오 마케팅을 통해 농민과 직접 접촉하여 신선 식품을 구매하는 완전히 새로운 경험을 하고 있다. 신선 식품의 온라인 유통업체들은 상품의 15%를 한 시간 안에, 32%를 하루 안에, 그리고 34%를 다음날까지 배송하는 혁신을 가져왔다. 특히 인구 밀도가 높은 도시에 거주하는 20대 또는 30대의 젊은 전문직 종사자와 밀레니얼 세대는 품질, 빠른 배송 및 편의성을 제공하는 온라인 신선 식품을 선호한다[3]. 2020년 1인당 신선 제품에 대한 연간 소매 지출은 미화 525달러로 급격한 증가를 보였는데 이러한 추세는 코로나 19 이후에도 지속적으로 이어지고 있다.

### 2. 전통 유통 브랜드 충성도의 몰락

코로나 19로 인해 겪은 물리적 제약은 중국 소비자들로 하여금 새로운 상점과 브랜드를 시도하고자 하는 동기를 주었으며, 소비자의 4분의 1 이상이 새로운 상점으로 이동하였으며, 그중 47%는 다시 전환할 의사가 없음을 시사했다. 이러한 소비자들의 변화는 중국유통업계에 지각변동을 가져왔으며, 소비자들의 높은 브랜드 충성심을 보유하던 유통업체들에게 커다란 위기로 다가왔다. 고로나 19 팬데믹을 거치며 중국 소비자의 온라인 신선 농산물 플랫폼 선택은 **식품 안전**, **배송 속도** 및 **온라인 서비스**의 3가지 핵심 요소에 의해 결정되었다. 주문형 1시간 배송의 증가는 중국 유통 소매 산업에 파괴적 혁신을 가져오고, 쇼핑 경험에 대한 소비자의 기대치를 높였다. 중국 주요 도시의 소비자 수요의 급격한 증가로 인해 유통 소매업체, 주문형 소매 플랫폼 및 배달 서비스는 전반에 걸쳐 빠른 속도, 유연성 및 편의성에 의한 경쟁을 하고 있다.

## 코로나 19와 중국의 식품 안전

중국에서는 2008년에 일어난 멜라닌 분유 오염의 대형 식품 사고 이후 '쓰레기' 식용유, 인조 달걀, 패스트푸드점 불량 고기 등의 여러 가지 식품 안전사고가 발생하여 중국 소비자들의 식품 안전에 대한 관심과 염려는 오랫동안 중요한 사회적 이슈로 여겨져 왔다. 중국 소비자들의 식 소비 가치관의 변화로 맛과 함께 건강을 중요시 여기며, 가격과 품질을 동시에 고려하는 성향을 보이고 있다. 여기서 품질의 개념에 식품 안전이 포함되는데, 이에 대한 소비자의 평가는 다소 주관적일 수 있다. 식품 안전에 대한 소비자의 평가는 식품에 내재된 안전성 및 잠재적 위험과 관련이 있다. 소비자들의 인식된 위험은 단순히 객관적, 기술적 측면보다는 감정적, 주관적 평가에 의해 가중되며, 여기에는 심리적, 사회적, 재정적, 물리적, 성과 및 시간적 측면이 고려되어 소비자들의 위험 인식이 형성된다[4].

코로나 19는 이러한 다방면의 측면에서 소비자들에게 지각된 위험을 부여하며, 식품 안전에 대한 우려를 증가시켰으며, 특히 야생동물 섭취로 인해 발생할 수 있는 잠재적 위험으로 인해 야생동물을 섭취하는 중국 소비자들이 크게 감소했다. 코로나 19는 중국 후베이성 우한에서 시작되어 전 세계적인 팬데믹 현상으로 발전했으며, 코로나 19의 원인 중 하나로 야생동물을 식용, 약용하는 중국의 문화가 지목되었다. 코로나 19 창궐 이후 중국 정부는 2020년 초에 야생동물 거래를 전면 금지하고 단속을 강화했다. 이와 함께 코로나 19 발생 이후, 중국 소비자의 식품 안전에 대한 우려는 더욱 증폭되고 있으며, 특히 야생동물 섭취를 위험하게 보는 중국 소비자들이 크게 늘어났다. 중국 소비자들은 중국의 전통적 재래시장과 육류 공급망 운영방식에 대해 의구심을 가지게 되었으며, **대형슈퍼마켓이나 전자 상거래 플랫폼을 통한 식품 구매**를 선호하게 되었다. 이처럼 중국 소비자들의 식품 안전 관리 시스템에 대한 불신과 코로나 19에 대한 우려는 중국 소비자의 식 소비 행동에 큰 영향을 주고 있다.

중국 식품 시장은 규모가 크며, 2021년 3월 시점 중국 식품업체는 약

2400만 개로 추정되어, 잦은 식품 안전문제가 발생한다. 최근 5년간 중국 식품업체의 식품 안전 관련 행정처분 건수는 2016년 약 1만6200건, 2017년 2만9500건, 2018년 약 4만6400건, 2019년 약 5만1700건, 2020년 약 3만7200건으로 보고 되었으며[5], 2021년 중국 내외 유명 프랜차이즈 외식, 수퍼마켓 등의 16개 대표 식품 유통 브랜드(예: 스타벅스 & YongHui마트)에서 식품 안전문제가 발생한 것으로 나타났다. 또한 2021년 유명 글로벌 식음료 브랜드 5개(예: 하겐다즈 & GENKI FOREST)는 판매한 제품의 실제 성분과 다르게 허위 홍보를 하는 등의 그린워싱을 한 것으로 보고된다[6]. 이러한 유명 식품 유통 브랜드들의 식품 안전문제와 그린워싱 이슈는 중국 소비자들의 신뢰를 심각하게 훼손하고, 소비자가 회의적인 태도를 갖게 한다.

식품 안전에 대한 우려는 중국 소비자로 하여금 검증된 인증 제품을 선호하게 하는데, 식품 안전에 민감해진 중국 소비자들의 **녹색 마크 식품 선호도**는 더욱 높아지고 있다. 중국에서 녹색 마크로 인증된 식품은 정해진 기술 규정에 맞춰 오염 없이 안전하게 우수한 품질로 생산된 제품으로 녹색 마크를 통해 인증되고 유통되며, 생산 환경과 상품의 안전성을 보장하는 식품이다. '토지에서 식탁까지' 전 과정의 품질을 규제하며 생산, 가공, 포장, 저장과 운반과정에서 엄격한 모니터링, 규제 표준화를 통과한 후에 생산되며, 녹색 식품의 기준은 국제식품규격위원회(CAC) 기준을 기초로 두고, 국제 선진 수준에 의해 제정 되어있다[7]. 중국의 녹색 인증 식품의 주요 상품은 곡류, 식물성 식용유, 채소, 과일, 고기류, 수산물, 주류, 유제품 및 각종 가공품 등이 있는데, 중국의 녹색 식품 인증제도는 2012년 7월에 시행되어, 녹색 식품 생태환경을 지원하는 정책으로 자리 잡고 있다. 중국 정부는 코로나 19 이후 녹색 식품 산업과 관련된 분야를 강화하여 진화하는 중국 소비자의 식 문화와 소비를 반영하는 지원책을 내놓을 예정이다[8].

## 헤마 HEMA Xiansheng의 급부상

2015년에 알리바바는 뉴 리테일'New Retail' 전략의 일부로, 디지털과 오프라인 소매가 융합된 옴니 슈퍼마켓을 헤마HEMA라는 브랜드로 열었다. 2018년에 미국에서 오픈한 아마존 고Amazon Go와 같은 개념의 온오프 on/off 융합 유통플랫폼이다. 헤마는 스마트폰을 중심으로 설계된 하이테크 유통서비스로, 소비자가 식료품을 쇼핑하는 동안 디지털 장바구니에 상품을 담는 것부터 제품 영양 정보를 얻고 상품을 지불하는 것에 이르기까지 상점의 모든 서비스를 스마트폰을 통해 제공한다[9].

알리바바는 헤마를 통해 중국 유통서비스를 혁신하고 있다. 소비자가 헤마 모바일 앱을 통해 구매하려는 각 품목의 QR 코드를 스캔하여 쇼핑하면 해당 품목은 디지털 장바구니에 추가된다. 제품의 QR 코드를 스캔하면 고객에게 제품의 신선도를 포함한 제품 배달 정보가 제공되며, 영양 정보, 고객 리뷰, 조리법 및 배달 옵션이 제공된다. 헤마 앱은 또한 소비자의 구매 행동을 기억하고 머신 러닝을 활용하여 고객에게 맞춤형 제품을 추천한다.

출처: oneweidesign, 2023.

오프라인 매장에서의 안면 인식 결제, 매장 내 로봇이 서빙 하는 자동화된 식당 및 매장과 식당의 하이브리드 개념의 실험적 유통을 제공하며, 빠르게 진화하고 있다. 알리바바는 2023년까지 2000개의 헤마 매장을 확대할 계획을 예정으로, 중국 소비자의 식 소비와 라이프스타일을 리드하고 있다.

출처: oneweidesign, 2023.

헤마의 빠른 성장과 성공에는 세 가지 위험요소에 대한 효율적인 대처와 솔루션이 뒷받침되어 있다. 팬데믹 이후 공급사슬의 불안정은 유통업계의 가장 큰 위험요소이다. 헤마는 안전한 공급망 관리를 위해 자체 프로세싱 센터를 운영하고 있으며, 대규모 자동화 장비에 투자하여 신속하게 역량을 강화했다. 두 번째 위험요소는 식품 안전과 식품 사업장의 위생 및 안전이다. 코로나 19로 인해 소비자는 사업장의 안전과 위생에 특별한 주의를 기울이게 되었으며, 이에 대응하기 위해, 헤마는 식품 안전 및 안전한 사업 환경을 조성하는 시스템을 발전시키고 있다[10].

세 번째 위험요소는 불확실한 인력난이다. 급속한 확장과 함께 요구되는 인력 부족을 해결하기 위해 협력업체와 인력을 공유하는 유연성을 보였다. 춘절 기간 동안 전국 헤마 매장 직원의 70%만 근무하여, 급증하는 주문 수요를 감당할 수 없었다. 헤마는 임시 폐쇄된 레스토랑에서 대기 중인 직원의 '이동' 아이디어를 처음으로 제시하였으며, 500명의 직원을 임시 모집하여 인력난을 해결하였다. 그 이후로 이 조치는 중국 외식 업계의 주목을 받았으며, 현재 많은 케이터링 회사들과 헤마는 협력관계를 형성하여 유동적이고 유연한 인력관리를 하고 있다. 이 경험을 바탕으로 헤마는 현재 인력 공유 서비스 플랫폼을 준비 중이다. 단순한 기업 간 협력이 아닌 직원 공유를 위한 사회화된 시스템 구축을 촉진하기 위해 직원 공유 플랫폼을 만들 가능성을 모색하고 있다[11].

뿐만 아니라, '직원 빌리기'에서 '차 빌리기'로 공유 영역을 확장하고 있다. 헤마는 상하이 폭스바겐 여행사와 협력하여, 대중을 통한 유통 배송을 시도하고 있다. 다년간의 운전 경험이 있고 상하이의 도로에 익숙한 운전자로 구성된 대중 유통서비스를 통해, 더 많은 자원을 확보하고 있다. 이러한 헤마의 공유 서비스는 기업을 연결하여 커뮤니티를 만들고 기존의 인적, 물적 자원을 완전히 통합하고 활용하는 전략이다. 팬데믹은 유통 소매 산업에 커다란 위협으로 도전을 제기했으나, 헤마는 혁신적인 새로운 소매 서비스 및 자원의 관리방식으로 이러한 문제를 해결하고 있으며, 중국유통업계의 새로운 강자로 자리 잡고 있다. 헤마는 오픈 한지 7년 만에 2022년 흑자로 전환하는 큰 성과를 보이는데, 이는 불황 속에 고전하는 다른 경쟁업체들과 비교해 볼 때 의미 있는 경쟁력의 확장을 뜻한다.

### 중국 소비자 구매 프로세스의 디지털화

코로나 19, 고물가 고환율, 고금리의 경제적인 스트레스 등의 물리적인 요인들로 인한 중국 소비자의 구매 패턴의 변화는 기업에 시사하는 바가 크다. 소비자 구매 프로세스 전반의 디지털화는 소비자로 하여금 더욱 다양한 옵션과 정보를 가지고 빠르게 구매할 수 있게 하고, 다양한 구매 요인과 개개인의 가치에 의해 의사결정을 내리는 형태를 보인다.

기업의 입장에서 보면 이는 새로운 도전이 아닐 수 없다. 내부 프로세스를 전략적으로 재설계하는 동시에 지속적으로 조정할 수 있는 유연하고 민첩한 비즈니스 모델을 유지해야, 진화하는 소비시장에 맞는 대응방안과 솔루션을 제공할 수 있을 것이다. 팬데믹 이후 환경에서 달라진 소비자의 기호와 성향에 맞는 새로운 비즈니스 모델을 창출하기 위한 노력은 필수적으로 이루어져야 하며, 여기에는 민첩성과 함께 안정성을 보유한 기업만이 핵심 개선을 통한 새로운 비즈니스 창출을 할 수 있을 것이다.

## 일본의 식 소비 트렌드

### 1. 로우터치 소비문화

식 소비의 디지털화 및 로우터치Low-touch 소비문화로 일본은 빠르게 진화하고 있다[20]. 로우터치 소비는 식당 배달, 셀프 체크아웃, 온라인 구매/현장 픽업 등을 말한다. 코로나 19 이후 일본 소비자들은 **건강**과 **편리성**을 중요시 여기며, 재택근무와 함께 집밥을 소비하는 추세다. 이와 함께 시간 소모가 적은 냉동식품과 밀 키트 상품의 소비가 늘어나고 있다. 코로나 기간 동안 일본의 식품 밀키트 시장은 비약적인 성장을 이루어 2021년에는 1,600억 엔까지 규모를 키웠으며, 2024년에는 1,900억 엔의 규모를 이룰 것으로 예상된다[12].

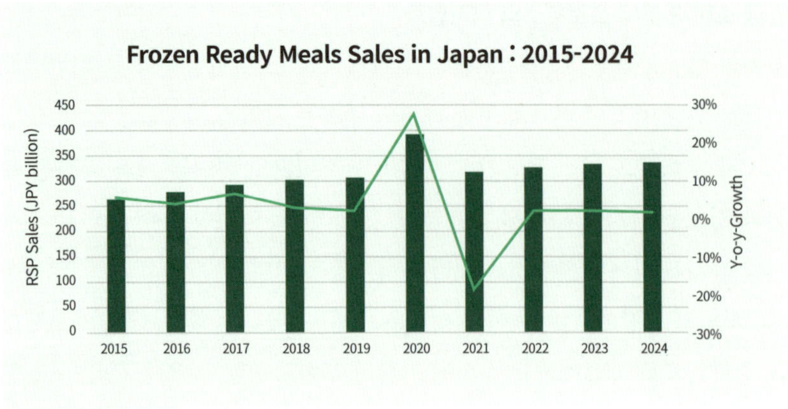


출처: oneweidesign, 2023.

코로나 19는 매장에서 매일 소량의 식품을 구매하는 전통적인 쇼핑 패턴을 선호하는 일본 소비자들의 행동을 변화시켰으며, 온라인 식품 구매는 더욱 대중화되고, 건강을 중시하는 성향은 더욱더 강해졌다.

## 2. 비주류인 채식주의

서양 사회에서 채식주의는 대세로 떠오르며, 건강 및 환경문제 해결을 위해 채식을 선택하는 소비자가 지속적으로 증가하고 있는 반면, 일본에서 채식주의는 비주류에 속한다. 예를 들어, 2020년 기준 유럽과 미국에는 40,000개 이상의 비건-채식 식당이 있는 반면 일본에는 2,100개의 비건-채식 식당이 운영되고 있다. 이런 채식주의의 흐름에 도쿄 올림픽 2020으로 인해 변화가 생겼다[13]. 일본을 방문하는 채식주의 외국인을 대접하기 위해 비건 요리를 제공하는 식당이 도쿄에 늘어났으며, 자연스럽게 이를 소비하는 수가 증가하고 있다. 일본의 채식주의자는 비록 소수에 불과하지만, 일본 육류 정보 서비스 센터가 실시한 조사(2019)에 따르면, 소비자의 50% 이상이 대체육에 대한 지식을 가지고 있으며, 응답자의 60% 이상이 건강과 지구를 위해 식물성 제품으로 대체 소비할 의사가 있다고 보고되었다. 이처럼 일본 소비자들은 윤리적, 환경적, 건강적 측면을 고려한 채식주의에 관심을 보이고 있다.

### 3. 식품 안전성 불신

**건강**과 함께 **식품 안**전은 일본식 소비의 중요한 측면으로 일본 소비자들에게 오랫동안 인식되어 왔는데, 일본 내에서도 여러 건의 식품 안전사고로 인해 소비자의 불신을 가져오고 있다. 2021년 6월 온라인으로 실시한 일본 식품 안전 조사에 따르면 응답자 1만180명 중 절반이 식품 안전에 불안감을 느끼고 있다고 답하였으며, 특히 '**수입식품의 안전성**'이 불안감을 느끼는 주요 원인 중 하나로 밝혀졌다[14]. 일본 소비자들의 국산 식품에 대한 선호와 신뢰도가 높은 것으로 보이며, 이러한 국산 식품에 대한 선호도는 국산 식품의 높은 가격에도 반영된다. 이러한 일본 국산과 수입 식품의 가격 차이는 원산지 조작 스캔들 같은 식품 안전사고로 이어지기도 한다.

2021년 12월 일본 미디어에 의해 지난 5년간 중국산 장어를 일본산 제품으로 포장하여 판매한 일본의 한 수산 보도하였는데, 이 회사가 최근 판매한 장어 약 3만1250마리 중 최소 6640마리가 중국 원산지로 알려져 사회적 물의를 일으켰다[15]. 또한 2022년 2월 언론에 보도된 일본 구마모토현의 한 해 바지락 어획량이 21t에 불과함에도 불구하고, 시장에서는 2485t의 바지락에 '구마모토현산'이 표기되는 등 일본 내 식품 시장에서 원산지 조작이 적지 않음을 보여준다[16]. 이 같은 반복되는 원산지 조작 스캔들은 국산 브랜드와 식품업계에 대한 일본 소비자들의 신뢰에 큰 타격을 주며 식품 시장과 식품 안전 시스템에 대한 불신으로 이어져, 소비자들의 식 소비문화에도 부정적인 영향을 줄 수 있다.

## 일본 온라인 식품 시장의 강자 오이식스(Oisix ra daichi)

일본 소비자들의 식품 안전에 대한 염려와 국산 식품 선호를 고려하여 유기농, 무첨가 신선 식품 온라인 판매를 2013년부터 일찍 시작한 오이식스Oisix는 일본 온라인 식품 시장의 선두주자로 코로나 19를 거쳐 부동의 1등 자리를 굳힌 강자다. 오이식스는 유기농 채소, 국내 특산 농산물, 무첨가 가공식품 등의 제품 판매를 통해 식품 안전과 제품의 신선함을 강조하여 부가가치를 높이며, 식품 구독 배달 서비스를 통해 소비자의 충성도를 유지하는 비즈니스 모델을 가지고 있다[17]. 일회성 구매로 이루어지는 일반 전자 상거래 사이트와 달리, 오이식스의 플랫폼 고객의 대부분은 주간 택배 서비스를 가입하고 매주 오이식스가 제공하는 추천 목록에 의해 제품을 주문 구매하는 특이한 형식으로 이루어져 있다.

오이식스는 자체의 식품 안전 및 품질 기준을 높게 설정해 공급자 및 생산자들의 제품 품질과 안전을 엄격히 관리하는 것으로 유명하며, 이에 대한 가치는 소비자들이 인식하여 프리미엄 가격을 지불하고 있다. 또한 오이식스는 '내일을 위한 농장, 내일을 위한 식탁' 'Farm for Tommorrow, Table for Tommorow'라는 미션을 가지고 식품과 관련된 환경과 사회적 문제에 대한 솔루션을 발전시키고 제공하는데 목표를 두고 있어 소비자들의 호응을 얻고 있다.

이와 함께 오이식스의 밀키트Kit Oisix 제품은 고품질과 편리성 및 다양성을 가진 제품으로 일본 소비시장에서 유명한데, 매주 변경되는 20가지 이상의 식사 옵션을 제공하고 20분 안에 만들 수 있는 메인 요리와 반찬을 만들 수 있는 밀키트 형식을 제품을 판매하고 있다. 또한 오이식스의 일부 밀키트는 인기 셰프, 요리 전문가가 감수한 레시피를 사용하여 소비자들이 집에서도 고급 레스토랑 수준의 식사를 즐길 수 있도록 한다는 점을 내세워 인기를 얻고 있다. 이러한 오이식스 밀키트 제품은 2인 기준 1000-1,500엔으로 적당한 가격을 가지고 있으며, 소비자들의 시간 절약, 음식 낭비의 절감 및 포토제닉한 완성된 요리 등의 강점을 지니고 있어 코로나 19와 함께 변화한 일본 소비자들의 식 소비 선호도를 잘 반영한 성공적인 비즈니스 모델로 평가받고 있다.

Kit Oisix meal kit

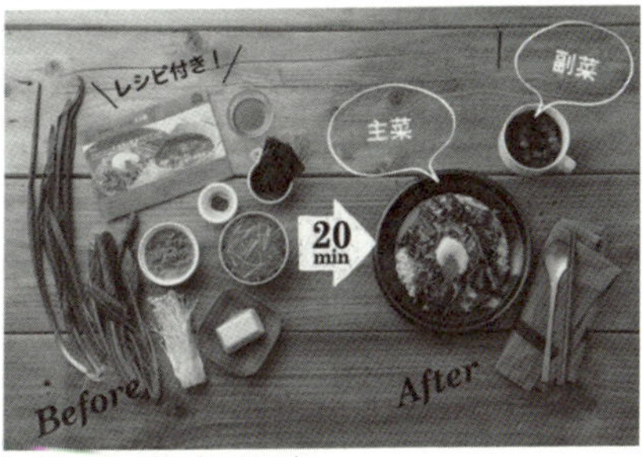


Source: Shared Research based on company data.

오이식스는 2021년 코로나 19 기간 동안 밀키트의 인기와 신규 구독 가입자의 증가(전년 대비 121% 증가)로 710억 41000 만엔 매출, 2분기 영업이익이 441% 증가하는 급성장을 이루었으며, 특히 팬데믹 기간 동안 건강을 더욱 중요시하는 소비자들의 채식주의에 맞춘 비건 키트Vegan Kit의 매출이 전년 대비 1.6배 증가하는 등의 성공적인 마케팅을 한다. 또한 코로나 19시간 동안 실시된 사회적 거리 두기로 어려움을 겪었던 레스토랑들과 협업하여 밀키트 신제품을 선보였는데 이 또한 고객의 니즈와 외식업체들의 니즈를 모두 충족시키는 큰 성과를 거두었다.

문제는 엔데믹으로 인한 일본 소비자들의 행동 변화다. 집에서 식료품을 보관할 수 있는 공간적 제한이 큰 일본에서 전통적으로 소비자들은 근처 슈퍼마켓에서 자주 쇼핑하는 것을 선호하는데, 코로나의 감소로 인해 자유로 와진 일본 소비자들이 예전의 구매 행태로 돌아가면 오이식스의 식품 구독서비스의 뜨거웠던 인기가 지속 가능할지 의문이다. 오이식스 구독서비스의 편리성과 안전성 그리고 식품의 높은 품질은 경험해본 소비자들은 일반적인 오프라인 슈퍼마켓 식품의 구매와 함께 오이식스 제품을 보완 재로 활용할 것으로 예상된다[18].

# 12.

# 아시아의 미래 식품 소비 어디까지 왔나?

## 미래식품이 대세다

이노바 인사이트 Patrick Mannion 회장은 2022년 글로벌 식 소비 트렌드 10가지를 소개했는데, '지구의 건강, 식물성 단백질, 식탁 위의 기술, 식생활의 진화, 소비자의 참여, 장 건강, 원산지로의 회귀, 체험 소비, 업 사이클링 그리고 나의 가치와 브랜드'가 핵심 키워드이다. 2022년 10가지 키워느 대부분 지속가능성에 기반을 둔 개념으로, 소비자들의 식 문화와 소비에도 **지속가능성**이 중요 해졌음을 볼 수 있다.

엔데믹으로 귀환하면서 소비자의 푸드 트렌드에 영향을 주는 3대 요소로 첫째, **자연 환경적**인 요인인 기후변화, 생태계 파괴, 둘째, **경제 환경적** 요인인 인플레이션, 석탄 자원 고갈 및 비료와 식량 가격의 폭등, 그리고 셋째로 **사회 문화적**인 요인인 개인화와 디지털화 및 고령화 등이 언급되고 있다[1]. 이와 관련하여, 최근 소개된 2023년 글로벌 10대 푸드 트렌드는 다음과 같은 키워드를 소개한다. 지속가능 소비의 실천에 있어서 식품기업의 역할, 인플레이션을 이기는 제품 –편의점 도시락, 식품과 헬스케어의 융합-건강 기능식, 대체식의 대중화, 개인맞춤형 배달식의 등장, 건강한 패스트 푸드, 실버 푸드 마켓, 매운맛의 수요 증대, 건강한 버섯/해조류 식품군의 성장, 그리고 빅데이터를 기반으로 하는 메뉴 엔지니어링의 진화 등이 핵심 키워드로 떠올랐다. 이 키워드들은 팬데믹을 거치면서 변화한 소비자들의 식 소비 트렌드가 좀 더 세분화되고 대중화되는 지속가능 식 소비로 발전하고 있음을 보여준다.

모든 소비 분야 중에서 먹거리가 환경에 미치는 영향이 가장 큰 부분으로 나타나는데[2], 먹거리 생태계에서 나오는 이산화탄소 배출량은 약 125t으로 전 세계 이산화탄소 배출량의 약 24%다. 이 중 56억 톤은 주로 축산 및 식품 폐기 처분에서 나오며, 69억 톤은 벼 생산, 농경, 비료 사용, 산림 벌채 등의 행위에서 나온다[3]. 쇠고기나 우유 같은 동물성 식품을 생산하기 위해서는 자동차, 비행기 및 기타 운송 수단을 모두 합친 것보다 더 많은 온실가스를 배출한다. 유엔식량농업기구(FAO)에 의하면 사육된 동물을 키울 때 발생하는 이산화탄소 배출량은 전 세계적으로 인간이 유발하는 배출량의 약 14.5%를 차지하며 쇠고기와 우유 생산이 주범으로 나타나, 축산을 빼놓고 환경문제를 논하기 어렵다[4]. 온실가스 감축에 소비자가 참여할 수 있는 효과적인 방법의 하나는 육류섭취를 줄이는 것이 될 수 있다. 점점 많은 소비자가 인류의 건강과 함께 지구의 건강에 관심을 가지기 시작하고 이를 식 소비에 반영하고자 하고 있다. 소비자들은 동물성 식품의 소비를 줄이고 식물성 단백질 소비로 대체함으로써 환경보호에 기여하고, 식 농장에서 고통받는 동물과 지구를 보호할 수 있다고 생각한다[5].

**환경오염을 완화**시키는 **대체육**은 차세대 '**미래 식품**'으로 소비자들에게 인식되어 새로운 식 소비 트렌드로 자리 잡고 있다. 대체육은 일반적으로 육류를 대체할 수 있는 식품으로, 식물성 대체육, 균류 단백 식품, 배양육, 곤충 단백 식품, 해조 단백 식품 등이 포함되어 있으며[6], 전통적인 육류가 환경문제, 동물 복지, 소비자 건강 등에 미치는 부정적 영향을 완화하는 데 도움이 된다[7,8].

'비건'과 같은 **채식주의**와 함께 소비자들의 **식물성 단백질**의 소비가 늘고 있다. 국제 채식 연맹(IVU)에 의하면, 전 세계 채식 인구는 2019년 약 2억 명으로 추산된다. 환경운동가인 전 미국 부통령 '앨 고어'(Al Gore)는 채식주의를 선택하였으며, 빌 게이츠는 콩 버섯 등 식물성 단백질을 가공한 **대체육**을 생산하는 스타트 업에 투자를 했다. 글로벌 리더들의 이런 선택은 환경문제 개선과 함께 식물성 단백질에 기반한 식품 시장의 전망을 방증한다. 글로벌 대체육 시장규모는 2019년 약 47억 달러 규모로 2023년 약 60억 달러 규모로 성장할 전망이다. 글로벌 대체육 시장은 미국, 유럽 등을 중심으로 성장하고 있으며, 중국, 일본, 한국 등 동아시아권으로 확산될 조짐을 보이고 있다[9]. 현재 미국이 약 10억 달러 규모의 가장 큰 시장이며(글로벌 대체육시장의 21%), 중국 2.8억 달러(6%), 일본 2.2억 달러(4.7%), 한국은 0.2억 달러로 세계 38번째 규모의 시장이다[9]. 글로벌 대체육 시장 개발은 미국 대체육 기업인 비욘드 미트(Beyond Meat)와 임파서블 푸드(Impossible Foods)가 주도하고 있으며, 글로벌 프랜차이즈 KFC, 스타벅스 등도 대체육을 사용한 메뉴를 출시하고 있다.

대체육은 친환경, 동물보호, 및 건강한 식생활을 추구하는 웰빙 트렌드에 부합하는 미래식품으로 코로나 19 이후 대체육의 수요는 더욱 늘어날 전망이다. 대체육은 원래 세계인구증가에 따른 육류 공급 부족 현상에 대응하기 위한 **미래형 단백질공급원**으로 소개되고 출시되었으나, 자원고갈 및 환경문제 등의 글로벌 사회 문제 해결과 연결되어 소비자들의 **가치 소비**로 이어지고 있다. 식물 기반 식품의 트렌드는 지속가능한 소비 가치의 부상과 건강과 웰빙에 대한 소비자들의 높은 관심과 함께 소비자들의 식습관에 더욱 깊이 자리 잡을 것으로 전망된다.

## 중국과 일본 소비자의 대체육 소비 : 실증분석 4

중국과 일본 소비자의 환경에 대한 관심과 지식이 지속가능 식 소비에 미치는 영향을 알아보고자 국가별 사회적 특성과 소비자의 특성 및 대체육 식품 소비에 대한 설문조사과 실증분석을 실시하였다. 2022년 3월~4월 기간 동안 중국과 일본의 20~30대 MZ 세대 소비자를 대상으로 설문 조사를 실시하였으며, 총 668부(중국 380명, 일본 288명)의 데이터를 분석하였다.

내부적인 선행 요인: 소비자의 **환경 관심** & **환경 지식**
중간 역할을 하는 매개 요인: 소비자의 **환경 태도**와 사회적 영향을 나타내는 **주관적 규범**
결과 요인: 대체육 **구매 의**도 및 **구매 행동**

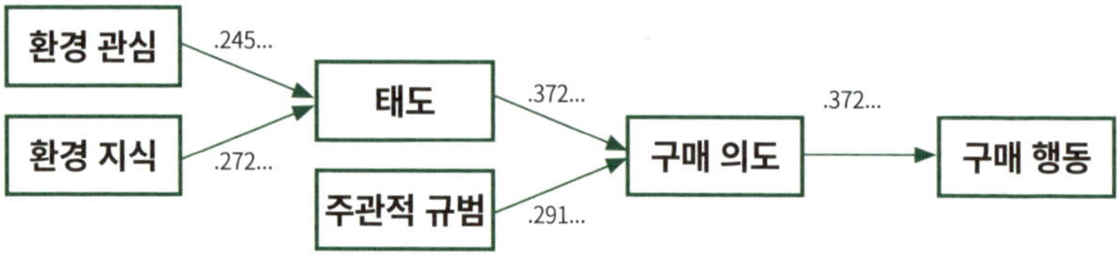


### 아는 만큼 보인다 – 환경 지식의 중요성

분석결과 소비자들의 환경 지식이 환경 관심보다 상대적으로 크게 식 소비 태도에 영향을 미치는 것으로 나타나는데, 중국과 일본 모두 소비자의 환경 지식이 많을수록 지속가능 식품에 대해 적극적이고 긍정적인 태도를 보이고 있다.

환경 지식은 소비자들이 자연환경과 생태계에 대해 알고 있는 사실, 개념, 관계에 대한 일반적 지식의 정도를 말하며, 지각된 환경 지식은 환경오염, 에너지 사용과 효율, 재활용과 폐기물 발생 등 환경 또는 지속가능한 발전에 관한 문제를 얼마만큼 감지할 수 있는 능력이 있는지를 말한다[10]. 환경 지식은 3가지 차원(시스템 지식, 행동 관련 지식, 유효성 지식)으로 구분되는데, **시스템 지식**은 환경문제에 대한 지식이고, **행동 관련 지식**은 환경문제를 해결하기 위해 어떤 행동을 취해야 하는지에 대한 지식이며, **유효성 지식**은 환경에 책임을 지는 방식으로 행동하도록 만드는 지식이[11]. 환경문제에 대한 소비자의 지식은 자원의 과도한 사용 결과에 대한 인식'이고, '환경 행동 지식은 '조치를 취하여 환경문제를 해결하는 것에 대한 인식'이며, 따라서 소비자의 지속가능 행동에 큰 영향을 미친다[8, 9]. 소비자가 가지는 환경 지식의 중요성은 많은 연구에서 보고된바 있다[12,13,14].

또한, 소비자의 **환경 관심**이 식 소비에 미치는 중요한 영향도 자주 언급되고 있다[15]. 퓨리서치Pew Research가 2021년에 발표한 조사에 의하면, 17개 선진국의 72%의 응답자는 기후변화가 자신의 삶에 미치는 부정적인 영향에 대한 염려를 하고 있으며[8], IBM 리서치 인사이트-'소비자 니즈 다양화' 보고서에 따르면 현재 전 세계 소비자의 62%가 환경에 미치는 영향을 줄이기 위해 쇼핑 습관을 변화할 의지를 가지고 있는 것으로 나타나 글로벌 소비자의 환경에 대한 관심이 소비문화에 미치는 영향은 점차 증가하고 있는 것으로 보인다[9].

환경 관심은 소비자 태도와 녹색 제품 구매 의도에 미치는 가장 중요한 핵심 요인 중의 하나로 간주되고 있으며, 환경에 높은 관심을 가진 소비자들은 적극적인 태도와 강한 구매 의도를 보이는 것으로 연구를 통해 다수 보고되었다[16,17,18,19,20,21,22]. 환경 관심은 3가지 차원(자기 중심적, 타인 중심적, 생태 중심적 관심)으로 분류되기도 하는데[22], 자기 중심적(Egoistic concerns)

관심은 나의 건강, 미래, 나의 라이프 스타일, 나와 관련된 환경문제에 대한 관심을 말하며, 타인 중심적(Altruistic concerns) 관심은 모든 사람들, 지역 사회의 사람들, 어린이, 우리 아이들과 관련된 환경문제에 대한 관심이며, 생태 중심적(Biospheric concerns) 관심은 식물, 동물, 해양생물, 조류와 관련된 환경문제에 대한 관심을 말한다[23].

## 앞서가는 일본의 윤리적 소비문화와 환경 지식

일본 소비자의 환경 관심과 환경 지식은 중국에 비해 상대적으로 높으며, 두 가지 요인 모두 지속가능 소비 행태에 중요한 요인들로 작용하고 있다. 일본 생명보험회사가 2021년 9월 1만138명을 대상으로 환경문제에 대한 설문 조사한 결과 응답자의 75.5%가 환경문제에 관심이 있다고 답하였으며, '일상적으로 환경문제를 해결하는 방법'에 대해서는 67.8%가 자루와 병을 지참한다고 답했고, 64.5%는 쓰레기 분리수거, 46.8%는 물과 전기 사용 절약이라고 답하였다. 또한 응답자의 73.2%는 비 친환경 제품보다 친환경 제품이 비싸더라도 친환경 제품을 구매한 적이 있다고 답하였다[24]. 구루나비ぐるなび"는 2021년 7~8월 1266명 응답자를 대상으로 '건강하고 친환경적인 음식 및 소비'주제로 설문 조사한 결과 54.6%가 지속가능 개발 목표에 관심이 있는 것으로 나타났으며, 유기농 식품에 대해서는 거의 절반이 알고 있다고 답했고, 34%는 먹어봤다고 답하였다. 대체육에 대해서는 47%가 알고 있고 24%가 먹어봤다고 한다[25]. 이처럼 일본 소비자들은 높은 수준의 환경 지식과 환경 관심을 가지고 있으며, 대체육 소비에 있어서 이러한 요인이 크게 작용하는 것으로 나타났다.

## 중국과 일본 소비자는 대체육을 왜 먹을까?

중국 소비자의 경우 환경에 대한 높은 관심을 가지는 것으로 나타나지만, 상대적으로 환경에 대한 지식은 낮게 나왔다. 중국 생태환경부는 2021년 5월 전국적으로 4만 8945명을 대상으로 친환경 소비 행동에 대한 조사하였는데, 결과에 따르면 응답자의 70% 이상이 생태환경에 관심을 갖고 있으며, 구체적인 행동에서는 80%가 자원 에너지 절약, 70%가 저 탄소 출행, 50%가 녹색 소비 및 쓰레기 분리처리를 '할 수 있다'고 답하였는데[26], 여기서 소비자들의 의향과 실제적인 실천 행동 간의 괴리는 좀 더 살펴볼 필요가 있다. 중국 MZ 세대 소비자(n=2500)의 70%는 환경과 관련된 사회적 의제에 관심을 갖고 있으며, 응답자의 44%는 무첨가 식품(유기농 식품 포함), 응답자의 12.6%가 대체육을 구매한 적이 있는 것으로 보고되어, 특히 대체육에 대한 지식과 경험이 일본에 비해 상대적으로 낮은 수준으로 나타났다.

대체육에 대한 태도와 구매 의도에 있어서 중국과 일본 소비자는 큰 차이를 보였는데, 중국 소비자들에게는 '건강'을 위해 대체육을 재구매하는 경우가 50% 이상이었으며, '친환경' 때문에 재구매하는 경우는 27%에 불과하였다. 중국 소비자들은 식물성 대체육과 인조 고기의 개념을 혼동할 정도로 대체육에 대한 인지도와 수용이 낮았으며, 대체육에 대한 소비 습관은 정착되지 않은 것으로 나타났다[27]. 반면 일본에서는 실시된 2020년 10월 육류소비센터 소비자 조사에 따르면(n=1200) 절반 이상의 일본 소비자는 대체육이 건강과 환경문제 해결에 유용하다고 응답하였으며, 응답자의 50% 이상이 구매 의향을 나타냈다[28]. 일본은 2019년에 식물성 고기의 인지도가 확산되기 시작해, 2020년에는 식품소재 가공업체인 Fuji Oil이 식물성 고기 신 공장을 가동했다. 그리고 2020년 코로나 19로 인한 영향으로 일본 정부는 대체육 연구개발을 지원하는 정책을 잇달아 발표하고 있다[29]. 일본에서는 건강이나 환경에 신경을 쓰는 소비자가 증가하고 있으며, 콩을 사용한 단백질 제품의 수요는 높아지고 있다[30]. 일본 사람한테 콩은 건강에 좋다는 이미지가 있기 때문에 많은 제조사가 콩을 사용하고 있다는 점을 홍보하고 있다[31,32]. 환경 관심 면에 있어서는 중국과 일본 소비자 모두 높은 관심을 보였으나, 구체적인 지속가능 식품, 특히 대체육에 대해서는 환경 지식과 태도, 구매 의도에 현저하게 차이를 보였다.

## 중국 대체육 시장의 잠재성

중국에서는 대체육이 전통 고기를 대체할 수 있을지에 대한 우려의 시각도 여전히 존재하는데, 중국 소비자는 특히 대체육의 식품 안전에 대해 적지 않은 우려를 하고 있다. 식품 안전에 대한 중국 소비자의 불신과 의식 수준이 높아진 상황에서 아직까지 완벽한 식품 안전 표준 등 대체육과 관련된 정책이 확립되지 않아, 원료 안전성, 첨가제 과용 등에 대한 중국 소비자들의 불신을 완벽히 해소하지 못하고 있는 실정이다. 또한 식감과 영양 측면에서도 중국 소비자들의 큰 호응을 받지 못하고 있어, 일반 육류를 완벽히 대체할 수 있을지에 대한 중국 소비자들의 의심도 극복해야 할 과제다. 가격적인 부문에서도 아직 경쟁력을 갖추지 못해 단기간 내에 고기를 대체하기에는 쉽지 않을 것으로 보인다. 또한 그동안 대체육이 중국에서 인기를 얻지 못한 이유 중의 하나로 '채식주의가 충분히 발전하지 못했기 때문'으로 들 수 있다[33].

중국의 대체육 시장은 아직 초기 단계에 머물러 있지만, 2019년 아프리카 돼지 열병이 중국 육류 시장에 큰 타격을 입힌 이후, 대체육 상업화가 진행되고 있다[34]. 육류 공급 부족과 환경오염 등의 과제를 해결하기 위한 방안으로 중국 내 대체육 산업에 대한 관심도는 지속적으로 증가할 것으로 보인다. 2018년 여러 중국 기업들이 대체육 시장에 진입했으며, 2020년에는 글로벌 선두주자인 미국의 비욘드 미트가 중국에 공장을 설립하였으며, 쌍탑식품, 화보 주식회사 등의 중국 식품 제조 기업들이 연이어 대체육 상품을 시장에 내놓고 있다. 또한 텐마오, 징동 등의 전자 상거래 플랫폼과 허마, 훼미리마트 등의 마켓 및 편의점, 버거킹과 같은 외식 체인점이 대체육 상품을 시장에 출시하고 있어, 머지않은 미래에 중국 소비자의 대체육에 대한 관심과 지식은 높아질 것으로 예상된다[29].

가장 눈에 띄는 점은 중국 로컬 브랜드의 적극적인 대내외 협력이 시장 확대의 주요 원동력이 되고 있다는 것이다. 중국 로컬 브랜드는 글로벌 브랜드와의 협력을 통해 시장 확대 기회를 노리고 있는데, 솽타식품(双塔食品)과 미국의 비욘드 미트(Beyond Meat)의 협력이 가장 대표적인 사례이다. 또한 중국 국내 전통 로컬 식품기업의 인프라와 신생 기술 기업의 기술협력이 결합, 시너지를 일으키며 부가가치를 높이고 있다. 최근 개발되는 대체육은 주로 식물성 단백질을 이용해 만든 것으로, 세계 최대 대두 생산지이자 수출국인 중국의 산업 발전 가능성이 클 것으로 보인다. 중국에서 축산업은 농업부문 온실가스 배출량의 30%를 차지하고 있으며, 중국은 전 세계에서 사육되는 돼지의 절반이 있을 정도로 최대 육류 시장이다. 따라서 중국 정부는 온실가스 감축과 미래 식량 안보 기반을 다지기 위해 배양육 개발에도 정책적 관심을 보이고 있다[35].

중국의 대체육 시장은 거대한 내부 시장과 자체 공급망 구축, 온라인 유통과 콜드 체인 발달 등 유리한 조건을 바탕으로 고속 성장할 수 있는 잠재력을 보유하고 있어, 다양한 성장 기회 요인을 가지고 있으며, 따라서 관련 기업들이 관심을 가지고 진출방안을 모색해야 하는 시장임이 분명하다. 리서치 앤드 마켓에 따르면, 중국의 대체육 시장규모는 매년 13.9%씩 성장하면서 오는 2026년에는 약 175억 위안(한화 약 3조 원)에 달할 것으로 예상된다. 물론 중국 대체육 시장 확대를 위해서는 기술적 완성도, 소비자의 부정적인 인식 등 극복해야 할 장애물이 있다.

# 13.

# 집밥 전성시대, 소비자가 택한 편리함

## 밀키트의 부상

핵가족화, 고령화, 취업 여성의 증가, 저출산 등으로 사회 구조적인 변화가 빠르게 진행 중이다. 이로 인해 소비자들의 라이프스타일, 소비 패턴 및 식생활 문화도 크게 변하고 있다. 특히 코로나 19 이후 집에서 창출하는 다양한 경제활동, 즉 홈 코노미가 급격히 증가했으며, 이와 함께 식생활도 크게 변하고 있다. 개인의 삶의 질과 여가시간을 중요시하는 소비자가 늘어나고 있으며, 따라서 가사노동에 투자하는 시간을 최소화하고 조리시간을 단축하려는 경향이 증가하고 있으며[1], 효율적인 시간 활용을 위해, 가정 내 식사를 하거나, 배달 음식, 또는 간단하게 조리할 수 있는 간편 식품을 선택한다[2]. 식품 구매 시 저렴한 가격, 맛, 품질에 그치지 않고, 차별성, 편리성, 프리미엄화, 용이성 등의 추가적인 요인이 중요해지고 있으며, 구매 후 조리하고 소비하는 단계까지 시간 절약, 용이함, 편리성이 내재된 밀키트 Meal Kit가 새로운 형태의 식 소비 트렌드로 부상하였다. 코로나 19로 인한 소비자들의 이동, 모임의 제한은 가정 내 취식의 폭증을 가져왔으며, 밀키트는 이제 전 연령층 소비자들의 소비로 확대되고 있다[3].

밀키트는 Meal과 Kit가 결합된 단어로, 전형적인 간편 식품은 간단히 데우거나 그대로 섭취할 수 있는 형태의 상품이며, 밀키트 식품은 신선한 재료와 반 조리된 가공식품을 결합해, 직접 조리를 해서 섭취하는 상품을 말한다. 밀키트 상품은 냉장 상태로 진공 포장되어 조리 방법과 함께 배송되며, 구매자가 직접 요리할 수 있는 상품을 뜻한다. 번거로운 식재료 준비과정을 건너뛰고 중간단계에서 요리할 수 있게 해주는 장점으로 인해, 가정에서 짧은 시간에 간편하게 요리를 하고자 하는 젊은 세대 소비자들에게 특히 인기가 많으며, 밀키트는 시간 절약과 편리함 외에 외식비용보다 저렴한 가격 등의 강점을 지니고 있어, 긍정적 소비를 이끌고 있다[4]. 1인 가구 및 맞벌이 부부의 증가와 코로나 19로 인한 '집밥' 트렌드가 맞물려 '엄마가 해준 집밥', '건강한 집밥'과 '균형 잡힌 영양', '조리시간 절약', '저렴한 가격', '요리하는 즐거움'[5] 등의 테마를 지닌 밀키트 상품이 최근 출시되고 있다.

밀키트는 2007년 스웨덴의 Linas Matkasse사가 처음으로 개발하였다. 2012년 미국의 블루 에이프런Blue Apron이 밀키트라 명명하였으며, 이후 캠밸, 허쉬, 타이슨 푸드 및 홀푸드 마켓 등의 북미, 유럽의 대형 식품업체가 대거 밀키트 상품을 출시하고, 최근에는 아마존까지 진출하여 글로벌 밀키트 시장은 지속적인 확대 성장을 하는 중이다 [5].

**국내 밀키트 시장**은 2016년 프레시지와 닥터 키친의 스타트 업 기업의 시작으로 한국야쿠르트, 잇츠온, 동원 홈푸드의 더 반찬, GS리테일의 심플리 쿡, NS몰의 10분 레시피, 피코크, 쿡1015, 마켓 컬리, 배민 프레쉬, 헬로네이처, 마이 세프 등의 다양한 업체가 사업을 진행 중에 있다[6]. 국내 밀키트(Meal kit) 시장은 급성장을 거듭하는데, 한국농수산식품 유통 공사에 따르면, 2018년도 약 20억 원의 규모였던 밀키트 시장이 2020년 1880억 원 규모로 100배 이상 증가하였고, 2024년도까지 약 7000억 원 규모로 성장할 것으로 전망되고 있다[4,7]. 국내 밀키트 시장은 2023년에 4300억 규모를 달성할 것으로 예상되고 있으며, 고물가 시대에 밀키트를 선호하는 소비자의 급증으로 인해 시장의 규모는 더욱더 확대될 것으로 전망된다[7]. 그러나, 엔데믹으로 인해 자유로워진 소비자들의 외식은 증가하고 있어 코로나 기간 동안 급부상했던 밀키트 소비는 팬데믹 기간만큼의 경쟁력을 확보하지 못할 것으로 보인다. 또한 밀키트 시장의 급성장과 함께 경쟁도 가열되고 있는 형상이며, 다양한 밀키트 상품에 대한 소비자들의 선호와 반응도 가지각색으로 나타나고 있다.

## 중국 밀키트 소비문화와 식품 유통시장의 변화

한국은 중국에 비해 밀키트 시장의 성장이 2016년에 시작되어 경쟁적 시장구조와 다양한 밀키트 상품성을 가지고 있는 반면 중국은 아직 초기 단계의 시장이라고 할 수 있다. 중국 내 간편식 보급률은 고작 10%, 일본의 60% 수준과 비교하면 미미한 수준이다[8]. 따라서, 중국 소비자들은 밀키트를 혁신적인 신상품으로 인식하고 있을 가능성이 있으며, 밀키트에 관심을 가진 중국 소비자들은 대체적으로 식 소비, 음식 등에 관심을 가지고 검색을 통해 밀키트 상품을 구매 소비하는 성향이 있는 것으로 판단된다.

그러나, 중국에서도 1인 가구, 나홀로족, 욜로족 등 다양한 형태의 가족구도가 발전하면서, 추후 중국 시장에서 밀키트 시장은 확대 성장할 것으로 보인다. 중국의 새로운 소비개념으로 '란런경제'(懒人经济)가 떠오르고 있는데, 이는 게으른 소비자와 경제의 합성어로 O2O 플랫폼을 통해 귀찮고 게으른 소비자를 충족시킬 수 재화와 서비스를 제공하면서 시작된 개념이다[9]. 게으른 소비자를 만족시키기 위해 다양한 아이디어상품이 출시되고 있으며, 밀키트도 이러한 개념의 일환으로 신 소비문화로 간주된다.

코로나 기간 동안 중국 소비자들의 집밥 수요도 한국처럼 급증하였으며, 특히 중국의 젊은 소비자들의 밀키트 소비문화가 확산하였다. 특히 요리가 쉽지 않은 전통요리 관련 밀키트 상품의 수요가 급격히 늘어나는 현상을 보였는데, 중국 설(춘제) 연휴에 가족끼리 식당에 모여 건하게 먹는 식 문화(녠예판)가 코로나로 인해 집밥 형태로 바뀌며, 밀키트로 전통요리를 섭취하는 신식소비문화가 생겨났다. 2021년 중국 최대 쇼핑 시즌인 11.11 광군제 때 간편식은 각 온라인쇼핑몰에서 가장 많이 팔린 항목 중의 하나이며, 간편식 주문액은 전년 대비 3배 가까이 증가했다. '민이식위천' 이란 말처럼 먹을 것을 하늘처럼 중요하게 여기는 중국 소비자의 식도락 문화에 코로나 19가 가져온 변화다[8].

중국에서 밀키트 상품은 식품 유통시장의 새 성장 동력으로 인식되고 있다. 2021년 중국 밀키트 시장규모는 3459억 위안(약 65조 원)에 달하며, 수년 내로 2조 위안 대 시장이 형성될 것이란 전망이다[10]. 중국 내에서 간편 식품 시장 확대를 위한 인프라도 빠르게 구축되고 있으며, 신선함을 보존하기 위한 콜드 체인 물류시장규모는 2020년 4850억 위안으로 전년 대비 21.2% 성장했다. 이와 함께 대기업들의 간편식 시장 진출도 빨라졌다. 간편식 관련 업종에 신규 등록된 기업 수는 2015년 4000에서 2018년 8000개, 그리고 2021년 1만 2500개로 폭증했다. 알리바바의 헤마는 중국 기업 최초로 미국의 코스트코와 유사한 회원제 창고 식 매장을 2020년 10월에 오픈하고, 옴니 채널과 신선 식품으로 무장한 유통 전략을 펼치고 있다[11]. 헤마는 신선 식품을 매장 내 현장에서 조리해주는 서비스를 제공하고 있는데, 이는 우리나라의 노량진 수산시장이나 마장동 축산물 시장에서 신선 식품을 조리해 주는 서비스와 비슷한 개념으로 중국 소비자들로부터 뜨거운 반응을 얻고 있다. 헤마의 중국 전역 매장 수는 2020년 기준 207개로 증가하고, 온라인 주문율은 전년 대비 2020%로 증가했다[12].

자본과 경쟁력을 가진 중국 기업, 투자자들이 신선 식품과 밀키트 시장에 대거 진출하며 향후 시장의 경쟁은 더 뜨거워질 전망이다. 이와 함께, 중국 밀키트 상품의 식품 안전성이 중요한 화두로 떠오르고 있다. 초기 단계인 중국 간편식 시장에 판매되는 상품들은 표준화된 식품안전기준의 부재로 인해 제각각의 제품 표준을 가지고 있으며, 이는 소비자의 불신과 식품 안전 우려를 가져올 위험이 있다. 빠르게 성장하는 신 식품 소비시장과 함께 이를 뒷받침해주는 식품 안전 표준이 정책적으로 필요하다고 할 수 있다.

## 소비자의 가치와 성향이 밀키트 구매를 결정한다.

소비자는 식품 소비 과정에서 자신의 가치를 연결 지어 구매 의사를 결정하는데, 다양한 소비자의 가치는 여러 형태의 **식생활 라이프 스타일**로 연결된다[13]. 식생활 라이프스타일은 소비자의 일반적인 식생활에 대한 기본적인 욕구를 반영하는 생활양식을 말하며, 식품의 구매, 음식 소비, 다양한 식사 방법 등에 관한 가치 및 문화를 나타내며[14], 사회적 환경변화에 의해 여러 형태로 진화 및 세분화되기도 한다. 소비자의 식생활 라이프 스타일은 크게 '안전 지향, 미각 지향, 건강 지향, 편의성 지향, 정보 트렌드 지향, 제품인지지향, 경제성 추구'등의 유형으로 구분되는데[15,16,17], 이는 소비자의 식품 소비 형태에 큰 영향을 미친다.

오왕규, 황수정(2021)[18]은 '**소비자 속성**과 **밀키트 본연의 특성**'이 한국 소비자의 밀키트 소비에 미치는 영향을 실증적으로 분석하였다. 소비자 속성을 5가지 식생활 라이프 스타일 유형(미식 지향, 경제 지향, 제품 지향, 정보 지향, 편의 지향)로 구분하는데, 이 5가지 유형은 소비자의 사회경제적 상태, 라이프스타일, 가치관, 자아개념, 심리적 성향에 의해 형성된다. 또한 밀키트는 편리함과 관련된 요소들, 경제성, 신뢰성/안전성, 맛과 품질, 건강성, 다양성 등의 특성을 가지고 있는데[19,20,21,4], 이는 밀키트 자체가 가지는 본연의 특성이라 할 수 있으며, 소비자의 태도, 의사결정에 중요한 역할을 한다. 이 분석에서는 밀키트 속성을 3가지(편리성, 건강, 품질)로 정의하여 그 영향을 살펴보았다.

이 연구결과에 의하면, 한국 소비자의 **경제 지향, 미식 지향, 편의 지향의 순**으로 밀키트의 편리성에 영향을 미친 것으로 나타난다. 다시 말해, 한국 소비자들은 식품의 **가격 경쟁력**, 먹는 것에 대한 즐거움, 간편 식품의 편리성을 중요시하는 라이프스타일은 가졌으며 이러한 성향이 밀키트의 편리성에 긍정적인 영향을 주는 것으로 보고되었다.

## 중국 소비자의 밀키트 소비 동기 : 실증분석 5

다음은 중국과 한국 소비자의 밀키트 소비의 차이점을 알아보고자 한다. 중국 소비자들의 소비자 속성과 밀키트 속성에 대한 태도가 밀키트 소비에 미치는 영향을 실증 분석하여 오왕규& 황수정(2021)[18]의 분석과 비교하였다.

밀키트 제품구매 경험이 있는 중국인 남녀를 대상으로 하여 온라인 설문 조사를 진행하였으며, 총 170부의 답안이 최종 분석에 사용되었다. 표본에 의하면, 성별은 여성이 103명(60.6%)으로 남성보다 상대적으로 많았으며, 연령은 20대 139명(81.8%), 학력은 대졸 133명(78.2%), 월평균 소득은 5000위안 이하가 103명(60.6%)의 특성을 띠고 있었다. 가족 구성 형태는 1인이 73명(42.9%)으로 가장 많았으며, 거주 지역은 2,3선 도시가 92명

(54.1%)으로 가장 많은 비중을 차지하였다.

이 분석에 적용된 모형은 다음과 같으며, 이는 오왕규& 황수정 (2021)의 분석과 동일한 모형을 적용하여 비교하였다.

내부적인 선행 요인: 소비자의 **식 소비 라이프스타일**

중간 역할을 하는 매개 요인: **밀키트 본질의 특성**

결과 요인: 밀키트에 대한 소비자의 **만족도**

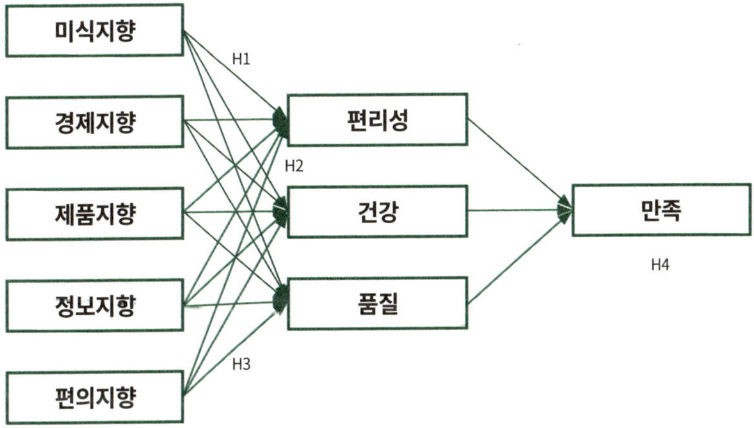


## 합리적인 가격과 맛을 중요시하는 중국 소비자

전반적으로 한국과 중국 소비자들 모두 품질, 편리성이 밀키트의 만족도에 영향을 미치며, 건강 속성은 만족도에 큰 영향을 미치지 못했다. 한국 소비자는 밀키트의 편리성을 상대적으로 더 중요시 인식하고 있었으며, 중국은 반대로 합리적인 가격과 맛을 나타내는 품질을 더 중요시 여기고 있다. 이처럼 한국과 중국의 소비자들은 밀키트 상품의 다른 속성에 의해 만족도를 가지고 있는 것으로 나타나, 밀키트 제품의 제조업체나 마케터는 국가에 따라 나타나는 차별적인 속성의 선호에 부응하는 제품 개발 및 마케팅의 도출이 필요하다고 볼 수 있다.

세 가지 밀키트 속성에 영향을 미치는 소비자 성향을 자세히 살펴본 결과 한국과 중국 소비자들의 다른 성향이 밀키트 속성에 긍정적인 영향을 미치는 것으로 나타났다. 중국 소비자의 경우 **편의 지향, 미식 지향의 순**으로 밀키트의 **편리성**에 긍정적인 영향을 미친다. 밀키트의 편리성을 중요시하는 중국소비자들은 조리된 음식을 구입하거나, 배달 음식, 간편 식품을 구입하며, 새로운 음식을 추구하고 맛집을 찾아다니는 라이프 스타일을 가지고 있으며 이러한 성향이 밀키트의 편리성에 긍정적인 영향을 미치는 것으로 나타났다. 반면, 한국 소비자들은 **경제적인 측면**에서 밀키트의 편리성을 높이 평가하는 성향을 보여 한국 밀키트 시장에서는 가격 경쟁력이 밀키트의 편리성으로 연결되어 소비자에게 인식된다.

밀키트의 **품질**과 관련해서 한국과 중국 소비자 모두 가격 경쟁력을 따지고, **가성비**와 연관해서 상품을 구매하는 성향을 보였다. 밀키트의 **건강적인 측면**에서는 한국 소비자들은 식품의 가격보다는 맛, 인지도를 먼저 따지고, 2차적으로 경제성과 함께 먹는 즐거움을 추구하는 성향을 가진 것으로 나타났는데, 중국 소비자들은 밀키트 상품의 가격 경쟁력을 먼저 고려하고, 음식 관련 정보를 검색하며, 음식의 맛과 인지도를 찾는 반대 성향을 가진 것으로 나타났다. 반면, 미식 지향적이고 편리성을 지향하는 중국소비자들은 밀 키트의 건강성을 중요시하지 않았다. 비교 결과 밀키트 상품의 가격 경쟁력은 밀키트의 편리성, 품질 및 건강의 세 가지 제품 속성에 대한 소비자의 인식에 영향을 미치고 있는 것으로 보여 향후 밀키트 제품의 합리적인 가격 설정이 중요한 전략적 요인이 될 것으로 보인다.

## 중국과 한국 소비자의 식 소비 라이프 스타일

한국과 중국 소비자를 비교해 볼 때, 크게는 한국 소비자들의 **미식적인 성향과 라이프스타일**이 밀키트 소비에 영향을 미치는 것으로 나온 반면, 중국 소비자는 **정보 지향적인 라이프스타일**이 밀키트 소비 행동에 가장 큰 요인으로 뚜렷하게 나왔다. 한국 소비자들은 새로운 음식을 먹고, 맛집을 찾아다니며, 이와 함께 상품의 가격, 맛, 편리성을 함께 추구하는 식생활 라이프 스타일을 가진 것으로 보인다. 반면, 중국소비자들은 식품과 음식에 대한 정보 검색을 중요시하며, 음식의 맛, 가격을 고려하는 한편, 미식적인 면과 편리성은 상대적으로 낮게 나타났다. 이처럼 같은 아시아권이지만, 한국과 중국의 소비자들은 **대비되는 식생활 라이프 스타일**을 보여주며, 이로 인해 밀키트의 상품 자체 속성에 대해서도 차별적인 중요성을 인식한다.

또한 한 국가 내에서 소비자들은 다양한 형태의 식생활 라이프 스타일을 지향하고 다른 가치를 추구하며 같은 상품에 대해서도 다른 면의 속성을 중요시 여긴다. 예를 들이먹는 것의 즐거움과 편리성을 추구하는 중국 소비자는 밀키트 섭취를 통해 건강을 추구하고자 하지 않으며, 편리성을 중요시한다. 요리에 관심을 가지거나, 음식 정보를 검색하는 등의 성향을 가진 한국 소비자들은 밀키트 상품에 상대적으로 적은 관심을 가지고, 오히려, 간편함과 경제성을 추구하는 한국 소비자들이 상대적으로 밀키트 상품에 대한 만족도가 높은 것을 의미한다.

최근 들어 높아진 물가와 배달비 및 외식비 부담으로 인해 밀키트에 대한 소비자의 선호도가 높아지고 있다. 이마트24의 밀키트 상품 매출은 2023년 전년 대비 401% 증가했으며, 국내 간편식 시장은 5조 원에 달하는 것으로 나타났다[24]. 불황으로 인한 소비자의 밀키트 선호도 증가에 따른 시장의 규모와 경쟁도 확대될 것으로 보이지만, OEM 방식의 밀키트 상품을 판매하는 중소규모의 밀키트 판매 전용 매장은 계속해서 진화하는 소비자의 니즈와 기대치에 맞는 제품 개발에 필요한 자본과 노하우의 부족으로 인해 폐업 수순을 밟고 있는 것으로 나타났다.

가열되는 밀키트 시장의 경쟁 속에 소비자들의 관심을 끌기 위해서는 합리적인 가격을 유지하면서, 편리성을 극대화하는 제품 개발에 주력해야 할 것으로 보이며, 특히 미식 적인 식 소비 라이프 스타일을 지향하는 한국 소비자들에 어필하기 위해서는 스토리가 담긴 상품개발 및 브랜딩 작업이 필수라고 할 수 있다.

# 14.

# 편의점 PB 간편식품으로 불황을 이기자

**"편의점은 단순히 실용 필수품을 사러 오는 곳이 아니라, 마음에 드는 것을 발견하고 즐길 수 있는 곳이어야 한다."**

*사야카 무라타 Sayaka Murata*

## 경기와 편의점의 반비례 관계

요식업은 경기와 가장 밀접한 업종 중 하나로 오프라인 음식점부터 온라인 식품업종, 소매 및 배달업종의 현황과 소비 트렌드 등을 포괄한다. 불황과 물가급등으로 인해 소비자들의 가격 민감도는 어느 때보다 높아졌으며, 외식 트렌드는 시시각각 변하고 있어, 번복되는 변화에 적응하기 위한 요식업계의 트렌드 역시 빠르게 변화하고 있다[12]. 한국소비자원 가격정보 종합포털에 따르면 서울의 8대 외식 품목 가격이 전년 대비 10.9% 증가했으며 2022년 연간 외식 물가 상승률은 7.7%로 1992년 10.3% 이래 30년 만에 최고치를 기록하는 등[1] 소비자 경제를 크게 위축시키고 있으며, 소비 트렌드에 큰 영향을 끼치고 있다. 또한 1인 가구 증가, 인구 고령화, 여성 노동인구 증가, 싱글족 증가 등의 사회경제 구조 변화와 함께 **소량 구매 패턴, 중저가 소비 확산** 등의 소비문화가 출현되고 있는데[13], 특히 1인 가구 증가로 인해 편의점은 이제 단순한 상품 구매를 넘어서 끼니를 해결하는 생활의 기본 플랫폼으로 자리 잡았다.

한국 편의점시장은 지난 18년 동안 24조 이상의 매출과 38만 이상의 편의점 점포수의 증가로 다른 유통업계와 비해 상대적으로 큰 성장을 이루었다[14]. 특히 코로나 19 에 따른 정부의 사회적 거리 두기 정책으로 인해, 카페와 음식점 사용이 제한되어 소비자들의 편의점 사용은 상대적으로 증가하였으며, 전통적인 마트와 백화점 매출의 하락은 편의점 매출 증가로 이어졌다. 2021년 상반기 대형마트(-5.6%), 백화점(-14.2%)의 매출은 하락세를 보이고, 편의점 매출은 지속적인 증가세를 보여주고 있다[4,15]. 코로나 19 이후 편의점 소비매출량으로 볼 때, 음료, 가정간편식(HMR), 안주류, 생수, 식자재 등의 순으로 매출이 증가했으며, 특히 간편 식품 시장의 성장이 눈에 띈다. 2020년 출하액 기준 간편 식품 시장은 2조 118억 원으로 전년(1조 6948억 원) 대비 18.7% 증가했으며, 2016년 대비(8202억 원) 두 배 이상 커졌다[5,16].

특히 **편의점의 간편 식품** 매출이 급증했는데, 2020년 1월~3월 사이 GS25의 간편 식품 매출은 전년 대비 52.1%의 성장을 보였으며, 2020년 3월에만 48.1%의 신장세를 보였다. 밀키트, 즉석 밥, 덮밥, 국, 탕, 찌개류 등의 간편 식품 구입이 컸으며, 특히 밀키트 소비증가 현상이 주목할 만하다[2]. 편의점에서 판매되는 간편 식품 중 유통업체가 상품화한 **PB 상품의 경쟁력**이 강화되면서, 간편 식품 상품의 수요증가와 함께 편의점에서 판매되는 PB 상품의 시장점유율도 증가하고 있다.

PB 상품은 유통업체가 독자적으로 제작해서 출시하는 자체 브랜드 상품을 말한다[18]. 제조업자가 전적으로 생산 및 판매를 관리하는 제조업 브랜드National Brand(NB) 제품과 달리, PB 상품은 마케팅, 유통 비용이 절약되어, 제조업 브랜드 상품보다 저렴하다[19]. PB 브랜드 제품은 경쟁력 있는 가격과 함께 브랜드의 고급화 및 차별화로 인해 최근에 젊은 MZ 세대에게 각광받고 있는데, 편리함이 곧 프리미엄이라는 '편리미엄' 트렌드'[4]를 지향하는 젊은 소비자들에게 간편 식품들은 큰 인기를 얻고 있으며, 간편 식품 기술의 발달로 인해, 품질의 고급화가 가능해졌다. 또한 건강과 웰빙(Well-being)의 가치를 중요시하는 소비자 성향이 코로나 19 이후 증가하고 있어, 신선하고 고품질의 식품을 편리하게 소비하고자 하는 니즈의 확대 현상이 나타나고 있다. 집 근처에서 빠르게 소량 장보기를 원하는 1인 가구 수요가 늘어나고 있어, 이런 소비자 니즈에 부합하기 위해, 편의점 업체들은 신선식품 판매를 확대하고, 전통적인 대형마트 고유의 경쟁력을 제고하는 등 가격, 편리함 및 고품질을 갖춘 신선 편의점이 새롭게 등장하고 있다. 또한 편의점 내 **간편식품의 브랜드화** 및 **프리미엄 차별화** 전략을 경쟁적으로 선보이고 있으며 매출 확대를 꾀하고 있다.

## 편의점 도시락 전쟁

최근 들어 편의점 도시락은 인플레이션을 이기는 제품으로 인식되어 외식비용을 절감하려는 소비자들이 편리하게 끼니를 때울 수 있는 대체재로 부상하고 있다. 2022년 편의점 도시락 판매는 48.4%가량 폭증했으며, 직장인들이 밀집되어 있는 광화문, 여의도, 역삼은 61%가 증가했다[20]. 급증하는 편의점 도시락 수요에 맞추어, 국내 대표 편의점 브랜드 CU, GS25 그리고 세븐일레븐 사이에서 유명 연예인을 모델로 내세워 도시락 상품을 브랜드화하는 경쟁이 치열하다. GS25는 2023년 초 '김혜자 도시락'을 6년 만에 재출시하여 한 달여 만에 누적 판매량 150만 개를 달성했으며, CU는 '백종원 도시락'을 출시하여 백종원과 상품개발에 협력하는 콜라보를 하고 있으며, 세븐일레븐은 '주현영 도시락'을 선보여 특히 MZ 세대 소비자를 공략하고 있다. 이마트24도 '39도시락' 브랜드를 최근 출시했는데, 대량 제조한 반찬들로 6찬을 구성하여 3900원으로 단가를 낮추는 초저가 전략을 사용해 가성비를 강조하는 마케팅을 하고 있다[6]. 이처럼 편의점 도시락의 브랜드화 및 다양한 상품개발을 통한 프리미엄 차별화, 가성비 경쟁은 당분간 더 치열해질 것으로 예상되고 있다[7].

## 한국 MZ세대 '편의점 사랑' 그 이유는? 실증분석 6.

MZ 세대가 편의점의 주요 소비층으로 부상하며, 편의점의 성장과 매출에 큰 기여를 하고 있어, 더욱더 치열해져 가는 편의점의 PB 상품시장의 경쟁 속에 MZ 소비자들이 고려하는 상품의 요인들을 이해하는 것이 중요 해졌다. 소비자의 취향과 니즈는 구매 의사에 중요한 영향을 미치며, 따라서 소비자의 니즈에 맞는 상품의 속성을 지닌 PB 상품은 시장의 경쟁력을 지닌다[8,9].

다음은 한국의 MZ 세대 소비자들이 편의점 PB 상품 구매 시 중요시 여기는 핵심 요인을 알아보기 위해서 소비자 설문 조사를 진행하여 실증적 분석하였다. 편의점 PB 상품 구매의 경험이 있는 서울에 거주하는 MZ 세대 소비자를 대상으로 2022년 11월 온라인 설문 조사를 실시하였으며 총 176명의 유효한 응답을 분석에 활용하였다. 설문데이터는 남성 105명(59.1%)과 여성 71명(40.9%)의 분포도를 보였으며, 월평균 5만 원 이하를 이용하는 소비자가 가장 많았고(67.6%), 주 방문 횟수는 1회에서 5회 이상까지 비슷한 분포도를 보였다.

소비자가 상품을 구매 시 고려하는 핵심 요인으로는 상품의 품질, 가격, 디자인 및 브랜드 등의 **상품 선택 속성**이 있는데 이는 유, 무형적인 상품의 특성을 말하며(송주완, 2020; Bloemer & Ruyter, 1998), 소비자의 의사결정에 중요한 영향을 미치며, 이에 대한 소비자의 평가가 높을수록 상품의 선호도 및 만족이 높아진다[17].

편의점 PB 상품의 핵심 선택 속성 4가지가 한국 MZ 소비자의 기대 충족과 재 구매 의도에 미치는 영향을 알아보고자 위의 모형을 실증적으로 분석하였다[17].

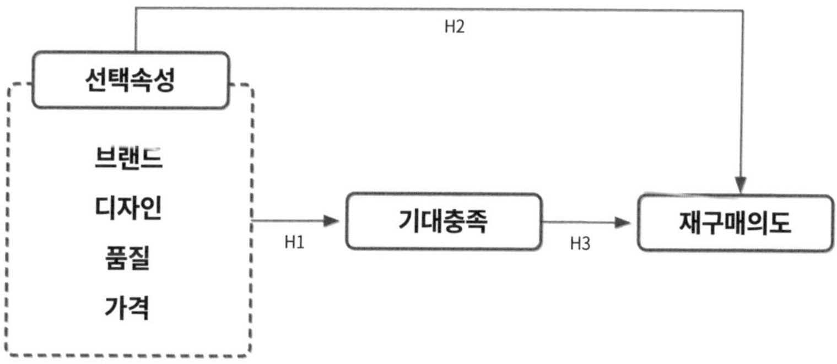


내부적인 선행 요인: **편의점 PB 상품의 속성**, 브랜드, 디자인, 품질 및 가격

중간 역할을 하는 매개 요인: MZ 소비자의 **기대 충족도**

결과 요인: 소비자의 **재 구매 의도**

## 가성비와 함께 개성이 중요해진 PB 상품 마케팅

MZ 소비자는 4가지의 PB 상품의 내재된 요인 중 가격과 품질을 PB 상품 구매 결정에 있어서 가장 중요한 선택 속성으로 선택했으며, 가성비가 높은 편의점 PB 상품은 소비자의 기대를 충족시키는데 긍정적 영향을 미치는 것으로 나타났다. 또한 PB 상품의 디자인도 소비자의 기대 충족도에 유의한 영향을 주는 것으로 나타났다. 반면 브랜드의 인지도 및 명성은 상대적으로 작은 영향을 끼치는 것으로 보인다. 이는 MZ 세대가 편의점 PB 상품 구매 시 **실용적인 면과 함께 감성적인 측면**의 상품 요인을 중요시하는 것을 반영한다.

편의점 PB 상품의 가격 경쟁력과 품질의 고급화는 MZ 세대의 가성비 니즈를 충족시키기 위한 필수조건으로, MZ 세대 소비자는 가격에 민감하고, 브랜드의 인지도 보다는 PB 상품의 맛, 품질, 다양성, 차별성 및 유통기한과 위생 상태를 중요시한다. MZ 세대의 기대를 충족하기 위해서는, 최근 소비 트렌드를 반영하는 신상품 개발 및 출시가 신속하게 진행되어야 하며, PB 상품의 경제성, 기능성이 강조되어야 함을 시사한다. 또한 PB 브랜드 자체의 인지도, 친숙도, 명성보다는 PB 상품 자체 디자인의 세련됨, 신선함, 편리함과 기능성이 더 크게 구매 의도에 영향을 미치는 것으로 보인다.

편의점 매장에 놓인 모든 제품은 치열한 경쟁을 통해 판매되는데, 제품들의 로고 폰트, 디자인, 색상은 '시대의 분위기'를 고스란히 반영하며, 이는 MZ 소비자들의 구매 결정에 있어서 중요한 역할을 하기도 한다. 일상을 공유하고 소통하는 것에 익숙한 MZ 세대에게 있어서, 편의점 PB 상품의 이색적이고 트렌디한 제품은 매력적인 소통 주제 역할을 한다. MZ 소비자들은 편의점 탐방을 통해 편의점 신상을 공유하는 '편스타그램'을 즐기며, 이를 통해 편의점의 이색 콜라보 제품은 SNS를 통해 빠르게 입소문이 나기도 한다. 이처럼 편의점은 더 이상 편리함을 제공하는 소매 점포로서 존재하지 않고 MZ 소비자들의 소비문화를 이끌어 가는 최첨단 트렌드 정보의 집결지 공간으로 자리 잡아 가고 있다.

과거에는 PB 상품은 유통업체에서 단가를 낮추어 자체적으로 관리되는 저품질, 저가격 제품이라는 인식이 강했으나, 소비 트렌드의 변화로 인한 자체상표 상품 수요의 증가로 PB 시장의 경쟁이 치열해졌다. 유통업체들은 PB 상품의 고급화, 차별화 전략을 통해 다양한 종류와 품질의 상품을 출시하고 있으며, 따라서 PB 상품의 프리미엄화 현상이 일어나고 있다. PB 상품에 대한 선택의 여지가 많아짐에 따라 편의점 사용이 높은 MZ 세대 소비자는 더욱더 품질에 높은 관심을 가질 것으로 예상된다. 소비자의 계층과 연령은 소비성향에 영향을 미치는데, 연령대가 낮을수록 편의점 제품을 구매하는 비율이 높은 것으로 나타났으며[11], 편리성을 중요시 여기는 MZ 세대의 소비 가치를 반영한다. 이처럼 품질, 가격, 편리성 등의 실용적인 측면과 함께 새롭고 재미있고 자극적인 개성을 선호하는 MZ 세대의 PB 상품 소비는 향후 지속적으로 증가될 것으로 예상되며, 편의점 PB 상품의 장점을 효과적으로 최대화한 차별적 전략의 도출이 중요하다고 볼 수 있다.

05

PART

# 아시아 그린슈머

# 15.

# 소비자 행동에서 나타나는 이상과 현실 차이

## 그린슈머(Greensumer)의 등장

코로나 19 이후 더욱 심해진 플라스틱 오염과 지구 온난화 현상이 위기로 떠오르면서, **그린 소비**에 대한 소비자들의 관심과 의식이 높아지고 있다. 그린 소비는 제품과 서비스의 구매단계부터 사용에 이르는 전 단계에서 탄소 배출과 자원 사용의 절감을 통해, 환경보호와 경제적 혜택의 극대화를 목표로 하는 소비 형태로 정의된다. 그린 소비는 안전한 친환경 먹거리에 대한 소비자들의 관심으로부터 시작해서, 생활용품, 의류, 모빌리티 등 여러 산업으로 확장되고 있으며, 친환경 시장은 이제 글로벌 경제의 핵심축으로 변해가고 있다고 해도 과언이 아니다. 소비자들은 그린 소비를 단지 개개인의 가치와 신념을 표현하기 위한 수단으로만 보는 게 아닌, 향후 인류의 미래 지속가능성을 위해 필연적으로 실행해야 하는 개념으로 인지하기 시작했다. 그린 소비는 '사회적으로' 책임 있는 소비를 통해 녹색경제 성장을 도모하고, 인류의 지속 가능한 발전을 이끄는 새로운 생활양식, 소비 트렌드로 자리매김하고 있다.

이러한 그린 소비를 실행하는 소비자들을 '그린슈머'라 하는데, **그린슈머(Greensumer)**는 환경을 뜻하는 그린(Green)과 소비자(Consumer)의 합성어이다. 우리말로 직역하면 녹색 소비자라 할 수 있으며, 일상생활과 소비과정에서 친환경 제품을 구매하고 환경보호와 환경오염의 개선을 위한 실천을 보여주는 소비자를 뜻한다. 또한 그린 소비를 하는 소비자의 소비 활동 범위를 **그리니즘(Consumer Greenism), 녹색주의, 녹색성**이라고도 하는데, 소비자의 그리니즘(녹색주의)은 개개인 마다 다른 형태로 나타난다. 이는 앞장에서 언급된 바와 같이 소비자 개개인의 내적 성향, 소비성향과 가치, 신념, 지식, 사회적 규범, 문화, 정치, 경제와 같은 외적인 요인들의 복합적인 영향을 받아 차별적인 그린 소비 형태로 나타나기 때문이다.

## 그린슈머 5가지 유형

Naidoo & Verma(2020)[1]은 여러 형태 소비와 녹색 음영을 가진 그린슈머를 5개의 집단으로 세분화하였다.

- 청록색 그린슈머(True Blue Green #0D98BA)
- 미국지폐 녹색의 그린슈머(Greenback Green – #336C4C)
- 민트 그린슈머(Sprouts #C7E1BA)
- 녹갈색 소비자(Grousers #866A3E)
- 갈색 소비자(Basic Browns #231709)

**청록색 그린슈머(True Blue Green)**는 확고한 환경 가치를 가지고 긍정적인 변화를 주고자 소비 행동을 실현하는 그린슈머 집단으로, 그린워싱을 하는 기업의 제품에 적극적인 불매운동에 참여하거거나 리드한다.

## 녹색 음영

| | | |
|---|---|---|
| Forest<br>HEX #0B6623<br>RGB 11 102 35 | Sage<br>HEX #9DC183<br>RGB 157 193 131 | Olive<br>HEX #708238<br>RGB 112 130 56 |
| Lime<br>HEX #C7EA46<br>RGB 199 234 70 | Hunter<br>HEX #3F704D<br>RGB 63 122 77 | Jade<br>HEX #00A86B<br>RGB 0 168 107 |
| Artichoke<br>HEX #8F9779<br>RGB 143 151 121 | Fern<br>HEX #4F7942<br>RGB 79 121 66 | Jungle<br>HEX #29AB87<br>RGB 41 171 135 |
| Laurel<br>HEX #A9BA9D<br>RGB 169 186 157 | Moss<br>HEX #8A9A5B<br>RGB 138 154 91 | Mint<br>HEX #98FB98<br>RGB 152 251 152 |
| Pine<br>HEX #01796F<br>RGB 1 121 111 | Tea<br>HEX #D0F0C0<br>RGB 208 240 192 | Persian<br>HEX #00A572<br>RGB 0 165 114 |
| Army<br>HEX #4B5320<br>RGB 75 83 32 | Emerald<br>HEX #50C878<br>RGB 80 220 100 | Kelly<br>HEX #4CBB17<br>RGB 76 187 23 |
| Neon<br>HEX #39FF14<br>RGB 57 255 20 | Uniform<br>HEX #444C38<br>RGB 68 76 56 | Sacramento<br>HEX #043927<br>RGB 0 78 56 |
| Russian<br>HEX #679267<br>RGB 103 146 103 | Sea<br>HEX #2E8B57<br>RGB 46 139 87 | Paris<br>HEX #50C878<br>RGB 80 200 120 |

**미국 화폐 색상의 그린슈머(Greenback Green)**는 친환경 제품에 대해서 평균 소비자들에 비해 더 많은 관심과 지지를 보여주지만, 정치적으로 목소리를 높이거나 리더십을 보이지는 않는 소극적인 그린슈머를 일컫는다. 이 소비자 집단의 소극적인 성향을 미국 달러의 옅은 그린 색상에 빗대어 명칭 하고 있다.

**새싹 그린 음영의 그린슈머(Sprouts)**는 이론적으로는 환경 가치를 믿지만, 실질적인 행동은 하지 않는 소비자들을 일컫는다. 이들은 친환경 제품의 높은 가격을 지불할 의사가 없는 소비자들이다.

**녹갈색 소비자(Grousers)**들은 환경 이슈에 대한 지식이 부족하고 친환경 제품에 대해 냉소적이고 비판적인 태도를 가진 소비자들이다.

**갈색 소비자들(Basic Browns)**은 환경과 사회적 이슈에 전혀 관심이 없고 개개인의 삶에 초점을 맞추고 사는 소비자 집단을 말한다.

오늘날 소비자들은 기후변화와 팬데믹이라는 유례없는 환경재해를 직접적으로 겪으며 환경보호와 사회적 책임에 대한 높은 관심과 기여하고자 하는 의지를 보이지만, 앞서 5가지 형태의 그린슈머에서 보듯이, 소비자들의 그린 성향은 여러 형태로 나누어지며, 높은 관심이 실질적인 행동으로 연결되는 부분은 아직 취약하다고 볼 수 있다. 그렇다면 우리나라 소비자들의 녹색은 과연 어떤 빛깔을 띠고 있을까? 가까운 이웃 나라 소비자들과 어느 정도의 다른 녹색 성향을 가지고 있을까?

다음 섹션에서는 한국과 중국 소비자들이 가지는 녹색 성향의 현주소를 비교하기 위해 실시한 실증분석 결과를 보여준다. 현저히 다른 사회적 규범, 문화, 정치 및 경제적 조건을 가진 두 나라에서 소비자들이 보여주는 녹색 성향을 자세히 알아보고자 그리니즘의 개념을 네 가지 요인으로 나누어 정의를 내리고 데이터 분석을 실행하였다.

## 한국과 중국 그린슈머의 녹색은 다르다 : 실증분석 7.

### 그리니즘(Greenism)의 네가지 요인

소비자의 그리니즘(녹색주의)(Consumer Greenism)은 소비자의 **그린 실천행동(Green Practice), 그린 지식(Green Knowledge), 그린 시민행동(Green Citizens'Act), 그린 활동가 행동(Green Leadership) 4가지 요인들로 구성**된다[2,3]. 네 가지 측면의 그리니즘을 분석함으로써 소비자의 친환경 및 녹색 성향의 정도를 가늠할 수 있다 [4,5,6,7].

그리니즘(녹색주의)의 첫 번째 요인인 **그린 실천행동(Green Practice)**은 소비자가 일상생활에서 실천하는 친환경 제품구매, 에너지 절약, 공정무역제품 구매와 비윤리 기업제품 불매 등 윤리 소비를 하는 행위를 일컫는다.

두 번째 요인인 **그린 지식(Green Knowledge)**은 환경 이슈, 사회적 이슈, 기후변화와 관련한 이슈에 대해서 소비자가 이해하는 정도를 말한다.

세 번째 요인인 **그린 시민행동(Green Citizen's Act)**은 재활용품 수거, 중고품 사용, 쓰레기 분리수거, 일회용품 사용자제 등을 소비자가 자발적으로 행동으로 옮기는 정도를 말한다.

네 번째 요인은 **그린 활동가행동(Green Leadership)**으로, 그린 실천을 선도하고, 정부 및 지역 사회 캠페인에 적극적으로 참여하고, 환경단체 활동을 하거나 기부하는 등의 리더십을 보이는 정도를 뜻한다. 그린 활동가 행동은 **가장 높은 수준의 소비자 그리니즘(녹색주의) 성향**으로 볼 수 있다.

### 네 가지 그리니즘 요인으로 분석한 한중 그린슈머 세분화

한국과 중국 그린슈머의 유형과 다양성을 알아보고자, 앞서 언급된 그리니즘(녹색주의)의 4가지 측면을 바탕으로 집단 세분화 분석을 실시하였다. 2022년 한국과 중국에 거주하고 있는 소비자(10~60대)를 대상으로 전문 리서치 기관인 마크로밀 엠브레인(Macromill Embrain)과 Wenjuanxing을 통해 설문 조사를 실시하였으며, 한국 소비자(n=757명)와 중국 소비자(n=743명) 총 1,500명 응답자가 설문 조사에 참가하였다.

**소비자 그리니즘(녹색주의) 측정항목**

| 녹색주의 요인 | 측정 항목 |
|---|---|
| 그린 실천 행동 | • 친환경상품 구매(농축수산물, 식품, 생활용품, 공산품, 가전제품 등).<br>• 에너지 절약(자원 절약, 전기기기 사용 절감, 대중교통이용 등).<br>• 윤리소비 실천(공정무역제품 구매, 비윤리 기업제품 불매 등).<br>• 환경을 보호하기 위해서 노력하고 있다.<br>• 환경보호를 위해서 다른 사람들에게 선한 영향력을 끼치고자 노력한다. |
| 그린 지식 | • 환경이슈(예: 환경보호, 자원절약, 기후변화)에 대해 알고 있다.<br>• 사회적 책임 이슈(예: 인권, 환경, 지배구조, 공정거래, 소비자이슈, 공동체 참여)에 대해 알고 있다.<br>• 기후변화와 관련한 이슈(예: 지구온난화, 파리협정, 대기오염 등)에 대해 상세기후변화에 알고 있다. |
| 그린 시민 행동 | • 자원재활용(재활용품 수거, 중고품 이용 등).<br>• 쓰레기 분리수거.<br>• 일회용 제품 사용 자제. |
| 그린 활동가 행동 | • 녹색실천 선도(가족 지인 실천 독려).<br>• 정부시책 참여, 지역사회 캠페인참여.<br>• 환경단체 가입 또는 기부. |

그린슈머 집단 세분화를 위해, 1차적으로 계층적 군집 분석(Cluster analysis)을 통해 군집화를 하였으며, 2차적으로 비 계층적 군집 분석을 통

해, 다음과 같은 한국 그린슈머 3그룹, 중국 그린슈머 3그룹 총 6개의 그린슈머 그룹을 도출했다.

### 소비자 그리니즘(녹색주의) 군집분석 결과

| 구분 | 한국 | | | 중국 | | |
|---|---|---|---|---|---|---|
| | 상<br>(n=273, 36%) | 중<br>(n=359, 47%) | 하<br>(n=125, 17%) | 상<br>(n=192, 25%) | 중<br>(n=450, 62%) | 하<br>(n=273, 13%) |
| **소비자 녹색주의 (5점 만점)** | 실천행동: 4.09<br>지식: 4.10<br>시민행동: 4.36<br>활동가행동: 3.63 | 실천행동: 3.51<br>지식: 3.49<br>시민행동: 3.92<br>활동가행동: 2.77 | 실천행동: 2.67<br>지식: 2.76<br>시민행동: 3.15<br>활동가행동: 2.00 | 실천행동: 4.57<br>지식: 4.55<br>시민행동: 4.65<br>활동가행동: 4.70 | 실천행동: 3.98<br>지식: 43.47<br>시민행동: 43.93<br>활동가행동: 3.96 | 실천행동: 3.12<br>지식: 2.82<br>시민행동: 2.90<br>활동가행동: 2.85 |
| **연령** | 10대: 10%<br>20대: 12%<br>30대: 16%<br>40대: 21%<br>50대: 22%<br>60대: 19% | 10대: 10%<br>20대: 19%<br>30대: 20%<br>40대: 20%<br>50대: 21%<br>60대: 10% | 10대: 9%<br>20대: 32%<br>30대: 25%<br>40대: 16%<br>50대: 15%<br>60대: 3% | 10대: 5%<br>20대: 18%<br>30대: 26%<br>40대: 34%<br>50대: 13%<br>60대: 4% | 10대: 12%<br>20대: 21%<br>30대: 17%<br>40대: 34%<br>50대: 10%<br>60대: 5% | 10대: 11%<br>20대: 17%<br>30대: 25%<br>40대: 31%<br>50대: 9%<br>60대: 7% |
| **학력** | 대학교졸업:63% | 대학교졸업:64% | 대학교졸업:51% | 대학교졸업:40% | 대학교졸업:38% | -고등학교졸업 이하: 40%<br>-대학교졸업 : 35% |
| **직업** | 사무직: 40% | 사무직: 40% | 사무직: 40% | 사무직: 40% | 학생: 31%<br>사무직: 40% | 사무직: 40% |
| **소득** | 월 200~400만원 미만: 40% | 월 200~400만원 미만: 41% | 월 200만원 미만: 44% | 월 5,000~10,000원 미만: 32% | 월 5,000~10,000원 미만: 30% | - 월 2,000원 미만: 29%<br>- 월 2,000~5,000원 미만: 28%<br>- 월 5,000~10,000원 미만: 30% |

군집 분석 결과를 살펴보면 다음과 같다. 그리니즘(녹색주의) 성향의 정도에 따라 상중하로 집단을 구분했을 때, 한국은 상(36%), 중(47%), 하(17%)로 나타났으며, 중국은 상(25%), 중(62%), 하(13%)로 중간 수준의 그린슈머 집단의 비중이 62%로 크게 나타나고 있다.

**한국에서 가장 큰 그린슈머 집단(중/47%)**은 높은 수준의 **그린 시민행동**을 하며, 재활용품 수거, 쓰레기 분리수거 등 환경관리 행동을 하는 것으로 나타났다. 이 그린슈머 집단(중)의 연령은 골고루 분포되어 있어, 남녀노

소가 시민행동에 적극적으로 참여하고 있는 것으로 보인다.

반면, **중국에서는 가장 큰 그린슈머 집단(중/62%)**은 높은 수준의 **그린 실천행동**을 하며, 친환경 상품 구매, 에너지 절약, 윤리 소비 실천 및 비윤리 기업제품 불매운동에 적극적인 것으로 나타났다. 이 그룹은 특히 40대와 20~30대 소비자들의 비중이 높은 것으로 나타났다. 전반적으로 중국의 60대는 낮은 수준의 그리니즘(녹색주의) 성향을 띠고 있었으며, 40대 소비자들은 활발한 그리니즘(녹색주의) 활동을 하는 것을 확인할 수 있었다.

가장 높은 수준의 그리니즘(녹색주의)을 보여주는 한국과 중국의 **상위 그린슈머 집단**을 비교해 보면, **중국의 그린슈머들은 현저히 높은 수준의 '활동가 행동'을 통해 리더쉽을 보여주고 있는 것**으로 나타났다. 이들은 녹색 실천을 주위 지인들에게 선도하거나, 정부시책에 참여, 지역 캠페인에 참여하는 등의 적극적인 녹색 소비 행동을 하고 있는 것으로 해석된다. 전반적으로 한국의 그린슈머들의 '활동가 행동'은 중국에 비해 모든 집단(상/중/하)에서 상대적으로 낮게 나왔는데, 시민행동에서는 중국과 비슷한 수준의 녹색 행동을 하는 것으로 보인다.

이를 통해, 한국에서는 중국에 비해 일찍 실시되어 온 자원재활용이나 정부의 쓰레기 분리수거 정책, 일회용 제품사용 자제 정책으로 인해 자연스럽게 한국 소비자들의 일상생활에 그린 시민 행동이 포함되어 있음을 보여준다. **정부의 효율적인 그린 정책과 리더십의 중요성**을 보여주는 대목이다. 반면, 환경단체에 가입하거나 기부하는 등의 기부문화가 한국에서는 아직 정착되지 않아 활동가 행동이나 리더십 부분에 있어서는 상대적으로 아쉬운 수준으로 나타났다.

한국에서 그리니즘(녹색주의)이 높은 그린슈머 집단의 연령 분포를 살펴보면, 40대와 50대가 43%를 차지하고 있으며, 20대와 30대는 28%를 차지하고 있는 것으로 나타났다. MZ 세대들이 보여주는 가치 소비와 환경에 대한 긍정적인 태도가 본 설문 조사의 결과에는 반영되지 않는 점을 볼 때, **소비자들의 친환경에 대한 관심, 긍정적인 태도와 현실에서의 행동에는 아직까지 차이가 있음**을 알 수 있다.

## 중국 정부의 지속가능 소비 정책

중국 소비자들의 시민행동을 장려하는 중국의 그린 정책은 한국에 비해 늦게 시작되었지만, 2019년부터 중국 전역에서 대대적으로 홍보와 교육을 시작했다. 향후 중국 정부는 적극적인 공익 마케팅 홍보 활동을 통해 소비자와의 소통을 강화하고 소비자가 지속가능한 소비 인식과 행동을 강화하도록 유도할 것으로 보인다. 다음은 최근 시행 중인 중국 정부의 지속가능 소비 정책과 중국 소비자들의 지속가능 소비에 대한 인식에 대해 자세히 살펴보자.

### 1. 중국 쓰레기 분리수거 정책

중국 정부는 중국 소비자들의 지속가능 소비를 촉진하기 위해, 2019년 북경과 상해를 중심으로 **공식적인 쓰레기 분리수거**를 시작하여, 중국 전역에 적용되고 있다. 2019년 7월 11일 상해에서 쓰레기 분리수거 정책이 처음 시행

■■ 중국의 쓰레기 분리수거

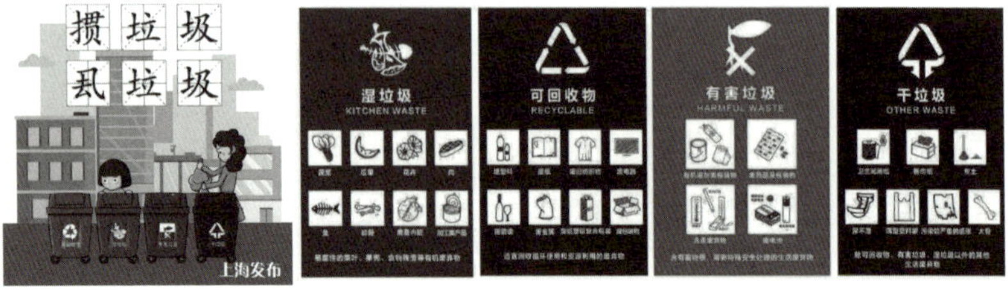


출처: 앰코인스토리, 2019

할 당시 대중의 커다란 관심사로 떠오르며 지속가능 소비에 대한 소비자의 인식을 일깨우는 의미 있는 정책으로 알려졌다.

중국의 분리수거 정책은 한국과는 달리 종량제 봉투 사용 개념은 없이 쓰레기를 종류별로 분류하여 버리는 방식을 적용하며, 위반할 경우 500RMB(한화 8만5천 원)의 벌금을 부과하고 있다. 인터넷 SNS를 통한 적극적인 홍보와 자원봉사자들의 참여로 빠르게 확산되고 있으며, 쓰레기 처리 비용 절감과 환경 개선을 가져오는 효과적인 정책으로 평가받고 있다[8].

## 2. 중국의 일회용 플라스틱 사용 금지 제도

한편, 중국 정부는 지속가능 소비를 촉진하기 위해 **'더블 루프'** 정책을 2021년 발표했다. 더블 루프 정책은 '이중 순환'의 새로운 발전 모델의 개념인데, 소비를 촉진하고 전통 소비를 업그레이드하면서, 동시에 새로운 지속 가능 소비를 육성하여 국내 수요를 확대하고 소비 업그레이드를 실현하고자 하는 조치이다. 일환으로 중국 정부는 플라스틱 소비를 줄이는 것을 중국 지속가능 소비의 첫 단계 핵심 부분으로 지정하고, **플라스틱 제품사용 금시 세도**를 2021년부터 본격적으로 시행하기 시작했다. 2021년부터 중국 전역에서 발포 플라스틱 음식 용기 및 면봉의 생산 및 판매가 금지됐었으며, 비닐봉지 사용은 2026년 전역에서 사용이 금지된다.

중국의 플라스틱 소비량은 전 세계 플라스틱 소비량의 약 20%를 차지하는 거대한 시장으로, 하루에 약 30억 개의 비닐봉지가 사용되며, 2019년 비닐봉지 사용량은 400만 톤, 플라스틱 폐기물 발생량은 약 6천300만 톤이었다[9]. 플라스틱 비닐봉지 사용 금지조치로 인해 친환경 포장 솔루션 상품의 수요가 급증할 것으로 전망되며, 환경 개선에 미치는 긍정적인 영향이 2026년 이후 더욱 뚜렷해질 것으로 예상한다.

■ 중국 플라스틱 제품 생산량 (단위: 만 톤)

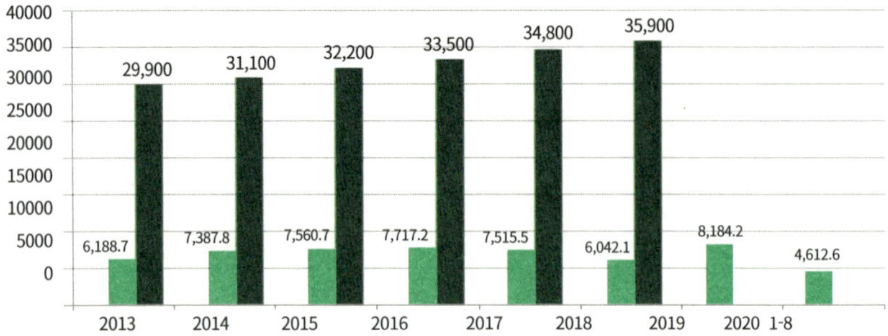


출처: 무역협회 (2021).

### 3. 중국의 친환경 모빌리티 정책

친환경 모빌리티 산업 성장의 세 가지 핵심 요소는 규제, 소비자 행동 및 기술의 변화를 들 수 있는데, 특히 규제 및 정책에 있어서 강력한 드라이브를 걸고 있는 중국에서의 시장 확대가 눈여겨 볼만하다. 중국 정부는 친환경 모빌리티 제품(전기 자전거와 수소 차 등) 구매 촉진 및 사용 권장을 위한 **보조금 정책** 도입을 통해 세계에서 가장 큰 전기차 시장을 보유하고 있다. 또한 중국 정부는 듀얼크레딧(dual-credit policy) 정책을 시행 중에 있는데, 이는 기업별 평균연비(CAFC)크레딧과 신에너지 자동차(NEV) 크레딧을 뜻하며 내연기관 연비 개선과 동시에 일정 비율만큼 의무적으로 신에너지차의 생산 유도를 위한 조치로, OEM업체의 전기차 생산 증가를 촉진시키고 있다. 중국 자동차 시장에서 전기차 점유율은 2030년 이내 70%를 상회할 전망이다[10].

이외에도 중국 정부는 다양한 지속가능 소비 정책을 시행 중에 있는데, 행정기관 운영에서 **친환경 근무 모드 정책**을 도입해 양면 인쇄, 전자 파일만 사용하는 정책, 친환경 소비시장의 확대를 위해, **친환경 마트 개설**을 권장하고, 친환경 제품 판매를 마트와 시장의 가장 눈에 띄는 위치에 배치하는 정책과 **중고시장 개설을 권장**하는 정책 등을 정부 차원에서 시행 중이다.

## 중국 소비자의 지속가능 소비에 대한 인식과 태도

중국 소비자들이 지속가능 소비와 연관 지어 생각하는 5가지 키워드는 **쓰레기 분리수거, 재활용, 환경보호, 저 탄소, 공유경제**이다. 중국 소비자가 지속가능 소비에 참여하는 이유로는 더 믿을 수 있는 공급망과 고품질의 제품(54.7%), 세계에 대한 관심, 실제적인 행동을 통한 아름다운 환경과 사회 만들기(53.8%), 차세대를 위한 배려(46.2%), 다른 이들과 나눌 수 있는 체험(37.8%), 인기 있는 대세 라이프스타일(34.9%), 합리적인 가격(29.7%)을 들었다.

중국 소비자들은 복잡한 이론보다는 단순하고 직접적인 접근으로 지속가능 소비를 이해하고 있었으며, 지속가능 소비에 **친환경, 재활용, 환경보호, 저탄소, 자원절약, 적정한 소비, 유기농 소비**를 떠올렸다. 생활 중 사소하지만 쉽게 행할 수 있는 행동은 다음과 같다.

**중국 소비자의 지속가능 소비 행동의 사례**

이들은 지속가능 소비를 접할 때, 개개인에게 직접적으로 주어지는 이익과 연관될 경우 더 중요시하는 성향을 지녔으며, 지속가능 소비의 동기를 저해시키는 이유로는 다음을 들었다.

**■■중국 소비자의 지속가능 소비 동기 저해요인**

2020년 중국 지속가능 보고서에 따르면, 약 50%의 소비자는 지속가능 소비가 외부 환경 개선에 중요하다고 답했는데, 중요성의 인식 정도는 연령별, 지역별, 교육의 정도에 따라 다르게 나타났다. 연령 비율로 볼 때, 지속가능 의식은 21~40대, 특히 31~40세 사이의 소비자가 가장 높았으며, 이들은 전체 표본의 25.0%를 차지하고, 이들 중 72.4%는 선구자(Pioneer)의 특성을 지녔다. MZ 세대는 전체 표본의 32.9%로 이들 중 67%는 지속 가능한 소비생활을 하고 있다고 생각하고 있는 것으로 나타나, 중국의 **지속가능 소비의 여론과 분위기는 젊은 층이 주도하고 있는 것**으로 보인다. 또한, 교육 수준이 높을수록, 지속가능성에 대한 인식이 높았으며, 학부와 석사 학위를 취득한 소비자 집단의 선구자 비율은 65%인 반면, 중고등학교 학위 취득 그룹의 선구자 비율은 45%로 교육이 지속가능성에 대한 인식과 소비에 큰 영향을 미치는 것으로 나타났다.

흥미로운 부분은 중국의 북경, 상해 등의 1선 대도시에 비해 2선 3선 도시의 소비자들이 지속가능 소비에 대한 인식이 더 높고, 개개인의 소비 행태에 자신감을 비쳤는데, 2선 도시는 지속가능 소비 의식을 가진 소비자들의 비율이 98.3%, 1선 도시는 47%인 것으로 보고되었다. 대도시 소비자들은 바쁜 직장 생활과 스트레스로 인해 지속가능한 생활방식을 추가적인 시간과 비용을 투자해야 하는 것으로 간주하고 있었으며, 대도시의 지속가능 소비 정책 및 규범이 상대적으로 높아 소비자들이 심리적 물리적인 부담을 느끼고 있는 것으로 나타났다.

## 녹색과 갈색 사이에 고민하는 소비자들

많은 소비자들은 친환경 라이프 스타일과 소비를 추구하며, 지속가능 소비를 통해 가치를 실현하고자 하는 의도를 보이지만, 실제적인 녹색 행동에는 낮은 참여도를 보여준다[3,11]. 예를 들어, 소비자들은 유기농 식품이 안전하고 건강에 이로우며 친환경적이라고 생각하지만[12], 유기농 식품을 구매하는 의사결정 과정에서 의도-행동의 격차가 현저하게 나타난다[13,14,15]. 이러한 소비자의 구매 의도와 실질적 구매 사이의 격차에는 여러 가지 요인이 작용한다. 유기농 식품의 **높은 가격**은 소비자들의 구매 의사결정을 크게 저해하는 요소로 작용하며, 유기농 식품 **유통에 대한 불신** 또한 부정적인 영향을 미치는 것으로 나타났다.

소비자들의 **유통시장과 상품에 대한 불신**은 기업과 시장이 전달하는 불투명하거나 과장 또는 거짓 정보를 접하면서 생기는데, 이러한 기업의 거짓 마케팅을 **그린워싱**이라 일컫는다. 소비자들은 특히 건강과 관련된 먹거리의 정보에 민감한 반응을 보이는데, 과거 식품과 관련된 많은 식품 안전사고를 경험하면서 소비자들의 식품 안전과 식품 정보에 대한 관심과 염려는 어느 때보다 높다고 할 수 있다. 이와 함께 기업의 그린워싱에 대한 소비자들의 관심과 관여 도는 높아지고 있으며, 그린 소비 행동에도 적지 않은 영향을 줄 수 있다.

2020년 세계 유기농 식품 시장은 2000년 180억 달러에서 1290억 달러로 7배 가까이 성장하였지만 정작 1인당 소비는 18달러에 불과하다[16]. 또한 새로운 차세대 지속가능 식품인 대체육은 아시아 시장에서 초기 단계에 있는 품목으로, 경제 문화가 다른 국가의 소비자들에게 차별적인 구매 동기와 원인분석이 필요할 것으로 보인다. 최근 2015~2020년 기간 동안 특정 국가의 녹색 구매 행동에 대한 연구는 주로 북미, 유럽, 호주 등의 선진국에 집중되었고, 상대적으로 지속가능 소비가 늦게 시작된 아시아 국가들에 대한 연구는 제한되어 있으며, 특히 경제 문화가 현저하게 다른 아시아 국가의 지속가능 소비에 대한 비교 연구는 미흡하여 향후 추가적인 고찰이 필요하다고 볼 수 있다[17,18].

# 16.

# 나눔의 미학

## 공유경제와 지속가능성

최근 몇 년 동안 모바일 인터넷의 발전과 스마트폰의 보급에 따라 각종 모바일 애플리케이션과 공유 서비스 관련 앱이 생겨나면서 소비자들의 공유 서비스 사용도가 급격히 증가했다. 공유경제는 한번 생산한 제품을 여럿이 공유해 쓰는 **협력 소비**를 기본으로 한 경제 시스템으로, 이러한 공유경제 플랫폼을 통해 제품 또는 서비스 제공자들은 **합리적인 비용**으로 고객들과 **상품 및 서비스를 공유**할 수 있다[1]. 또한, 공유 서비스 플랫폼은 여러 수요자가 편리한 방식으로 다양한 제품 및 서비스를 공유할 수 있게 해주며, 사용되지 않고 방치된 자원의 활용을 가능케 하고, 소비자가 직접 참여할 수 있는 플랫폼 형식을 제시한다.

공유경제는 전통적인 소비 패턴의 혜택인 물질적 욕구를 충족시킬 뿐만 아니라, 환경보호, 제품 생산량과 원자재 소모 감소, 자원의 절약 등 **사회적 가치 창출**로 인해, 사회생활의 광범위한 영역에 스며들어 사람들의 소비행위에 영향을 주고 있다. 2008년 금융위기로 확산된 과소비 지양 문화와 디지털 기술의 폭발적인 발전이 맞물려 점차 소비의 개념을 바꾸고 있으며, 소비자들은 점점 **잉여 자원의 활용, 합리적인 소비**를 지향하는 패턴을 보이고 있어 공유경제의 가치는 더욱 높아지고 있는 실정이다.

소비자의 소비 가치와 개념은 변해가고 있으며, **소유를 넘어 공유를 통한 사회적 가치**에 의미를 두는 소비자가 점점 더 증가하고 있다. 신소비 개념과 소비 패턴의 근본적인 변화는 공유경제 제품과 서비스에 대한 수요를 증가시켜, 궁극적으로 국내 공유경제 시장은 더욱 활성화될 것으로 예상된다. 공유경제는 가치 창출에 기반해 빠르게 성장하고 있으며, 자동차, 숙박 및 여행 공유 서비스와 같은 보편화된 서비스뿐 아니라 공간(오피스, 옷장, 주방 등), 경험, 재능 등 무형 자원으로 공유 경제 모델이 도입되는 추세이다. 공유를 통해 이루어지는 소비자의 가치 실현의 다양한 면모를 살펴보자.

### 1. 취향을 공유하는 알뜰 소비 공간, 중고 거래 앱

디지털 기반의 모바일 중고 거래 앱이 활성화되면서 국내 소비자들 간의 중고 거래가 급격히 늘고 있다. 2020년 6월 기준 약 1천90만 명, 스마트폰 사용자 4명 중 1명은 중고 거래 플랫폼을 이용 중이며, 전체 스마트폰 이용자 4천50만 명의 26.9&에 달하며[2], 약 24조 원의 규모로 성장했다. 소비자들에게 모바일 중고 거래 앱은 습관적 탐색 및 소통의 채널, 저렴한 쇼핑 채널, 지역색이 강한 물품의 장터 및 취향을 소비하는 공간으로 인식되면서 다양한 형태의 공유 경제활동의 촉진제 역할을 하고 있다. 국내 빅4 중고 거래 플랫폼 앱인 당근 마켓, 중고나라, 번개 장터, 헬로 마켓 등은 차별화 전략을 펼치면 경쟁 구도를 이어가고 있으며, 지역 커뮤니티 기능 강화, 신뢰성 향상, 브랜드와의 콜라보 등을 통해 고객 확보에 총력을 기울이고 있다.

저성장 시대와 인플레이션으로 인해 소비자들의 절약 정신과 소비 절제는 강해지고 있으며, 중고 물품을 사용함으로 지속가능하고 합리적인 소비를 하려는 성향이 커지고 있어, 국내 중고 거래를 통한 공유 경제활동은 더욱더 증가할 것으로 예상된다.

### 2. 일본의 메르카리와 한국 당근 마켓의 차이

중고 거래 시장은 오랜 기간 저성장을 겪고 있는 일본에서 일찍부터 발달했는데, 일본의 중고 거래 시장의 규모는 2009년 1조 1274엔(한화 10조 5000억 원)에서 2018년 2조 1880억 엔(한화 23조 59억 원)을 기록하는 거대한 시장은 형성하고 있으며, 2025년에는 3조 2500엔(한화 31조 5465억 원)으로 성장할 것으로 추산된다[3]. 대표적인 일본 중고 거래 앱으로 메루카리, 라쿠마, 지모티 등이 있는데 메루카리는 2013년 출시된 일본의 대표적인 C2C 이커머스 플랫폼으로 일본 국민 중 약 10%가 한 달에 최소한 한 번은 메루카리 플랫폼을 방문하는 것으로 집계된다.

메루카리의 비즈니스 모델은 한국의 중고 앱과는 현저한 차이가 있다. 메루카리는 외부 사업자와 협업하여 물류망을 구축하고 있으며, 메루카리 스테이션을 통해 소비자들의 배달 및 안전거래 서비스를 지원한다. 또한 메루카리는 메루페이를 통해 거래되는 모든 상품을 안전거래(에스크로) 기반으로 실행하며, 이는 구매자가 실제 상품을 받고 검수한 이후에 메루카리가 맡고 있던 구매대금이 판매자에게 전달되는 안전거래 방식을 말하며, 10%의 수수료가 붙는다. 반면에 한국의 소비자들은 중고 거래 시 직거래를 선호하며, 에스크로 서비스에 수수료를 지불하기를 꺼려하는데, 이로 인해 종종 가품 판매 및 배송지연, 미배송 등의 소비자 간의 분쟁이 잦아지고 있다. 2021년 기준 당근 마켓, 번개 장터, 중고나라 3사의 분쟁 조정 신청 건수는 3373건으로 전년 대비 422% 증가하며, 중고 거래에 관한 소비자 보호법 개정이 시급한 상황이다.

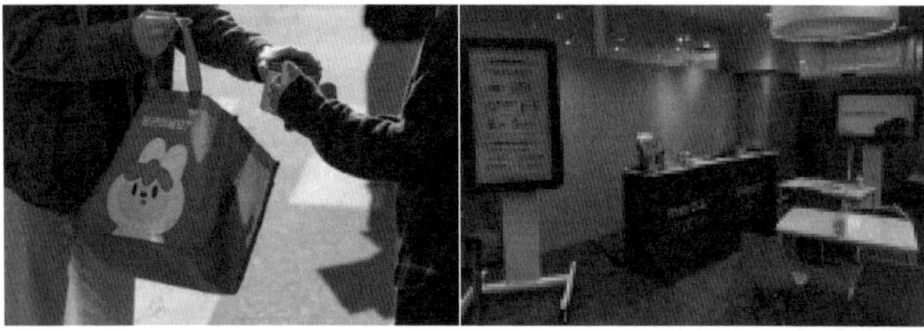

출처: 당근마켓 블로그 & 메루카리 공식 홈페이지

메루카리는 가품 판매 이슈에 대응하기 위해, 인공지능 'AI'에 집중투자하고 있으며, 인공지능 기술을 통해 중고 상품을 분석하고 추천가격을 제시하는 방식의 중고 거래의 고도화를 추진 중이다. 현재 메루카리는 상품 구매 확정 이후 발생하는 가품 문제에 대해 CS 채널을 통해 100% 환불해주는 시스템을 가지고 있으며, 프로 감정사와 협업하여 가품을 감시하는 제도를 실행 중이다.

### 3. 한국 모빌리티 공유 서비스

우리나라의 경우 **국내 차량 공유 서비스 사업**은 한국에서 발전 중인 대표적인 공유경제의 일환이다. 정부가 주도하는 택시 개혁의 일환으로, 2020년 3월 국토교통부는 운수 사업법 시행 규칙 개정을 통해 운송 가맹사업 규제를 대폭 완화하여, 여러 사업자가 참여해서 브랜드 택시 가맹사업을 추진하기 쉽게 개정했다. 그동안 운송가맹사업을 위해선 기준이 너무 엄격하여, 특별시나 광역시의 경우 '전체 택시 수의 8% 이상'이나 '4,000대 이상'을 충족시켜야 가능한 구조였으며, 2019년 12월 기준 전체 택시가 7만 1,800대 수준인 서울에서조차 쉽게 가맹사업을 하기 힘든 구조로 지역별로 8% 기준을 충족하기 위해선 부산 1,900대, 대구 1,300대, 인천 1,100대, 광주 650대, 대전 690대, 울산 460대 수준을 충족시켜야 가능했다.

새 시행 규칙은 가맹 택시 면허 기준을 1/8 수준으로 대폭 완화했다. 특별시나 광역시의 경우 가맹사업 면허 기준이 '택시 수의 1% 이상'이나 '500대 이상'으로 변경됐으며, 시·군에 대한 가맹사업 기준 역시 '인구 50만 이상, 택시 수 12% 이상→1.5% 이상', '인구 50만 미만, 택시 수 16% 이상→2% 이상'으로 완화된다[4]. 이로 인해, 브랜드 택시로 경쟁 승부를 겨루는 시장 구도로 전환 중이며, 소비자들에게 더욱더 많은 선택의 모빌리티 공유 서비스를 제공한다.

**한국 모빌리티 공유 서비스 사업**에는 마카롱 택시, 카카오모빌리티, 반반 택시, 포피 투닷, 우버, 쏘카 등 여러 업체가 치열한 경쟁 중에 있다. 이 중 **KST모빌리티가 운영하는 마카롱 택시**는 2019년 2월에 4,000여 대 규모의 택시 가맹계약으로 시작한 공유 서비스 모빌리티 기업이다. 예약제 시스템을 운영하고 있으며, 기사의 차별화된 서비스 제공을 경쟁력으로 삼는다. 마카롱 택시기사를 '쇼퍼'(Chauffeur)라 칭하며, 이동 자체보다는 이동과 연계된 서비스에 중점을 둔다. 쇼퍼들은 회사에서 서비스 교육을 받으며, 브랜드·상황별 서비스·심폐소생술 등도 배운다.

또한, **마카롱 펫 택시**는 케이지(이동장) 없이도 반려동물과 반려인이 편리하게 탑승할 수 있으며, 펫시트와 전용 안전벨트, 배변 패드 등 반려동물 탑승을 위한 편의 물품을 갖췄다. 낯선 환경에서 불안해하는 반려동물의 안정을 돕는 전용 음악도 준비했다. 아울러 위생을 위해 운행을 마칠 때마다 시트에 묻은 털과 분비물 등을 제거하고, 무독성 살균 소독제와 전용 탈취제 등으로 실내공간을 청결하게 관리한다. 이처럼 모빌리티 플랫폼의 후발주자인 마카롱 택시는 공급자-수요자 간의 니즈에 초점을 맞추어 서비스의 차별화를 꾀하여, 브랜드를 발전시켜가고 있다.  우버(Uber)가 순수 이동에 초점을 맞추고, 그랩(Grab)이 슈퍼 앱으로 승부수를 두었다면, **마카롱 택시는 '목적형 이동'** 이라는 니즈를 만드는 데 주력하고 있다.

출처: http://www.hani.co.kr/arti/economy/it

마카롱 택시는 이름부터 젊은 감각이 돋보인다. '마카롱'이라는 디저트 단어와 민트, 핑크 등의 색상을 통해 소비자들에게 달콤하고 상큼한 이미지를 어필하고자 하며, 젊은 감각으로 전통적인 택시의 이미지와 차별화를 했다. KST 모빌리티는 서울과 경기도, 부산 등 주요 광역시를 중심으로 플랫폼사업을 확장하고 있으며, 지역 특화형 택시 호출 앱, '티원 택시' 등의 새로운 모빌리티 플랫폼 구축에도 한창이다. 또한 마카롱 택시는 향후 글로벌 시장 진입을 고려하여, 알리페이 앱과 전략적 제휴를 맺는 등 모빌리티 공유 서비스의 혁신과 차별화를 끊임 없이 이어가고 있다.

이처럼 협력적 소비는 재화나 서비스의 교환, 획득, 기부, 공유 등의 거래 활동에서 Peer-to-Peer의 온라인 소셜 네트워크에서 활발히 이루어지고 있으며, 온라인 커뮤니티 내에서의 상호 경제적 협력의 과정에서 교환 비용의 절감을 통하여 자원의 과다 소비, 환경오염, 빈곤의 문제를 감소시키고 있다[5].

공유 서비스는 소비자에게 다른 차원에서의 혜택과 가치를 주지만, 전통적인 서비스 산업에 새로운 경쟁 위협으로 부각되어 사회적인 마찰이 생길 수 있다. 또한 국가마다 규제의 발전이 차별적으로 이루어지고 있어, 공유 서비스 산업의 성장과 소비문화는 국가마다 다르게 진행되고 있다. 다음은 거대한 공유경제를 가지고 있는 중국의 현황과 사례를 살펴보고 한국의 공유경제 시장과의 차이점을 알아보자.

## 중국의 공유경제

2015년 상하이에서 시작된 공유자전거로 주목을 받기 시작한 중국의 공유경제는 2017~2018년 동안 폭발적인 급성장을 했다. 2020년 중국 공유경제 시장규모는 약 3조 2929억 위안(한화 567조 6289억 원)으로 전년 대비 2.9% 증가하였으나, 미 중 무역전쟁, 경기둔화 및 코로나 19로 인해 성장세의 둔화를 보여준다 [14]. 6억 명이 넘는 중국 소비자들이 공유경제에 참여하고 있으며, 14억의 중국인 중 80%는 이미 공유 어플리케이션을 사용한 경험이 있다고 한다[6].

중국 정부는 거래의 안전성 확보와 소비자 경험 확대를 위해 규범과 제도를 정비하고 있는 중이며, 각종 정책지원을 강화를 통해 산업 경쟁력 제고와 신산업 창출을 꾀하고 있다. 특히 중국의 공유경제는 업종별 고객 수요의 세분화와 오픈 이노베이션 협력을 바탕으로 우수한 제품과 서비스 창출을 시도하여 경쟁력을 키우고 있다 [7]. 제조 분야의 성공적인 사례로 셩이방을 들 수 있는데, **셩이방**(生意帮)은 23개 업종의 1만 5천 개 **소규모 공장을 공유하는 협동 생산 플랫폼**을 활용해, 고객의 주문을 작은 단위까지 차별화하여 생산하는 경쟁력을 확보하였다[8]. 이를 통해 설립 후 1년이 되기도 전에 기업가치가 1억 위안을 넘었으며, 월평균 70%의 급성장을 이루었다. 이처럼 중국은 공유경제가 가진 장점을 극대화하여, 혁신 성장의 중요한 한 축으로 인식하고 있다. 또한 정부 차원의 정책지원을 아끼지 않고 있어, 향후 공유경제 시장의 지속적 성장이 기대된다.

출처: 중앙일보, 2017

중국 내 대표적인 공유 서비스 종목으로 인터넷 예약 차량 시스템을 통한 공유자전거 및 자동차 서비스가 있다. **공유 자동차 서비스**는 사용되지 않고 방치된 차량을 공유 플랫폼에 올려 수요가 있는 소비자에게 제공하는 서비스 개념으로, 차량 사용 효율을 극대화시켜 수요 공급을 충족시키는 비즈니스 모델이다. 공유 자동차 서비스는 기존 택시 운임의 30~50% 수준의 **저렴한 가격**을 제시하고 있어 소비자의 사용자 수가 급격히 증가하는 추세이다. 공유자전거의 경우, 3억2천만 대 이상의 공유자전거가 운영 중이며, 중국인의 일상에서 출퇴근, 등하교에 널리 이용되고 있다. 하지만, 우후죽순처럼 업체들이 생겨나면서, 비좁은 인도를 점거하고 도시미관을 해치는 등의 부작용이 나타나고 있어 무한 경쟁으로 인해 후발주자들은 경영난을 겪고 있다[9].

또한 공유경제의 발전으로 인해 창출된 일자리는 고용 확대로 이어지고, 이는 팬데믹으로 인해 야기된 중국의 고용문제를 해결하는 데 크게 이바지한 것으로 나타났다. 공유경제 산업의 성장과 함께 2020년 중국 전역의 도시와 마을에서 1,099만 개의 새로운 일자리가 창출되었으며, 연간 목표 과제의 122.1%를 완료하고, 고용 유연성 제고, 노동 소득 증대 등의 고용과 관련된 전반적인 문제해결에 도움이 되었다[10].

중국 소비자 측면에서 보면, 차량, 숙박, 사무실 임차 등의 **고가 소비** 이외에도 **저가 생활 소**비에**도** 공유 소비가 확대되고 있다. 이미 중국에서는 생활용품, 운동기구, 유아 보행기, 세탁기, 냉장고 등 가전, 우산, 농구공까지 다양한 제품과 서비스의 공유가 가능하다. 중국 소비자들은 **공유에 대해 전반적으로 긍정적인 인식**을 가지고 있는데, 이는 **사회주의 국가 시스템을 바탕으로 정부가 공공의 생산과 소비를 장려**하고 있기 때문이다[11]. 중국 소비자들의 공유에 대한 긍정적인 인식과 대중화된 모바일 결제 시스템의 결합은 중국 소비자들의 소비 패턴과 라이프스타일에 큰 변화를 주고 있다. 그러나 중국의 공유경제는 기업 주도의 저가 단기 렌트의 성격을 띠고 있어, 기존의 자원 활용의 개념이 아닌 기업 주도의 대규모 투자로 인한 공급이 이루어지고 있어, 공급 과잉의 주범이 될 수 있다는 우려를 낳고 있다.

중국 소비자의 공유 소비는 사회 제도적인 지원이 중요한 촉진제 작용을 하는 것으로 나타나는데,

여기에 더하여, 소비자의 개인적 성향 및 공유 서비스가 지닌 여러 가지 내외적인 요인에 의해 소비자의 공유 소비는 결정지어진다. 그렇다면 한국과 중국 그린슈머의 공유 소비에 대한 만족도는 어떠한 요인에 의해 차별적인 형태로 나타나게 되는 것일까? 다음은 한국과 중국 소비자의 차별적인 성향과 공유 서비스 핵심 요인 간의 관계를 실증적으로 분석하여 비교해 보고자 한다.

## 그린슈머의 공유 서비스 만족도를 결정짓는 요인

소비자들의 공유 서비스 소비 패턴에 영향을 미치는 대표적인 두가지 요인으로 공유 서비스 **자체가 지닌 속성**과 **소비자의 개인적 성향**을 들 수 있는데, 소비자의 공유 서비스 사용 의도와 만족도에 주는 영향이 크다. 이 두가지 요인이 소비자의 만족도에 주는 영향을 이야기하기 위해 먼저 공유 서비

스의 속성과 소비자 개인적 성향이 무엇인지 간단히 알아보자.

**공유 서비스 자체의 속성**은 소비자의 사용 동기에 영향을 미치는 외적인 요소로써, 공유 서비스의 **편리성, 경제성, 사회적 가치**가 이에 속한다. 소비자들은 공유 서비스 사용을 통해 시간적, 물질적 비용을 최소화하여 경제적 이익을 추구하며(**경제성**), 공유 서비스 플랫폼이 주는 용이성을 통해 서비스의 편리성을 판단하고(**편리성**), 공유 서비스 소비를 통해 자원 절약에 참여하는 가치 있는 소비행위를 하고자 한다(**사회적 가치**).

**서비스의 속성**은 크게 세 가지 **탐색 속성, 경험 속성, 신뢰 속성**으로 나누어진다. 소비자는 여러 단계의 구매 의사결정 프로세스를 거쳐서 서비스 선택을 하는데, **서비스의 경제성**은 구매 전 탐색을 통해 얻을 수 있는 정보로 **탐색 속성**이며, 소비자 의사결정에 중요한 역할을 한다. 반면, **편리성과 사회적 가치**는 구매 전 타인들의 리뷰를 통한 간접적인 경험(**탐색 속성**), 서비스 사용을 통한 직접적인 경험(**경험 속성**)을 통해서 얻을 수 있는 속성의 복합체이다. 사회적 가치는 공유 서비스를 통한 자원 절약의 사회적인 가치를 말하는데, 공유 서비스에 내재된 특별한 가치로 소비자의 사용 의도에 영향을 미친다. 이처럼 공유 서비스에 내재된 속성은 서비스의 품질을 결정하는 중요한 핵심 요인으로 소비 패턴에 직접적인 영향을 준다.

이와 더불어 소비 동기의 내적인 요인으로 간주되는 **소비자의 개인적 성향(심리적 특성)**이 공유 서비스 소비에 큰 영향을 미치는 것으로 나타났다. 공유 서비스 만족도와 관련이 있는 소비자의 개인적 성향은 **공동체 지향, 참을성, 혁신성, 지위 추구, 이타적, 친환경적** 6가지로 구분할 수 있다[12].

또한 공유 서비스는 서비스 자체 내에도 **혁신성**과 **친환경적** 두가지 특수한 속성을 지니고 있는데, 이는 ICT 플랫폼을 통한 협력적 소비를 가능케 하는 '혁신성'과, 구매가 아닌 대여를 통해 불필요한 과소비를 줄이고 자원

절약을 가능케 하는 '친환경적 속성'을 뜻한다. 이러한 공유 서비스 고유의 특성이 혁신적이고 친환경적인 소비자 성향과 만날 때 뚜렷한 가치 소비 형태로 나타날 수 있다.

## 한국과 중국 소비자의 개인적 성향과 공유 서비스 만족도 : 실증분석 8

다음은 임주애 외(2020)[12]의 실증적 분석에서 나온 한국 소비자 성향 및 공유 서비스 만족도를 중국 소비자와 비교하고자, 공유경제 서비스를 이용한 경험이 있는 20~50대의 중국 소비자를 대상으로 설문을 실시하였다. 연령별의 할당 표본 추출 방법(quota sampling)을 사용하였으며, 마케팅 리서치 웹 사이트(WenJuanxing)를 통해 308명의 데이터를 수집하였다. 정치, 사회경제적으로 한국과 다른 여건에 있는 중국 소비자의 개인적 성향을 고려해볼 때 의미 있는 비교 분석이 될 수 있다.

임주애 외(2020)[12]는 567명의 한국 소비자의 6가지 개인적 성향(공동체 지향, 참을성, 혁신성, 지위 추구, 이타적, 친환경적)이 공유 서비스의 만족도에 미치는 영향을 실증적으로 분석하였으며, 이와 동일한 척도에 의해 수집된 중국 데이트를 사용하여 비교하였다.

### 참을성이 많은 중국 소비자와 친환경적인 한국 소비자

사회경제 문화가 다른 두 나라의 소비자는 차별적인 개인적 성향을 보여주고 있는데, 중국 소비자는 참을성과 혁신성이 두드러지게 높았으며, 한국 소비자는 친환경적이며 이타적인 성향이 높게 나타났다. 개인적 특성을 비교한 결과, **중국 소비자**의 개인적 성향으로 **참을성**이 가장 높게 나타났으며(6.14점/7점 만점), 그다음으로 혁신성(5.73점), 친환경적(3.89점), 공동체 지향(3.70점), 이타적(평균=3.67점), 지위 추구(평균= 3.51점)의 순서대로 나타났다. **한국 소비자**의 개인적 성향은 **친환경적** (5.43점/7점 만점), 참을성(4.87점), 이타적(4.40점), 혁신성(4.36점), 지위 추구(3.97점), 공동체 지향(3.96점)의 순서대로 나타났다.

공유 서비스의 요인에 대한 소비자의 인식 또한 격차를 보였는데, 한국 소비자는 공유 서비스의사회적 가치(5.42점/7점 만점), 경제성(5.15점), 편리성(4.72점) 순으로 중요시 여기고 있으며, 중국 소비자는 경제성(6.49점), 편리성(3.79점), 사회적 가치(3.73점) 순으로 중요시 여기는 것으로 나타났다. 한국 소비자는 공유 서비스의 사회적인 측면을 중요시 여기는 반면, 중국 소비자는 크게 고려하지 않는 것으로 나타났으며, 공유 서비스의 경제성은 두 나라 소비자 모두 중요한 요인으로 인식하고 있었다.

### 공유 서비스의 다양한 속성을 중요시하는 한국 소비자

개인적 성향 및 공유 서비스 요인과 만족도 간의 상관관계를 분석한 결과, 한국과 중국 소비자들의 서비스 만족도는 모두 **소비자 개인적 성향보다 서비스 자체의 속성과 더 높은 상관관계**를 가지는 것으로 나타났다. 특히 공유 서비스 자체가 지닌 속성 중 **경제성**이 두 나라 모두 상대적으로 중요한 요인으로 인식되고 있어 공유 서비스가 제공하는 경제적인 혜택이 가치 소비에 미치는 영향이 크다고 볼 수 있다. 이처럼 서비스 속성에 대해 소비자가 가지는 인식은 공유 서비스가 지녀야 할 핵심 경쟁 가치로써 중요한 의미를 지닌다.

한국 소비자는 세 가지 공유 서비스 속성을 골고루 중요시 여기고 있어, 한국에서 공유 서비스를 홍보하거나 창업하는 기업은 반드시 공유 서비스의 다양한 측면(**편리성, 경제성, 사회적 가치**)을 효과적인 커뮤니케이션을 통해 소비자에게 인식시켜야 한다. 반면, 공유 서비스의 경제성만 중요시하는 중국 소비자를 타깃으로 하는 경우, 경제성을 강조하는 차별적인 홍보전략이 필요하며, 소비자의 개인적 성향을 서비스 유형별로 반영하는 차별화된 커뮤니케이션 전략을 수반해야 한다.

### 중국 소비자의 개인적 성향이 서비스 만족도에 미치는 영향

한국의 경우 소비자의 개인적 성향은 서비스 만족도에 의미 있는 영향을 미치지 않는 것으로 나타난 반면 중국의 경우 소비자 성향은 중요한 요인으로 나타나, 이를 반영하는 커뮤니케이션 전략이 필요해 보인다. 예를 들어 중국 소비자가 친환경적인 성향을 가질 경우 공유 서비스에 대한 만족도가 높은 것으로 나타나므로, 먼저 **소비자 세분화를 통해 친환경적인 소비자 집단을 파악하고 타깃 소비자 집단을 위한 홍보전략을 세우는 것**이 효과적이다.

서비스 유형별로 보면, 한국의 차량 공유 서비스 만족도에는 사회적 가치와 경제성이 영향을 미쳤으며, 숙박 공유 서비스 만족도에는 경제성과 친환경성, 유아용품 공유 서비스 만족도에는 경제성이 각각 영향을 미쳤다. 중국의 경우 경제성과 친환경성은 3가지 서비스 유형의 만족도와 모두 높은 상관관계를 보이고 있다. 이처럼 공유 서비스 유형별로 각 나라의 소비자는 서비스 속성에 대해 차별적으로 중요하게 인식하고 있으며, 따라서 인식되는 중요한 속성에 따라 서비스의 혜택이 강조되고 제시되어야 만 경쟁력 있는 공유 서비스 기업으로 성장할 수 있다.

또한, 한국 소비자의 경우, 연령이 높을수록 만족도가 낮아지는 것으로 나타났으며, 중국의 경우 소비자의 연령은 서비스 만족도에 유의한 영향을 미치지 않는 것으로 나타나, 한국에서는 젊은 층 소비자가 공유 서비스를 이용하는 주요 소비자층으로 보이며, 중국에서는 연령에 관계없이 골고루 공유 서비스를 사용하는 것으로 볼 수 있다. 따라서, 한국에서 공유 서비스를 창업할 경우, 젊은 층 소비자 집단을 타깃으로 하는 전략을 세우는 것이 효율적이며, 업종에 따라 차별적인 면이 홍보될 필요가 있다.

소비자 심리 특성을 비교한 결과, 한국 소비자와 중국 소비자는 심리적 성향에서 뚜렷한 차이를 보여주고 있다. **한국 소비자는 친환경 성향, 이타적 성향이** 상대적으로 높은 것으로 나타났으며, **중국 소비자는 참을성과 혁신성**이 두드러지게 높았다. 같은 아시아권의 시장이지만, 한국과 중국 소비자들은 현저히 다른 심리적인 성향을 가지고 있었으며, 이는 **현지 소비자들의 눈높이에 맞춘 커뮤니케이션의 중요성**을 시사한다.

### 공유 서비스의 글로벌 성장에 중요한 필요 충분 조건

글로벌 공유 서비스 기업이 해외 진출 시 실패하는 이유의 하나는 **해외 소비자의 핵심가치**를 충분히 이해하지 못하는 데 있다. 따라서 현지 소비자의 성향과 선호에 맞는 차별적 마케팅과 커뮤니케이션을 통해 소비자의 만족도를 높일 수 있으며, 성공적인 해외시장 진출이 가능하다.

앞서 언급된 마카롱 택시의 사례가 보여주듯, 공유 서비스와 같은 혁신적인 비즈니스 모델을 제공하는 스타트업 기업은 레드오션 시장의 문제를 빠른 속도로 파악하고, 기술력과 참신한 아이디어를 통한 솔루션을 발전시켜야 성공할 수 있다. 이를 위해서는 타깃 시장의 충분한 이해가 필요하며, 이에 맞는 적절한 서비스 상품이 제공될 때 사업의 확장과 가치 창출이 가능하다. 따라서, 소비자의 기호와 취향에 맞는 서비스 제공하는 것은 기본으로 이루어져야 하며, 국내 시장과 해외 글로벌 시장 소비자들의 차이점을 간과해서는 안 될 것이다.

한국 혁신 기업들은 참신한 공유경제 비즈니스 모델을 많이 발굴하고 우수 모델의 해외 진출을 모색해야 한다. 그리고 이를 위해서는 **정부의 제도 및 규범 마련과 지원**이 뒷받침되어야 하며, 기업과 정부가 '혁신 성장' 측면에서 공유경제 활성화를 위한 노력을 해야 한다. 예를 들어 2018년 시작하여 빠르게 성장했던 '타다 베이직'은 '타다 금지법'이라 불리는 정부의 강력한 규제로 인해 2020년 4월 서비스를 중단한 사례가 있었는데, '타다 넥스트'라는 여객자동차 운수사업법 개정안의 '타입3'에 준수하는 플랫폼 형태를 취하며 새롭게 등장했다. 여기서 주목할 점은 '타다 베이직'이 택시업계와 대립각을 세운 것과 달리 '타다 넥스트'는 택시업계와의 상생을 염두에 두는 비즈니스 모델을 가진 점이다[13]. 2022년 체결된 타다 넥스트와 서울 개인택시운송사업조합과의 업무협약은 상호발전을 지향하며 업계 전반의 발전을 도모하는 긍정적인 전략으로 평가받고 있다. 이 사례가 보여주듯 엄격한 시장가격, 경쟁사와의 관계, 정부와의 협력 등을 간과하지 않아야 한국 혁신 기업은 국내를 넘어서 글로벌 기업으로 성장할 수 있다.

# 에필로그

퀸(Queen)의 'Time waits for nobody'라는 노래가 있는데, 가사를 보면 다음과 같은 내용이 나온다.

Time waits for nobody
We all must plan our hopes together
Or we'll have no more future at all
Time waits for nobody…
We've not listened to
Or spoken about it all
The fact that time is
Running out for us all…
We've got to build this world together
Or we'll have no more future at all

시간은 기다려 주지 않아요
우린 함께 희망을 만들어 가야 해요
그렇지 않으면 미래는 더 이상 없을 거예요
시간은 기다려 주지 않으니까……
우리는 들으려 하거나
말 하려 하지 않았어요
우리에게 시간이 점점 줄어간다는 사실을……

우리는 이 세계를 함께 만들어 가야 해요.
그렇지 않으면 더 이상의 미래는 없을 거예요.

1990년대 초반에 나온 이 노래는 30년이 지난 지금 우리에게 외면할 수 없는 현실의 문제를 상기시킨다. 우리가 당연시 여기는 일상생활의 모든 것들은 우리의 자연과 환경 그리고 안정적인 사회 경제 시스템이 없이는 불가능하다. 이제 우리는 자연과 환경의 녹색을 소중히 하고 지켜야 할 의무에서 자유로울 수 없으며, 아름다운 녹색과 세상을 후세에게 남겨주기 위한 의식적인 노력을 실제적인 행동으로 옮겨야 할 때가 왔다. 지구 온난화와 사회 불평등은 사회와 재계 리더들만의 문제가 아니며, 정부와 기업이 ESG 정책과 경영을 실행하는 것만으로는 지속가능 발전의 실현이 어렵다. 소비자는 가장 중요한 이해 관계자로서 책임의식을 가지고, 지속가능성 문제해결에 참여해야 한다.

295가지의 녹색은 제각기 다른 음영을 띠고 아름다움을 표현한다. 과연 우리가 원하는 녹색은 어떤 음영인지 알기 위해서는 먼저 우리 자신과 가까운 이웃 나라들의 ESG 정책과 경영 및 그린슈머를 이해하고 함께 공존하는 모습을 가져야 한다. 유엔이 제시하는 지속가능발전의 마지막 17번째 세부 목표는 '글로벌 연대'(Partnership)로 지속가능발전이라는 범지구적인 공동의 목표를 추구하면서 국가 간, 기업, 시민, 사회와 정부 등의 다 차원적인 이해 관계자들의 글로벌 연대와 협력은 필요충분조건임을 강조한다.

중국에서 공장이 바쁘게 돌아가면 뿌옇게 변하는 우리의 하늘을 보며, 지속가능성은 단지 우리만의 문제가 아님을 절감한다. 우리가 원하는 녹색의 음영을 알고, 이웃 나라들과 함께 같이 노력할 때, 우리는 아름다운 자연환경과 살고 싶은 사회를 후세들에게 남겨줄 수 있을 것이다.

# 참고문헌

## I. 시장, 정부 그리고 ESG 경영

### 1장. ESG 개념과 글로벌 동향


**ESG 개념의 등장배경**

1 Sphera (2022). https://sphera.com/spark/esg-and-sustainability-two-sides-of-the-same-coin/

2 KRX (2023). ESG의 부상배경/ESG 소개

**지속가능성 개념의 역사**

3 한상완 (2004). 현대경제 연구원 (2004). 지속가능경영의 도입 프레임워크. 한상완 외.

4 매일경제 (2022). 매일경제용어 사전,

5 Kemper J. & Ballantine, P. (2019). Marketing and Sustainability: Business as Usual or Changing Worldview ? Sustainability 11 (3).

6 Elkington, J. (1994). Towards the Sustainable Corporation: Win-Win-Win Business Strategies for Sustainable Development. California Management Review, 36, 90-100.

7 KIEP (2021). 글로벌 ESG동향 및 국가의 전략적 역할, 한상범, 권세훈, 임상균. 대외경제 정책연구원

**ESG 개념과 ESG 투자규모의 증가**

8삼정 KPMG (2021). ESG의 부상, 기업은 무엇을 준비해야 하는가? Vol. 74, 2021, 삼정 경제연구원.

9 KOTRA (2022). 2022일본 진출전략, 시장평가 및 주요이슈. KOTRA 21-209.

10 레베카 헨더슨 (2021). 자본주의의 대전환.

**글로벌 ESG 규제**

11 한경 Mook (2022). ESG 2.0, Section1, ESG Issues. 한국경제신문

12 김재필 (2022). ESG 혁명이 온다 2. 한스미디어.

13 이신형 (2021). MSCI선정 2022년 ESG 10대 트렌드는 공급망, 석탄, 녹색채권, 그린워싱, 규제, 박테리아.. ESG 경제, 2021, 12.28.

14 김윤희 (2023). EU와 미국의 탄소무역장벽 주요내용과 영향. 국회예산정책처, 나보포커스, 제59호. 2023-05-24.

15 한국에너지융합협회 (2022). 국내 RE100시장 분석 및 자문 최종보고서. 2022-12.

16 Samuel Clissold (2023). Balancing Act: stranded assets and flexibility in China's Power sector. Analyst Notes. Carbon Tracker, 2023-03-30.

17 Sims, J. (2022). South Korea must take opportunity to end coal power and accelerate renewable bulid-out by 2028. Carbon Tracker, 2021-05-20.

## 2장. 한국의 ESG 정책

1 KIEP (2021). 글로벌 ESG동향 및 국가의 전략적 역할, 한상범, 권세훈, 임상균. 대외경제 정책연구원

2 김재필 (2022). ESG 혁명이 온다 2. 한스미디어.

3 한국경제 TV (2022). '블랙록, 국내6개 기업 지분 가치 33조원 넘어' 2022-05-02.

4 한경ESG (2021). '중대재해 관련 의결권 행사할 것, ESG는 결국 거버넌스의 문제', 원신보. 커버스토리.

5 기후환경과학외교국 기후변화외교과 (2020). 우리나라 국가온실가스 감축목표 및 장기 저탄소발전전략, 2020-12-31.5

6 1KRX (2023). ESG의 부상배경/ESG 소개,

## 3장. 아시아 ESG 선발주자인 일본의 정책과 일본기업의 ESG 경영

1 KOTRA (2021) 일본의 ESG 대응 전략 분석과 시사점, Global Market Report,

21-028.

2 삼정 KPMG INSIGHT Vol. 74-2021

3 Zenbird (2023). https://zenbird.media/sustainability-in-japan/

4 Tokyoesque (2023). https://tokyoesque.com/sustainability-in-japan/

5 KIEP (2021). 글로벌 ESG동향 및 국가의 전략적 역할, 한상범, 권세훈, 임상균. 대외경제 정책연구원


### 소니의 혁신

6 전혜진 (2021). ESG 경제 [ESG 기업 탐방] 소니, 2025년 '넷-제로'목표 향한 빠른 발걸음

7 최원석 (2021). 조선일보 경제컬럼 – 소니의 자율주행 전기차가 유망한 5가지 이유 2021.01.07

8 그린피스 (2022). 그린피스 서울(2022). 탄소중립 10년 앞당겨 선언한 소니 SONY, 2022. 06 .23.

9 KOTRA (2021). 일본의 ESG 정책 및 관련기관 동향, Kotra, 도쿄무역관 하세가와 요시유키, 2021-08-31.

10 조은지 (2020). 일본, 친환경 인증이 스펙이 되는 시대 2020-07-06 일본 오사카무역관, 대한 화장품 협회 (KKCA).

11 여은정 (2019). 국내외 사회적 책임투자 사례분석과 시사점', KIF Working Paper 2019-09.

12 KEITI (2022). 한국환경산업기술원 국내 IP 환경동향보고 – 지속가능한 개발 목표(SDGs) 실시를 위한 일본 정부의 대응.

13 교토시 공식 사이트 (2023). 지속가능 비즈니스 허브

14 경제산업성, 외무성, SDGs 액션 플랫폼, 기업광고 전략연구소, 닛케이 x트렌드 등

15 SONY Group  (2022) https://www.sony.com/en/SonyInfo

16 한경 Mook (2022). ESG 2.0, Section1, ESG Issues. 한국경제신문

17 GSIA (Global Sustainable Investment Alliance) (2020). Trends Report 2020.

## 4장. 중국의 ESG 현황


### 중국 정부의 ESG 정책

1 김성우 (2020). 중국의 탄소중립 선언과 ESG. DBR, 2020년 11월 Issue 1, 308호. DBR Column.

2 주의회 (2021). '녹색, 저탄소 및 순환 개발 경제 시스템에 대한 의견', 국가개발/ 국민경제관리 2021-2-22, 4번 www.gov.cn (중국중앙정부포털),

3 KOTRA (2022). 2022 중국 진출 전략, 시장평가 및 주요 이슈, KOTRA21-207.

4 Sohu (2020). 什么是ESG投资？(ESG 투자란?)

5 CSF (2022). [이슈트렌드] 중국 재계 전반에 부는 ESG 바람, 중국전문가 포럼, 2022-06-16.

6 Zi, Fa GAi Huan (2016). '녹색소비 촉진에 관한 지도 의견 발행', 10부서회람, 제353호, 국가발전개혁위원회 www.gov.cn (중국중앙정부포털)

7 허욱 (2022). 중국 특색의 ESG로 가는 길. Shin&Kim, 세종 뉴스레터, 2022-09-30.

8 코슈트카 게니아 (Genia Kostka), (2019). Mercator 중국연구센터, Platform C, 동아시아, 2019-05-27.

### 공동부유 국정 기조 전면화

9 KIEP (2021). 글로벌 ESG동향 및 국가의 전략적 역할, 한상범, 권세훈, 임상균. 대외경제 정책연구원

10 정유신 (2022). 아시아경제, 오피니언 칼럼, 2022.02.18, '중국 공동부유 정책 전환의 배경'.

11 김은화 (2021). 자본시장연구원, 중국의 공동부유 정책과 기업규제 리스크. 자본시장 포커스, 2021-25호.

### 사회 신용 평가 시스템

12 조준상 (2019). 레이첼 보츠만, 'Who can you trust? - How technology brought us together and why it might drive us apart'; 이코노미 21, 조준상, 455호, 2019-06-17.

13 천위지에 & 린푸지 (2019). 중앙연구원 법률연구소, 칭화대학 법률집행연구소, Platform C, 동아시아, 2019-05-27.

### 알리바바의 ESG 경영

14 고명훈 (2022). 데이터센터도 '그린'시대, 알리바바, 2030년 100% 탈탄소 동참. 어떤 친환경 기술 가졌나?, 녹색경제신문, 2022.04.26.

15 Alibaba (2023). ESG Report 2018

16 Cainiao (2023), Cainiao Baobao Homepage

17 Zhang Jinru. (2020). Risk Analysis of Ant Financials' Financing Business. Chinese and Foreign Entrepreneurs (19), 26.

18 Zhang Luyu & Wang Yongmao.(2018). Research on the Financing Mode of Small and Micro Enterprises under E-commerce Big Data Finance—— Based on the Comparison between Ant Financial and JD Finance. Southwest Finance (07), 53-59.

19 Kong Fanyao. (2020). Reflections on the supervision of financial technology enterprises - taking Ant Financial as an example. Shanxi Finance and Taxation (12), 35-38.

20 Xia Yu, Guo Fengjun, Wei Mingxia & Fang Lei. (2022). Mining of Internet Financial Regulatory Implications Based on "Ant Financial Services" Incident Online Review Text. Journal of Management (01), 119-128.

21 Guo Zhenhua. (2020). Is Ant Financial's leverage really 60 times? Shanghai Insurance (11), 29-33.

22 Kong Fanyao. (2020). Reflections on the supervision of financial technology enterprises - taking Ant Financial as an example. Shanxi Finance and Taxation (12), 35-38.

# II. 그린 마케팅과 그린 워싱

## 5장. 그린 마케팅의 중요성

### ESG경영과 그린 마케팅

1 Chen, T. Y., Yeh, T. L. & Jheng, W. S.(2013), “Factors Influencing Brand Association”, African Journal of Business Management, Vol. 7(19), pp. 1914-1926.

2 Boztepe, A.(2012), “Green Marketing and Its Impact on Consumer Buying Behavior,” European Journal of Economic and Political Studies, Vol. 5(1), pp. 5-21.

3 김보라 (2022). 뉴데일리경제 (2022). ‘착한포장 늘린다’… 식품업계, 친환경 경영 박차. 김보라 기자. 2022-03-14.

### 그린마케팅이란

4 김준회,(2011). 기업 그린마케팅 전략이 소비자 인식과 구매에 미치는 영향에 관한 연구,유라시아연구, 8:3, 23-46

5 심규대,(2011). 그린마케팅이 브랜드 이미지에 미치는 영향에 미치는 영향에 관한 연구. 서경대학교,박사학위논문

6 최명우 (2022). 환경을 생각하는 그린마케팅, 이를 생각하는 ‘척’하는 그린워싱. 소비자 평가, 2022-07-05.

7 Elsenhart, T.(1990), “There’s Gold in that Garbage”, Business Marketing, Vol. 19(4), pp. 277-298.

8 Peattie K.(1992), Green Marketing, Longman Group.

9 Polonsky, M. J. & Min-wimsatt, A. T.(2000), Environmental Marketing: Strategies, Practice, Theory and Research, The Haworth Press, p. 20.

10 Polonsky, M. J. & Rosenberger, P. J.(2001), “Re-Evaluating Green Marketing - An Integrated Approach,” Business Horizons, Vol. 44 (5), pp. 21-30.

11 Kotler P. & Armstrong, G.(2003), Principles of Marketing, Prentice Hall & Pearson Education.

12 Ottman, Jacquelyn A.(1993). Green Marketing, NTC Business.

13 정한배(1997), "환경마케팅의 개념과 전략", 서강비즈니스리뷰. 제4권, pp. 120-132.

14 김대욱, 손영곤, 서동명, 최명일(2017), "기업의 PR 프로그램은 얼마나 효과적인가? 국내 기업 PR 프로그램 효과에 대한 메타분석," 한국광고홍보학회, 19(2), 220-265.

15 NYT (1986). 'Cashing in on Higher Cause', July 6th, 1986.

**뷰티 브랜드의 그린마케팅**

16 이나영 (2023). "착한 화장품뜬다"… 지구 환경까지 생각한 '컨셔스 뷰티'대세. 데일리안, 경제 2023-04-30

17 이지원 (2020). [브랜드 이거아니?] 이솝우화를 꿈꾸는 스킨케어 브랜드, '이솝(Aesop)', Daily Pop, 2020-02-25.

**라베라의 유기농 인증마크**

18 NATRUE (2023). https://www.natrue.org/who-we-are/our-history/

19 VeganSociety (2023). https://www.vegansociety.com/the-vegan-trademark

20 Climate Partner (2023). https://www.climatepartner.com/en/about-climatepartner

21 Lavera 공익연계 마케팅 프로그램 (2023). https://www.lavera.com/lavera-world/commitment-sustainability/sustainability?language-switched=1

화장품계의 애플 SIITA

22 인터비즈 (2022). UN도 인정한 친환경 뷰티의 새 기준, 시타, 인터비즈 2022-12-01.

23 Holt, D. B., Quelch, J. A. & Taylor, E. L.(2004), "How Global Brands Compete," Harvard Business Review, Vol. 82(9), pp. 68-75.

**그린 마케팅믹스 요인이 브랜드 충성도에 미치는 영향**

24 유문용, 장형유, 전수성 (2021). 그린마케팅 믹스와 브랜드 글로벌성이 브랜드 신뢰와 충성도에 미치는 영향, 지역산업연구, 44권 1호, 303-305.

## 6장 그린워싱

**그린워싱의 정의**

1 Marquis C, & Toffel, M. (2016). Scrutiny, Norms, and Selective Disclosure: A Global Study of Greenwashing, Organization Science 27(2):483-504.

2 Seele and Gatti, (2017) Greenwashing Revisited: In Search of a Typology and Accusation-Based Definition Incorporating Legitimacy Strategies, Business Strategy and the Environment 26(2):239-252

3 Yang Z., Nguyen, T., Nguyen, H, Nguyen, T, Cao T. (2020). Greenwashing behaviors: causes, taxonomy, consequences based on a systematic literature review, Journal of Business Economics and Management, 2020 Volume 21 Issue 5: 1486–1507.

4 TerraChoice(2010). The sins of greenwashing home and family edition, 2010.

5 김재영 (2022). 대전일보 소비자 컬럼, 그린워싱을 막는 소비자 습관, 2022-08-11

6 Delmas, M.A. and Burbano V.C. (2011). The drivers of greenwashing. UNIVERSITY OF CALIFORNIA, BERKELEY VOL. 54, NO. 1 FALL 2011.

7 Lyon and Maxwell(2011). Greenwash: Corporate Environmental Disclosure under Threat of Audit, Journal of economics & Management Strategy, Volume20, Issue1, 3-41.

8 Walker and Wan(2012). The Harm of Symbolic Actions and Green-Washing: Corporate Actions and Communications on Environmental Performance and Their Financial Implications, Journal of Business Ethics, 109, 227-242.

**그린워싱의 판단기준과 종류**

9 Pizzetti et al.(2021) Firms Talk, Suppliers Walk: Analyzing the Locus of Greenwashing

in the Blame Game and Introducing 'Vicarious Greenwashing' Journal of Business Ethics,170:21–38

10 Wang H., Ma, B., Bai, R. (2020). The spillover effect of greenwashing behaviours: an experimental approach, Marketing Intelligence & Planning Vol. 38 No. 3, 2020 pp. 283-295

11 De Freitas Netto et al, 2020; Concepts and forms of greenwashing: a systematic review, Environmental Sciences Europe volume 32, Article number: 19 (2020)

12 Delmas M. & Burbano, V.C. (2011). The Drivers of Greenwashing. University of California, Berkeley, Vol. 54, No. 1 Fall 2011

13 Schmuck, D., Matthes, J., Nadere, B. (2018). Misleading Consumers with Green Advertising? An Affect–Reason–Involvement Account of Greenwashing Effects in Environmental Advertising, Journal of Advertising, 47:2, 127-145

14 Urbanski M. and Haque, A. (2020). Are You Environmentally Conscious Enough to differentiate between Greenwashed and Sustainable Items? A Global Consumers Perspective, Sustainability, 2020-02-27.

**그린워싱 사례**

15 이지수 (2021). 페타, 지속가능신발 올버즈 울사용에 반대. 한국섬유식문, 2021-11-09.

16 Allsup, Maeve (2023). With its new shoe, Allbirds makes the case that zero-carbon ins more than a pipe dream for fashion. Retail Brew, Sustainability, 2023-03-21.

17 Greenpeace (2022). Activists send plastic waste back to Nestle, Call Out Company for Greenwashing, March 23 2022. Greenpeace Southeast

Asia. Retrieved November 4, 2022,

18 정은지 (2021). 그린워싱, 친환경 그늘에 숨은 검은 실상, 네슬레, 블랙야크도 예외는 아냐. 녹색경제신문/경제/유통&라이프, 2021.1.18.

19 Cision (2022). PR Newswire, Netle USA Announces Voluntary Recall of Limited Quantity of Edible Chocolate Chip Cookie Dough Tubs from Nestle Toll House, Nov 03, 2022.

**기업은 왜 그린워싱을 하는걸까?**

20 Fleming and Jones, 2013; Walker and Wan, 2012

21 Delmas M. & Burbano, V.C. (2011). The Drivers of Greenwashing. University of California, Berkeley, Vol. 54, No. 1 Fall 2011

22 성은숙 (2022). 뉴스펭귄. "공정위, 환경부, 그린워싱 관리감독나서야" 2022.11.04,

23 남예진 (2022). 소셜미디어, 기업의 '그린워싱'도구로 전락. 뉴스펭귄, 2022.09.22.

24 Martin K. and Cullen J. (2006). Continuities and Extensions of Ethical Climate Theory, A Meta-Analytic Review, Journal of Business Ethics, 69/2 (December 2006): 175-194.

25 차경욱, 이은희, & 유현정. (2013). 제품에 표시된 녹색주장과 그린워싱 분석. 소비문화연구, 16(3), 311-335.

26 Walker, K. and Wan, F. (2012). The harm of symbolic actions and greenwashing: corporate actions and communications on environmental performance and their financial implications, Journal of Business Ethics, 109(2).

27 Parguel, B. Benoit Moreau, F., Larceneux, F. (2008). How sustainability ratings might deter 'greenwashing' : a closer look at ethical corporate communication. Journal of business ethics, 102(1).

28 Chen, Y and Chang, C.H (2013). Towards green trust: the influences of

green perceived quality, green perceived risk, and green satisfaction. Management Decision, vol 51, iss 1.

29 Greenium (2023). 그린워싱에도 종류가 있다? 기업과 소비자가 주의해야 할 그린워싱 유형 6가지, 2023-02-03.

# III. 변화하는 소비자의 색채

## 7장 기대와 현실 사이에 서 있는 밀레니얼 세대: 한국과 일본

### 글로벌 밀레니얼 세대의 특징

1 Burnasheva, R., GuSuh, Y., & Villalobos-Moron, K. (2018). Millennials' attitudes toward online luxury buying behavior in South Korea: a q-methodology approach. Asian Business Research, 3(3), 1-13.

2 Miller, L. J., & Lu, W. (2018, August 20). Gen Z Is Set to Outnumber Millennials Within a Year. Bloomberg.

### 소비자 문화 이론

3 Arnould, E. J., & Thompson, C. J. (2005). Consumer culture theory (CCT): Twenty years of research. Journal of consumer research, 31(4), 868-882.

### 한일 밀레니얼 세대의 역사적, 경제적 배경

4 Asahina, Y. (2019). Insecure Millennials: Coming of Age in Seoul and Tokyo (Doctoral dissertation, University of Hawai'i at Manoa, Honolulu, USA). Retrieved from

5 Nae, N. (2018). Quo Vadis? Japanese Youth and the Burden of Living. Euromentor Journal - Studies about education, 9(02), 15-25.

6 Bonnah, T. (2019). Kimo-kawaii Catharsis: millennials, depression and the empty healing of Sanrio's Gudetama. Japan Forum, 31(2), 87-210.

### 밀레니얼 세대의 성향과 삶의 가치관

7 나무위키 (2023). Company.

8 조영종 (2021). [기고] 일본 유토리 교육의 실패가 주는 교훈. 충남신문, 2021-09-03.

9 정진용 (2016). [뉴투 연중기획1부: 2016 청년보고서] 사토리와 밀레니얼, 장기불황이 낳은 기형세대들. 뉴스투데이, 2016-12-05.

10 Kim, J. (2019a). Why Young Koreans Love to Splurge - Sometimes blowing your paycheck can be a rational choice, July 9th 2019. Foreign Policy.

11 Gough, K. (2018, May 16). Japanese Millennials and the Growth of the Digital Market in Japan.

12 Shin, E., Lee, S., Kim, S., & Koh, A. R. (2018). The Influence of Korean Instagram Users' Cultural Disposition, Social Capital, and Instagram Usage Propensity on their Evaluation Attributes for Fashion Influencers. International Textile and Apparel Association (ITAA) Annual Conference Proceedings, 101.

13 Eldridge, R. D. (2018). Japanese Millennials and Politics. Education About ASIA, 23(1), 22-26.

### 라이프스타일과 소비문화

14 Tsedendemberel, O. (2019). The happy youth of a desperate country: The disconnect between Japan's malaise and its millennials. Corvinus Journal of Sociology and Social Policy, 10(1), 179-184.

15 Estares, I. (2019, July 29). The Modern Japanese Consumer. Data Spring. Retrieved from

16 Esplanade (2018, September 18). Annyeonghaseyo! Meet k-pop's cousin, k-indie (part 2).

17 Future Watch (2019a, March 18). Consumer trends and lifestyles in Japan.

18 Gershon, A. (2018, October 24). Understanding Korean Hyper

Consumerism. The Asian Entrepreneur.

19 Kim, S. (2019b). An User-Generated Content Strategy on Brand Equity and Customer Satisfaction toward Purchase Intention among South Korean Millennials: A Case Study of Innisfree. (Master Thesis, Bangkok University, Bangkok, Thailand). Retrieved at

**한국 밀레니얼 세대 소비 트렌드**

20 Future Watch (2019b, September 4). Consumer trends in South Korea. Retrieved from

21 Info Cubic (2019, September 11). How to Win the Hearts and Trust of Korean Consumers.

22 Muk, A., Chung, C., & Kim, J. (2019). An Abstract: From Thinking Green to Planned Green Purchasing Behaviors: A Cross-National Study of American and Korean Millennials In: P. Rossi & N. Krey (Eds.), Finding New Ways to Engage and Satisfy Global Customers. AMSWMC 2018. Developments in Marketing Science: Proceedings of the Academy of Marketing Science (pp. 435-436). Springer, Cham.

23 Nago, M. (2019, February 6). Japan's new luxury consumer. Vogue Business. Retrieved from

24 Euromonitor (2018, December). Consumer Types: Japan. Retrieved from

25 OECD (2020, April 1). Suicide rates. Retrieved from https://data.oecd.org/healthstat/suicide-rates.htm

## 8장 한국과 미국 그린슈머의 색채

**소비자의 그린니즈는 어디에서 오는가?**

1 시사위크. (2022). '친환경'에 푹 빠진 유통업계… 왜.

2 김태성. (2020). 친환경 소비 年30조…10년새 2배로, 매일경제.

3 대한상공회의소. (2021). 코로나시대 소비행태 변화와 시사점 조사보고서.

4 한국소비자원. (2021). [소비자정책동향 제110호] 녹색제품 민간부문 소비 현황 및 활성화 방안.

## 자기정체성

5 Conner and Armitage. (1998). Extending the Theory of Planned Behavior: A Review and Avenues for Further Research. Journal of Applied Social Psychology. 08/01/98, Vol. 28 Issue 15, p1429-1464. 36p. 3 Charts.

6 Armitage & Coner, (2001). Efficacy of the theory of planned behaviour: a meta - analytic review. British Journal of Social Psychology. Dec2001, Vol. 40 Issue 4, p471. 29p. 1 Diagram, 5 Charts.

7 Stets, J. E., & Burke, P. J. (2000). Identity theory and social identity theory. Social Psychology Quarterly, 63, 224-237.

8 Udall, A. M., De Groot, J. I. M., De Jong, S. B., and Shankar, A. (2020). How do I see myself? A systematic review of identities in pro-environmental behaviour research. J. Consum. Behav. 19, 108–141. doi: 10.1002/cb.1798

9 김사원&이수형&문선정, (2018). 소비자의 환경 의식이 친환경 제품 구매행동에 미치는 영향. 마케팅논십(Journal of Marketing Studics), 26(3), 79, pp.56-72.

10 양인목, 박철. (2012). 친환경 제품에 대한 태도와 구매행동에 영향을 미치는 요인. 벤처창업연구. 2012-12 7(4):55-64.

11 Van der Werff et al., (2013). It is a moral issue: the relationship between environmental self-identity, obligation-based intrinsic motivation and pro-environmental behavior. Global Environ. Change, 23 (2013), pp. 1258-1265,

12 Whitmarsh and O'Neill. (2010). Green identity, green living? The role of pro-environmental self-identity in determining consistency across diverse pro-environmental behaviours J. Environ. Psychol., 30 (2010), pp. 305-314,

13 Scherbaum, Popovich, & Finlinson, (2008). Exploring individual-level

factors related to employee energy-consercation behaviors at work. Journal of Applied Social Psychology 38(3), 818–835.

14 Stets, J. E., & Biga, C. F. (2003). Bringing identity theory into environmental sociology. Sociological Theory, 21, 398-423.

### 내적 환경통제

15 Rotter, J.B. (1960). Some implications of a social learning theory for the prediction of goal directed behavior from testing procedures. Psychological Review.

16 Cleveland et al. (2012).“It's not easy being green”: exploring green creeds, green deeds, and internal environmental locus of control. Psychology & Marketing. May2012, Vol. 29 Issue 5, p293-305. 13p.

17 Kalamas et,. (2014). Pro-environmental behaviors for thee but not for me: Green giants, green Gods, and external environmental locus of control. Journal of Business Research pp12-22.

18 Afsar, Bilal. (2019). Responsible leadership and employee's proenvironmental behavior: The role of organizational commitment, green shared vision, and internal environmental locus of control. Corporate Social Responsibility & Environmental Management. p297-312.

### 홉스테드가 제시한 소비자의 문화적 다양성

19 Hui, c. h. (1988). Measurement of individualism-collectivism. Journal of Research in Personality Volume 22, Issue 1, March 1988, Pages 17-36.

20 Markus, H. R., & Kitayama, S.(1991). Culture and the self: Implications for cognition, emotion, and motivation, Psychological Review.

### 개인주의와 집단주의 문화

21 김종흠. (2015). 개인-집단주의 성향과 도덕적 규범이 친환경 행동의도와 친환경 유기농쌀 구매의도에 미치는 영향: 가격민감성의 조절효과를 중심으로. 한국

심리학회지: 소비자·광고. 2015-08 16(3):519-539.

22 De Mooij, M., Hofstede, G. (2011) Cross-cultural consumer behavior : a Review of research findings. Journal of International Consumer Marketing, Vol 23, 181-192.

23 Hofstede. (1991). Culture's on Sequences: International Differences in Work-Related Values, Beverly Hills, CA: Sage Publication.

24 Hofstede, G (1991). Cultures and Organizations: Software of the Mind, McGraw-Hill, New York, NY.

25 Hofstede. (2011). Dimensionalizing Cultures: The Hofstede Model in Context, Online Readings in Psychology and Culture.

26 김상희. (2014). 판매성과 실패상황에서 판매원의 수치심과 죄책감(개인주의와 집단주의). 마케팅관리연구, 01/31/2014, Vol. 19, Issue 1, p. 37-64.

27 Triandis, H.C. (1989). The Self and Social Behavior in Differing Cultural Contexts. Psychological Review.

**개인주의 소비자의 높은 자기 정체성이 만드는 그린소비**

28 김종흠. (2020). 규범과 통제소재가 개인의 친환경 태도에 미치는 영향력: 암묵적 태도와 명시적 태도의 비교. 한국심리학회지: 소비자·광고. 2020-11 21(4):657-678.

29 Neves J, Oliveira T (2021) Understanding energy-efficient heating appliance behavior change_ The moderating impact of the green self-identity. Energy 225.

30 Ajzen. (1991). The theory of planned behavior. Organizational Behavior and Human Decision Processes. Pp179-211.

31 Zhao-hong, (2020). Linking hedonic and utilitarian shopping values to consumer skepticism and green consumption: the roles of environmental involvement and locus of control. Review of Managerial Science.

### 소비자는 과연 그린 소비를 위해 가격을 지불할 의향이 있는가?

32 배세하. (2021). 친환경 제품 구매는 착한 마음으로 충분하지 않다: 이타적/이기적 동기가 친환경 제품 구매 행동에 미치는 영향. 마케팅 연구, 36(1), pp.71-97

33 김석호, 김나민. (2015). 소비자들은 타인에게 보여주기 위해 친환경 제품을 구매하는가?: 친환경 제품 종류에 따른 소비자 반응을 중심으로. 마케팅 논집, 12/30/2015, Vol. 23, Issue 4, p. 75-94.

34 지용빈, 서영욱. (2021). 국내 기업의 ESG활동에 대한 소비자 인식이 지각된 가치와 심리적 거리를 통해 행동 의도에 미치는 영향 연구. 한국콘텐츠학회 논문지. 2021-12 21(12):217-237.

35 유종혜. 안순태. (2022). 국가 간 갈등 상황에서 소셜 미디어를 통한 마케팅과 위기 대응 전략 : 중국 소비자의 한국 제품 구매 의도. 한국광고홍보학보. 2022-01 24(1):33-64.

36 김해룡. (2020). 친환경상품 가격인하와 가격공정성 지각: 죄책감과 소비자 친환경관심의 역할. 고객만족경영연구 / The Academy of Customer Satisfaction Management. Apr 30, 2020 22(1):77.

37 KITA (2022). 무역통상정보/무역뉴스, '미 전기차 보조금 축소, 현대차 해법, 이것밖에 없다' 2022-09-05.

## 9장 MZ 세대의 그린소비

### SNS 미디어의 존재감

1 DMC Report (2021). 2021 소셜 미디어 시장 및 현황분석 보고서.

2 Steggals,P. (2021). 고객 행동뒤에 숨겨진 심리를 통해 알아보는 코로나19 이후에도 지속될 습관들. 아시아 태평양, 소비자 인사이트. Global Research, Kadence International.

3 나경수 (2021). 소셜미디어 신뢰가 지각된 위험과 자아효능감을 통한 브랜드 신뢰에 미치는 영향에 관한 연구

4 서영, 조영, 심성욱 (2022). 소셜미디어의 이용동기가 화장품제품의 광고 태도, 만족도, 공유의도, 구매의도에 미치는 영향 연구: 한국의 인스타그램과 중국의 샤오홍슈의 비교를 중심으로, Journal of OOH Advertising Research, Vol.19, No.1, pp.5-3

5 한소, 양종훈 (2022). 짧은 동영상앱 광고효과에 영향을 미치는 요인에 관한 연구 - 중국 틱톡 앱 사용자를 중심으로 -, 연기예술연구 Vol.26 (2022) pp.139-164

6 니에신위, 경성림 (2022). 중국 5G 서비스의 사용자 사회적 특성이 사용의도에 미치는 영향, Journal of Digital Convergence Vol. 20. No. 3, pp. 63-68, 2022

7 당건곤 (2022). 중국 1인 미디어 플랫폼의 광고에 대한 공중의 태도에 관한 연구

8 쳔위페이, 진성 (2022). 1인 미디어의 특성이 사용의도에 미치는 영향: 지각된 가치의 매개효과를 중심으로, Journal of Digital Convergence Vol. 20. No. 5, pp. 357-362, 2022

**SNS미디어는 MZ 소비자의 가치소비 촉진제**

9 김민성 (2021). 지속가능성 보고 기준 표준화 논의 동향, 대한상공회의소 지속성장 리포트, 2021.

10 이영아(2021). "제로 웨이스트부터 비건까지" MZ세대 '미닝아웃' 소비 활짝. TECH M,

11 에스원 (2022). MZ세대의 가치 소비 트렌드, 미닝아웃

12 김경인 (2022). 소비가치가 친환경 뷰티 제품 구매의도 및 태도에 미치는 융복합적 영향, The Korean Soceity of Science & Art, Vol 40 (1)

13 최인수 외 (2019). 2020 트렌드 모니터, 대중을 읽고 기획하는 힘.

14 KDI (2022). MZ 세대가 바라보는 ESG 경영과 기업인식 조사, 2022-04-05. KDI 경제정보센터.

15 조유빈 (2021). 왜 MZ 세대는 쿠팡탈퇴 해시태그를 걸었나. 시사저널, 1754호. 2023-05-27.

16 통계청 (2022). 가치를 구매한다. 미닝아웃 소비트렌드

17 기획재정부 (2022). 미닝아웃 MZ세대의 소비 트랜드 제로웨이스트

18 소비자 정책동향 보고서 (2022). ESG 경영의 소비자 정책 이슈와 시사점, 이금노, 2022-08-30.

19 김미예, & 옥경영. (2021). MZ 세대의 소비자책임인식, 소비자교육이 지속가능 소비에 미치는영향: 기업책임행동의 매개효과를 중심으로. 소비자정책교육연구, 17 (3), 63-82.

**소비자의 가치소비 동기는 어디에서 나오는가?**

20 Ellen, P., Wiener, J., Walgren, C. (1991). The Role of Perceived Consumer Effectiveness in Motivating Environmentally Conscious Behaviors. Journal of Public Policy and Marketing, 10(2): 102-117.

21 Vermeir, I. and Verbeke, W. (2008). Sustainable food consumption among young adults in Belgium: Theory of planned behavior and the role of confidence and values, Ecological Economies, Vol. 64, 3. 15.

22 Rambabu L., Charbel J. Chiappetta J., Oksana G. , D Roubaud (2022). Green factors stimulating the purchase intention of innovative luxury organic beauty products: Implications for sustainable development, Journal of Environmental Management 301, 113899

**SNS미디어는 MZ 세대의 소비 가치를 변화시킨다**

23 송유진, 유현정 (2021) 기간별 체감환경과 환경문제인식이 친환경 태도와 행동에 미치는 영향의 차이, 2021 한국소비자정책 교육학회, pp.62-71

24 데일리임팩트 (2022), 환경의 날 맞은 유통가 '맞춤 캠페인'

25 김정은 (2022). 롯데제과 ESG 캠페인 나뚜루 포레스트 진행, 2022-04-05. The Daily Post.

26 김성아 (2022). 친환경으로 싹… 환경의 날 맞은 유통가 맞춤 캠페인 풍성, 데일리 임팩트, 2022-06-03.

27 에너지경제 (2022), 韓 기업'친환경 리더십'글로벌 산업 주도

28 CNCNews (2021), 中 디지털마케팅 '타깃+지역+플랫폼'6대 전략

29서울푸드 (2014), 친환경 식품부터 샤오스따이 마케팅까지! 중국을 움직이는 4대

소비트렌드

30 조은혜 (2022). 알리바바그룹, 4분기 실적 및 연결산 발표. 어페럴뉴스, 2022-05-27.

### 개개인의 행동이 환경을 개선할 수 있다는 믿음

31 차이나포커스 (2017), 중국 환경오염, 소비 트렌드까지 바꿨다.\헤럴드경제 (2022), 중국 소비시장 공략 '5C' 주목하라

32 한화진 (2022). 탄소중립과 녹색성장 이끄는 세계 모범국가, 헤럴드 포럼, 2022-11-23.

### 환경보호를 위한 정책과 시스템에 대한 한중 MZ 소비자의 온도차

33 에델만 코리아 (2022). 2022 대한민국 신뢰도 지표 조사 발표. 2022-03-25.

32 The Public News (2020). [정책-외국정책사례] 중국 정부 신뢰가 높은 이유와 앞으로의 전망

33 해금개 (2022). 녹색제품의 구매의도에 관한 연구: 중국 소비자를 대상으로, 비즈니스융복합연구 제7권 제1호, 21~25

34 조선일보 (2022), 미디어, 정부, 기업 등 모든 기관의 신뢰 지표 하락

35 세계일보 (2020), 누구도, 무엇도 쉽게 믿을 수 없는 '불신사회'로 전락한 대한민국

36 도묘연 (2019). 정치적·경제적·사회적 특성, 미디어 이용, 포퓰리즘 성향의 영향 구조

37 이숙정, 김혜경, 유지현 (2022). 여대생의 친환경 태도, 친환경 행동, 세계시민성의 관계 분석, Journal of the Korea Academia-Industrial cooperation Society Vol. 23, No. 4 pp. 276-283, 2022

38 KITA (2022). 친환경 소비시대, 부상하는 그린슈머를 공략하라. 팬데믹으로 강화된 친환경 소비 트렌드 대응전략. 연구보고서. 2022-04-25.

## 10장 웰빙과 Mindfulness (마음지킴)의 재해석

1 Tokyoesque (2021). Japan's Gen Z – 5 Points about the Enlightened 'Satori

Generation', 2019-0905.

2 김지혜(2020). 젊은 일본 소비자의 지갑을 여는 방법, 해외시장뉴스/상품 산업 트렌드, 일본/나고야 무역관/ KOTRA/2020-03-31

### 중국소비자의 웰빙

3 Jing Daily. (2021). From Wellness Is the New Luxury After COVID-19 for China:

4 Euromonitor International. (2020). WEIGHT MANAGEMENT AND WELLBEING IN CHINA. Beijing: Euromonitor International.

5 Dawson, K. (2021, 03). From CHINA'S WELLNESS INDUSTRY IS THRIVING: MCKINSEY REPORT:

6 Daxue Consulting. (2021, 01). From An insight into the growing health awareness in China:

7 iimedia (2022). 2022-2023 글로벌 및 중국 빅헬스 산업 운영데 관한 빅데이터 및 의사결정 분석 보고서, iimedia consulting.

8 Mckinsey&Co. (2021). China Consumer report 2021 Understanding Chinese Consumers: Growth engine of the world.

9 Dada Group. (2021). From JD.com and Dada Group Jointly Publish White Paper, "Chinese On-Demand Consumption Trends Report 2021"

## 11장 건강하고 안전한 먹거리를 통한 웰빙

### 중국의 식소비 트렌드

1 Bibek (2022). Why is Alibaba's Hema Supermarket so cool ? unfoldanswers, 2022-07-21.

2 Dada Group. (2021). From JD.com and Dada Group Jointly Publish White Paper, "Chinese On-Demand Consumption Trends Report 2021":

3 PMA Global China. (2021). From 2021 Fresh Produce Retail in China

**코로나19와 중국의 식품안전**

4 Slovic, P. (1992). Perception of risk: reflections on the psychometric paradigm. Social Theories of risk, Praeger, pp. 117-152.

5 김정진 (2020). 중국 식품안전사고로 본 식품안전정책의 변화와 대응. 중국 전문가 포럼. 2020-10-31.

6 Eric Ng (2023). Sustainability: how China is clamping down on exaggerated green claims in sectors from manufacturing to finance. South China Morning Posts, 2023-05-06.

7 천지은 (2014). '식품안전에 민감한 중국소비자-녹색마크 선호도 높아', 해외시장 뉴스, 트렌드, 중국, 시안무역관 KOTRA, 2014-09-11.

8 KITA (2021). '중국 식품시장 10가지 트렌드와 4개의 유망시장', 무역뉴스, 2021-11-12.

**헤마의 급부상**

9 McKinnon, T. (2022). The future of retail : 9 ways Alibaba is redefining retail stores, Indigo Digital, 2022-08-2

10 Zhou, Y. (2023). 疫情期间拯救众人的盒马，究竟做对了什么？

11 Emily F (2020). Hema Opens 21 New Stores this December 2020. Produce Report, 2020-12-22.

**일본의 식소비 트렌드**

12 식품외식경영 (2021). J-Food 비즈니스. 일본 코로나 이후 온라인 밀키트 시장 활발,

13 유로모니터 (2020)The Consumer Impact of Coronavirus in Japan.

14 マイボイスコム株式会社 (2021).

15 朝日新聞社.(2021).ウナギの産地偽装　卸売先は飲食店やホテル　岐阜・高山の業者.2021-12-18

16 朝日新聞社.(2022).熊本県産アサリ、大半外国産か　年間漁獲量、大幅に超える流通を確認.2022-02-02

**일본 온라인 식품시장의 강자 오이식스**

17 Shared Research Inc.. (2021). Oisix ra daichi / 3182.

18 Sakai, K. (2021). Oisix's huge success – will it continue?. Harvard Business School.

19 aT (2021). 글로벌 대체육(alternative meat) 식품시장 트렌드. 수출정보, 2021-03-19.

20 KPMG. (2019). 新소비 세대와 의·식·주 라이프 트렌드 변화.

## 12장 아시아의 미래식품 소비 어디까지 왔나?

**미래식품이 대세다**

1 임선영 (2023). 2023 글로벌 10대 푸드 트렌드, SPC Magazine, 2023-03-17.

2 Vetöné Mózner, Z. (2014). Sustainability and consumption structure: environmental impacts of food consumption clusters. A case study for Hungary. International Journal of Consumer Studies, 38(5), 529–539.

3 장수경 (2022). 고기 생선, 우유, 지금처럼 먹으려면 지구 2.3개가 필요하다. 한겨레, 2022-08-21.

4 머니투데이 (2021). '지속가능한 육류는 없다', 머니S리포트, 2021-08-29,

5 최태범 (2022). 농가 탄소배출 감축, 그린랩스, 저메탄사료, 글로벌 기업과 맞손. 머니투데이, 2022-05-31.

6 강혜연, 이보라, & 정라나. (2021). 대체육 완자와 육류 완자의 품질 특성 비교. 한국식품조리과학회지, 37(5), 371-378.

7 Verain, M. C., Snoek, H. M., Onwezen, M. C., Reinders, M. J., & Bouwman, E. P. (2021). Sustainable food choice motives: The development and cross-country validation of the Sustainable Food Choice Questionnaire (SUS-FCQ). Food Quality and Preference, 93, 104267.

8 Hwang, J., You, J., Moon, J., & Jeong, J. (2020). Factors affecting consumers' alternative meats buying intentions: Plant-based meat alternative and

cultured meat. Sustainability, 12(14), 5662.

9 aT (2021). 글로벌 대체육(alternative meat) 식품시장 트렌드. 수출정보, 2021-03-19.

### 아는 만큼 보인다 – 환경 지식의 중요성

10 Jaiswal, D., & Kant, R. (2018). Green purchasing behaviour: A conceptual framework and empirical investigation of Indian consumers. Journal of Retailing and Consumer Services, 41, 60-69.

11 Frick, J., Kaiser, F. G., & Wilson, M. (2004). Environmental knowledge and conservation behavior: Exploring prevalence and structure in a representative sample. Personality and Individual differences, 37(8), 1597-1613.

12 Rausch, T. M., & Kopplin, C. S. (2021). Bridge the gap: Consumers' purchase intention and behavior regarding sustainable clothing. Journal of Cleaner Production, 278, 123882.

13 Mostafa, M. M. (2007). A hierarchical analysis of the green consciousness of the Egyptian consumer. Psychology & Marketing, 24(5), 445-473.

14 Wang, L., Wong, P. P. W., & Narayanan Alagas, E. (2020a). Antecedents of green purchase behaviour: An examination of altruism and environmental knowledge. International Journal of Culture, Tourism and Hospitality Research, 14(1), 63–82.

15 Chen, M. F., & Tung, P. J. (2014). Developing an extended theory of planned behavior model to predict consumers' intention to visit green hotels. International journal of hospitality management, 36, 221-230.

16 Mostafa, M. M. (2009). Shades of green: A psychographic segmentation of the green consumer in Kuwait using self-organizing maps. Expert Systems with Applications, 26 (8), 11030-11038

17 Vazifehdoust, H., Taleghani, M., Esmaeilpour, F., & Nazari, K. (2013). Purchasing green to become greener: Factors influence consumers'

green purchasing behavior. Management Science Letters, 3(9), 2489-2500.

18 Prakash, G., & Pathak, P. (2017). Intention to buy eco-friendly packaged products among young consumers of India: A study on developing nation. Journal of cleaner production, 141, 385-393.

19 Jaiswal, D., & Kant, R. (2018). Green purchasing behaviour: A conceptual framework and empirical investigation of Indian consumers. Journal of Retailing and Consumer Services, 41, 60-69.

20 Shen, Y. C., & Chen, H. S. (2020). Exploring consumers' purchase intention of an innovation of the agri-food industry: A case of artificial meat. Foods, 9(6), 745.

21 Ahmed, N., Li, C., Khan, A., Qalati, S. A., Naz, S., & Rana, F. (2021). Purchase intention toward organic food among young consumers using theory of planned behavior: role of environmental concerns and environmental awareness. Journal of Environmental Planning and Management, 64(5), 796-822.

22 Schultz, P. W. (2001). The structure of environmental concern: Concern for self, other people, and the biosphere. Journal of environmental psychology, 21(4), 327-339.

23 김사원, 이수형, & 문선정. (2018). 소비자의 환경의식이 친환경 제품 구매행동에 미치는 영향. 마케팅논집, 26(3), 56-72.

**앞서가는 일본의 윤리적 소비 문화와 환경지식**

24 日本農業新聞.(2021).有機食品普及に課題　食べる「月１回以下」８割 割高感も「健康イメージ」環境面の理解不可欠本紙ネット調査.2020-09-15.

25 ぐるなび.(2021).SDGs・エシカル食材の"今"と"これから". ぐるなび. 2021-07

**중국과 일본 소비자는 대체육을 왜 먹을까 ?**

26 people.cn. (2021). 'Citizens' Eco-Environmental Behavior Survey Report

(2021)'released.
27 China Times. (2021). The market size of plant-based meat will reach US$13 billion in the next three years, and the sluggish consumption behind the booming capital needs to be resolved. 2021-08-31.
28 日本食肉消費総合センター.(2020).食肉に関する意識調査.日本食肉消費総合センター
29 육성연 (2023). 한국농수산식품 유통공사, 다렌지사.
30 株式会社大和総研.(2021).なぜ今、ヴィーガン（ベジタリアン）なのか.
31 朝日新聞社.(2022).熊本県産アサリ、大半外国産か　年間漁獲量、大幅に超える流通を確認.2022-02-02
32 朝日新聞社.(2021).ウナギの産地偽装　卸売先は飲食店やホテル　岐阜・高山の業者.2021-12-18
33 췌찬산업 연구원 (2021). 중국 대체육 산업의 현황과 미래 전망, 다렌지사, Global Report, 2022, Vol 117.
34 KOTRA (2022). 중국 진출전략 2022, KOTRA자료 21-207.
35 배경호 (2023). 내제육 중국 진출, 온라인은 b2c 오프라인선 편의점 공략을. 식품음료신문, 2023-03-01.

## 13장 집밥 전성시대와 밀키트 소비

### 밀키트의 부상

1 이두영 (2017). 소비자들의 생활환경 변화에 따른 식품 시장의 성장: 가정간편식(HMR) 시장 성장 요인 분석. 식품과학과 산업, 50(3), 33-38.
2 이강연 (2019). HMR 상품의 선택속성이 브랜드 명성 및 고객 만족에 미치는 영향. 한국조리학회지, 25(4), 72-79.
3 이유나, 장혜정, 최영우, 최윤솔, 오지은 (2021). 채식 밀키트 개발을 위한 소비자 인식 및 중요도-수행도 조사 연구. 한국콘텐츠학회논문지, 21(3), 324-335.
4 최태호, 이명철, 김동섭 (2020). 밀키트(Meal-Kit) 가정 대체식품(HMR)의 선택속

성이 만족과 재구매 의도에 미치는 영향. 한국조리학회, 26(5), 119-128.

5 박민희, 권만우, 나건 (2019). RTP(Ready to Prepare) 가정편의식(HMR) 제품의 재구매의도에 관한 연구. 한국콘텐츠학회논문지, 19(2), 548-557.

6 윤정빈 (2020). 밀키트(Meal kit) 가정식 대용식(HMR) 소비자의 연령에 따른 선택 속성에 대한 중요도-수행도 비교 연구. 대구한의대학교 대학원, 석사학위논문.

7 이소현 (2022). 밀키트의 미래는 ? 밀키트 시장 트렌드와 전망. 소비자 평가, 2022-11-11.

### 중국 밀키트 소비문화와 식품 유통시장의 변화

8 배인선 (2022). '차이나리포트: 불도장도 집에서…' 아주경제

9 코트라 Kotra (2019). 해외시장뉴스. '중 신유통시대, 전통 유통업의 위기와 기회', 다롄무역관

10 한경 글로벌 마켓 (2022). '중국도 밀키트 떴다'

11 최예지 (2020). '중 알리바바 허마셴성, 미 코스트코 따라하기' 아주경제

12 오브라운 (2020). 중국 허마셴성 분석/중국 마케팅 트렌드#008

### 소비자의 가치와 성향이 밀키트 구매을 결정한다

13 Grunert, K. G. (1996), Market Orientation in Food and Agriculture, Boston: Kluwer Academic Publishers.

14 설훈구, 이상호, 전재균 (2007). 식생활 라이프스타일 유형에 관한 연구. 외식경영연구, 10(2), 267-284.

15 최용석, 홍창은 (2017). 식생활 라이프스타일에 따른 HMR 선택속성이 구매의 도에 미치는 영향 연구. 관광연구, 32(8), 353-367.

16 김정수, 홍기남, 박노현, 전태유 (2019). 식생활 라이프스타일에 따른 가정간편식(HMR) 선택속성이 소비 자만족 및 신뢰에 미치는 영향. 유통경영학회지, 22(2), 71-80.

17 정은주 (2017). 식생활 라이프스타일에 따른 HMR 구매 동기 및 선택속성에 관한 연구. 위덕대학교 대학원, 석사학위논문.

18 오왕규, 황수정. (2021). 식생활 라이프스타일에 따른 밀키트(Meal Kit)의 선택속성이 만족에 미치는 영향. 한국외식산업학회지, 17(1), 31-50.

19 양유영, 권용석, 박영희, 윤영 (2019). 밀키트(meal-kit) 제품의 선택속성에 대한 중요도-만족도 분석. 동아시아식생활학회지, 29(6), 519-528.

20 정현채, 김찬우 (2020). 밀키트(Meal Kit) 상품의 선택속성이 구매 행동과 만족도에 미치는 영향 연구. 한국콘텐츠학회논문지, 20(6), 381-391.

21 오왕규, 홍주연 (2019). RTC형 밀키트(Meal Kit) 가정식 대체식품(HMR)의 선택속성에 대한 IPA 분석. 한국조리학회지, 25(11), 69-81.

22 안선정(2018). HMR에 대한 선택속성 지각이 만족과 추천의도 및 재구매의도에 미치는 영향. 한국외식산업학회지, 14(2), 137-149.

23 김도영, 조용현, 김동수(2019). 가족구성에 따른 HMR 선택속성이 고객만족에 미치는 영향. 한국콘텐츠학회논문지, 19(5), 602-611.

**중국과 한국 소비자의 식소비 라이프 스타일**

24 이지민 (2023). 외식물가 배달비 부담에 '밀키트' 찾는 소비자 증가, 경기신문, 2023-04-11.

## 14장 편의점 PB 간편식품으로 불황을 이기자

**경기와 편의점의 반비례 관계**

1 김희돈 (2023). 외식물가 30년만에 최고… 또 갱신. 식품외식경제. 2023.1.13.

2 농림축산식품부 (2021). 보도자료. '4년새 즉석요리식품 시장규모 145%, 수출 323% 성장'

3 Kotler, P.(1984). Marketing management: Analysis, planning and control (5th ed.).Prentice-Hall, Inc. Englewood Cliffs, NJ.

4 밥상머리 뉴스, 2020, 편의점 냉동간편식품 매출 급증

**편의점 도시락 전쟁**

5 aT (2021). 농림축산식품부/한국농수산 식품유통공사 (2021). 2021년 가공식품 세

분시장보고서
6 이동은 (2023). 편의점, 가성비 도시락 경쟁 뜨겁다. 식품외식경제. 2023.03.07.
7 한국경제 (2023). 혜자도시락 잡으러 온 '주현영, 백종원'… 도시락 삼국지 승자는 ?, 박종관, 2023.03.16.

**한국 MZ 세대의 편의점 사랑 그 이유는?**

8 송주완 (2020). 카노모형을 이용한 밀키트의 선택속성 및 제품특성에 관한 연구. 호텔관광연구, 22(2), 176-190
9 양성진·조용범 (2015). 온라인 쇼핑몰의 HMR 선택속성이 만족과 재구매 의도에 미치는 영향. 한국조리 학회지, 21(6), 76-90.
10 Bloemer J, & Ruyter K. (1998). On the relationship between store image store.

**가성비와 함께 개성이 중요해진 PB 상품 마케팅**

11 데일리팝(2018). "[편의점 GOGO] PB상품 강자는 GS25..'연령대 낮을수록' PB 사러 편의점 간다". 2020년 03월 09일 15:30.
12 김지연 (2023). 간편성, 건강, 가치소비 지향 식품소비 트렌드 주목, Farmsight. 2023-01-03.
13 성창훈 (2020). 1인가구의 증가와 정책대응, 정책과제이슈, KIET 산업경제, 2020-02.
14 편의점 산업협회 (2019). 2019 편의점 산업현황, 2019-10-11.14
15 통계청 (2023) 편의점 매출동향 2023-05-16. KOSIS
16 정지미 (2022) 즉석조리식품 급성장했다. 대한급식신문, 2022-01-18.
17 황성혁, 이정희, 노은정 (2010). 국내 대형마트의 유통업체 브랜드 상품 구매 소비자의 특성 분석에 관한 연구, 유통연구, 15(4).
18 Kotler, P. and Keller, K. (2008). Market Management, 13th edition, Prentice Hall, New Jersey.
19 한국소비자원 (2020). 한눈에 보는 2020 한국의 소비자 시장 평가지표, 한국소비

자원, 2020 KCA.
20 김수정 (2023). 불붙은 편도락 전쟁, 편의점 매출 견인. 대한경제, 2023-04-06.

# V. 아시아 그린슈머

## 15장 소비자 행동에서 나타나는 이상과 현실 차이

### 그린슈머의 5가지 유형

1 Naidoo, V and Verma, R. (2020). Green marketing as a positive driver toward business sustainability, The green consumer behavior, pp.29-46.

### 한국과 중국의 그린슈머의 녹색은 다르다: 실증분석 7

2 H. Cherrier, I.R. Black, M. Lee Intentional non-consumption for sustainability: consumer resistance and/or anti-consumption? Eur. J. Market., 45 (11/12) (2011), pp. 1757-1767

3 K. Peattie, M. Charter (2003). Green marketing The Mark. Book, 5 (2003), pp. 726-755

4 Kim, Y., Choi, S.M., 2005. Antecedents of green purchase behavior: an examination of collectivism, environmental concern, and PCE. Adv. Consum. Res. 32, 592-599.

5 Dunlap, R. E. (1998). Lay perceptions of global risk: Public views of global warming in cross-national context. International Sociology, 13, 473-498

6 이용기, 최정구, 김민성 (2010). 환경에 대한 객관적, 주관적 지식이 환경 친화적 행동에 미치는 영향. 경영학 연구, Vol39, no5, 1177-1198.

7 언초 (2022) 사회적 환경적 지속가능성이 그린 브랜드 충성도에 미치는 영향, 박사논문, 한양대학교.

### 중국 정부의 지속가능 소비 정책

8 권호성 (2019). 분리수거 정책을 시작한 중국의 모습, 엠 코인 스토리, 2019-07-11.

9 연합뉴스 (2021). 중국 일회용 플라스틱 퇴출 본격화, '친환경 기업 진출 기회', 2021-01-19.

10 KITA (2021). McKinsey: 친환경 모빌리티 산업의 성장 배경. 워싱턴 통상 정보, 2021-09-16.

**녹색과 갈색 사이에 고민하는 소비자들**

11 Hass, D., Bohm, G, Doran, R. and Homburg, A. (2016). Sustainable Consumption of Groceries: the Importance of Believing that One Can Contribute to Sustainable Development, Sustainable Development, Vol 24, Iss 6. 357-370.

Jessen M. (2018) Determinants of organic food purchase: evidence from household panel data, Food Quality and Preference, Vol 68, 19-28.

13 Chekima, B, Wafa, S, Igau, O. (2015). Sustainable consumption: The effects of knowledge, cultural values, environmental advertising, and demographics, The International Journal of Sustainable Development and World Ecology 23(2):1-11

14 Sultan, B, Katar, M., Al atroush, M. (2021). Towards sustainable pedestrian mobility in Riyadh city, Saudi Arabia: A case study, Sustainable Cities and Society, Vol 69.

15 Tandon, A, Dhir, A., Kaur, P, Salo, J (2020). Why do people buy organic food? The moderating role of environmental concerns and trust, Journal of retailing and consumer service, Vol 57.

Helga, W (2022). The world of organic agriculture, statistics.

17 Zhang X. and Dong, F. (2020). Why Do Consumers Make Green Purchase Decisions? Insights from a Systematic Review, Int. J. Environ. Res. Public Health 2020, 17(18), 6607

18 Sesini, G, Castiglioni, C, and Lozza, E. (2020). New Trends and Patterns in Sustainable Consumption: A Systematic Review and Research Agenda, Sustainability 12(15):5935

## 16장 나눔의 미학

### 공유경제와 지속가능성

1 김상현, 박현선, 임정택 (2020). 공유 경제 서비스사용에 영향을 미치는 사용자의 내외적인 요인과 이익의 조절 효과, 한국 콘텐츠 학회 논문지, vol20, no12, 482-491.

2 연합뉴스 (2020). 스마트폰 이용자 1천100만명이 중고거래 앱 쓴다…4명중 1명 꼴. 조성흠 기자, 2020-07-30.

3 정희선 (2021). 일본의 중고거래 시장을 알아야 하는 이유, 일본 브랜드의 라이프 스타일 제안법시리즈. 2021-07-20.

4 강신우 (2023). 가맹 택시 우대 의혹 카카오T, 고발까지 가나. 이데일리, 2023-01-26.

5 Hamari, J., Sjoklint, M. and Ukkonen, A. (2015) The Sharing Economy: Why People Participate in Collaborative Consumption. Journal of the Association for Information Science and Technology.

### 중국의 공유경제

6 중국 공유 경제 발전 보고서 (2021).

7 다아라 뉴스 (2020). '중국, 공유경제로 산업 경쟁력, 신산업 창출 경제활력', 2020-03-25.

8 한국 무역협회 (2018). 국제무역통상 연구원, '중국 공유경제 시장 현황 및 시사점' 보고서.

9 예영준 (2017). 공유경제, 인공지능 중국이 꼽은 올해의 한자, 예영준의 차이 나는 차이나, 2017-12-25.

10 MOFA (2021). 중국 공유경제 문제점 및 향후 전망

11 China Design Lab (2019). '중국 공유경제와 디자인', 중국 디자인 칼럼, 2019-11-12.

### 그린슈머의 공유 서비스 만족도를 결정짓는 요인

12 임주애, 주우진, 임미자 (2020). 공유경제 서비스 만족도에 대한 서비스 속성 및 심리 특성의 영향연구: 차량공유, 숙박공유, 유아용품 공유서비스를 중심으로. 소비자학연구, 31권, 5호

13 시사위크 (2022). 돌아온 타다, 달라진 타다. 시사위크, 이코노미, 2022-02-08.

14 Kotra (2017). '중국 공유경제 급성장, 미래 블루오션으로 각광받아', 해외시장뉴스, 트렌드/중국/상하이 무역관/이윤식, 2017-04-17.

15 MZ Megazone (2021). MZ 알리바바 클라우드, 중국 공유 경제 산업시장,

# ESG 인사이트
## To the Greener side of the Grass


발행일 2023년 6월1일 초판 1쇄
지은이 김보영
발행인 송자영
발행처 초아출판사



주소 서울시 성북구 정릉로 36길 41
전화 070-8739-0036
팩스 0504-178-5627
E-mail choapublish@hanmail.net



ISBN 979-11-88425-25-9

정가 28,000원



- 이 책은 초아출판사에서 독점계약 발행한 것으로 내용, 사진, 그림 등의 전부나 일부의 무단 복제 및 무단 전사를 금합니다.

- 잘못 만들어진 책은 구입하신 곳에서 교환해 드립니다.